Francisco Guirado Bernabeu

Negociadores da Sociedade do Conhecimento

Negociadores da Sociedade do Conhecimento

Copyright© 2008 Editora Ciência Moderna Ltda.

Todos os direitos para a língua portuguesa reservados pela EDITORA CIÊNCIA MODERNA LTDA.

Nenhuma parte deste livro poderá ser reproduzida, transmitida e gravada, por qualquer meio eletrônico, mecânico, por fotocópia e outros, sem a prévia autorização, por escrito, da Editora.

Editor: Paulo André P. Marques
Supervisão Editorial: João Luís Fortes
Capa: Fernando Souza
Diagramação: Érika Loroza
Copidesque: João Luís Fortes

Várias **Marcas Registradas** podem aparecer no decorrer deste livro. Mais do que simplesmente listar esses nomes e informar quem possui seus direitos de exploração, ou ainda imprimir os logotipos das mesmas, o editor declara estar utilizando tais nomes apenas para fins editoriais, em benefício exclusivo do dono da Marca Registrada, sem intenção de infringir as regras de sua utilização.

FICHA CATALOGRÁFICA

Bernabeu, Francisco Guirado
Negociadores da Sociedade do Conhecimento
Rio de Janeiro: Editora Ciência Moderna Ltda., 2008.

Administração e Negócios
I — Título

ISBN: 978-85-7393-646-9   CDD 658.81

       658.4

Editora Ciência Moderna Ltda.
Rua Alice Figueiredo, 46
CEP: 20950-150, Riachuelo – Rio de Janeiro – Brasil
Tel: (21) 2201-6662
Fax: (21) 2201-6896   01/08
E-mail: lcm@lcm.com.br
www.lcm.com.br

Ao amor e aos meus amores:
Silvia, Rodrigo e Bruna.

AGRADECIMENTOS

Primeiramente, gostaria de agradecer a Deus, por ter me dado saúde e inspiração para escrever, além de uma família maravilhosa – Silvia, Rodrigo e Bruna – que se revelou minha base e porto seguro para que eu pudesse ter tranquilidade mental e espiritual que me dessem condições de entrar e perseverar neste desafio. Agradeço a Omar José Sarmento dos Santos, companheiro de todas as horas, com quem me formei na Academia da Força Aérea e que teve a paciência de ler, por completo, a primeira versão destas páginas, quando as idéias ainda se encontravam em seus alicerces. Meus agradecimentos a Hudson Ávila Diniz, também companheiro de turma, em quem depositei grande expectativa devido a sua formação ética, moral e filosófica; seus comentários me deram muito trabalho, como eu já esperava, e aprimoraram decisivamente a coerência e o conjunto da obra. Agradeço também a meu irmão, o designer gráfico Vicente Guirado Bernabeu, a quem tenho apreço e admiração por sua habilidade artística, e por sua vontade de vencer e superar obstáculos. Agradeço ao Dr. Paulo César Guerreiro da Costa, oficial aviador, o melhor líder que já conheci em meus 20 anos de Força Aérea e quem forneceu apoio incondicional a todas as atividades em que estive engajado, pessoal ou profissionalmente. Agradeço a Lorenzo, Tavares e Marques, por lerem os originais deste livro e o enriquecerem com dicas, críticas construtivas e sugestões de melhoria. A todos, de coração, meu muitíssimo obrigado.

Apresentação

Minha experiência como negociador foi sendo construída ao longo da vida: com a família, amigos, no trabalho e ao adquirir alguns bens que formam meu modesto patrimônio. Em cada negociação, aprendi uma lição diferente. Os acertos foram incorporados ao meu modo de agir e, quanto aos erros, prometi a mim mesmo que não os repetiria no futuro. Minha condição de ser humano, porém, sempre provoca alguns "esquecimentos", trazendo de volta alguns daqueles "errinhos" e atrapalhando uma ou outra negociação. Nada que me impeça de continuar perseguindo o melhor resultado e de buscar o aperfeiçoamento contínuo.

Mas de todas as lições adquiridas, uma das mais importantes talvez seja a de que devemos praticar diariamente aquilo que desejamos aprender. Acredito que isso também se aplica à negociação. Oportunidades não faltam, pois elas estão presentes ao pedir que nossos filhos façam alguma coisa, ao participar de reuniões no ambiente de trabalho, ao comprar um carro, ao combinar o que faremos no fim-de-semana e em uma série interminável de eteceteras. Cada interação humana, na qual seja necessário conciliar interesses opostos, pode ser considerada uma negociação em potencial, dando-nos dezenas de oportunidades, ao longo de um único dia, de praticarmos nossas habilidades nessa empolgante área do conhecimento.

Este trabalho sintetiza algumas das lições que aprendi, sustentadas por sólido embasamento teórico em diversas áreas, como Psicologia Cognitiva, Programação

Neurolingüística, Teoria dos Jogos, Filosofia e Comunicação Social. O trabalho exigiu extensa pesquisa bibliográfica, conduzida ao longo de três anos, além da participação em cursos e seminários realizados no Brasil e no exterior e muita, mas muita prática, adquirida, principalmente, durante minha permanência no Estado-Maior da Aeronáutica.

Nessa organização militar, pude exercitar a grande maioria das técnicas aqui apresentadas, ao negociar com oficiais da Força Aérea para conseguir apoio a projetos internos; ou com militares da Marinha e do Exército brasileiros, como representante de minha Instituição. Na maioria das vezes, eu possuía menor grau hierárquico que meus interlocutores e, portanto, menor poder posicional, exigindo o emprego de um grande número de recursos e técnicas de negociação.

Parte dessa experiência está aqui registrada, juntamente com muitos outros exemplos, extraídos de diversas atividades onde uma negociação possa ser aplicada. Ao escrever, esforcei-me para usar uma linguagem simples, próxima ao leitor que está dando seus primeiros passos no mundo da negociação, evitando, ao máximo, o emprego de jargões técnicos ou corporativos. Apesar dessa informalidade lingüística, as idéias e conceitos apresentados, sempre que possível, são acompanhados por referências bibliográficas, para que o leitor seja capaz de consultar as fontes utilizadas e refazer o caminho por mim percorrido, podendo usá-lo, inclusive, como subsídio para trabalhos acadêmicos.

Como bom exemplo da sociedade do conhecimento, o conteúdo do livro estará disponível em páginas wiki, no endereço http://negociadores.incubadora.fapesp.br. Nesse espaço, você acessa um grande acervo de material de negociação, e pode contribuir com críticas e sugestões ou deixar uma história para ser publicada na próxima edição.

No mais, agradeço sua disposição em ler estas páginas e desejo-lhe uma excelente viagem, embalada pela inspiração que a leitura de "Negociadores da Sociedade do Conhecimento" possa despertar em sua mente, em direção à realização de seus ideais. Boa leitura!

SUMÁRIO

INTRODUÇÃO XV

PARTE 1 – HABILIDADES BÁSICAS DE NEGOCIAÇÃO 1

CAPÍTULO 1 – MODELOS MENTAIS 5
    1.1. Fatores que Influenciam a Formação de Modelos Mentais 6
        1.1.1. Constituição Física 7
        1.1.2. Temperamento 8
        1.1.3. Crenças 9
        1.1.4. A Linguagem e o Ambiente Social 10
        1.1.5. Filtros Psicológicos 11
    1.2. A Formação dos Modelos Mentais 13
    1.3. Aplicação de Modelos Mentais em Negociações 16
    1.4. Lições aprendidas 19

CAPÍTULO 2 – EMOÇÕES, NECESSIDADES E INTERESSES 21
    2.1. Emoções 21
        2.1.1. A Dinâmica das Emoções 23
    2.2. Necessidades 27
        2.2.1. Necessidades Fisiológicas 28
        2.2.2. Necessidades de Segurança 29
        2.2.3. Necessidades Sociais 29
        2.2.4. Necessidades de Estima 30
        2.2.5. Necessidades de Auto-realização 32
        2.2.6. Necessidades Não-satisfeitas 32
    2.3. Posições, Interesses e Necessidades 34
    2.4. Ferramentas para Lidar com Emoções 36

X | Negociadores da Sociedade do Conhecimento

2.4.1. O Pêndulo Emocional 36
2.4.2. Preparar-se para Aceitar um "Não" 38
2.5. Lições Aprendidas 39
Capítulo 3 – Comunicação 41
3.1. Modelo de Comunicação 41
3.2. Comunicação Não-Verbal 45
3.2.1. Leitura dos Sinais Corporais 46
3.2.2. Variações na Voz 48
3.2.3. Treinando o Uso da Linguagem Não-Verbal 49
3.3. Comportamentos Adotados por Negociadores 50
3.3.1. Linguagem Colaborativa 51
3.3.2. Contrapropostas 54
3.3.3. Linguagem Preparatória 54
3.3.4. Audição Ativa 55
3.3.5. Perguntas 57
3.3.6. Expressão de Sentimentos 63
3.3.7. Diluição de Argumentos 65
3.3.8. Espiral Ataque-Defesa 65
3.4. Lições Aprendidas 67
Capítulo 4 – Poder de Influência 69
4.1. Fontes de Poder 71
4.1.1. Poder Pessoal 71
4.1.2. Poder Posicional 74
4.1.3. Poder Situacional 82
4.2. Uso das Fontes de Poder 87
4.3. Lições Aprendidas 90
Capítulo 5 – Como Exercer Influência 91
5.1. Persuasão Lógica 92
5.1.1. Temperamentos e Metaprogramas 95
5.1.2. Metaprograma: Direcionamento da Motivação (Evitar e Obter) 97
5.1.3. Metaprograma: Atenção a Detalhes (Genérico e Específico) 98
5.1.4. Metaprograma: Envolvimento Emocional (Dissociação e Associação) 99
5.2. Persuasão Emocional 100
5.2.1. Curiosidade 102
5.2.2. Expectativa 103
5.2.3. Contraste 105
5.2.4. Reciprocidade 106
5.2.5. Coerência 109
5.2.6. Associação 110
5.2.7. Forma de Apresentar a Argumentação 111
5.2.8. Metaprograma: Padrão de Autoridade (Interior e Exterior) 113
5.3. Outras Formas de Exercer Influência 114
5.3.1. Narrativas, Parábolas e Histórias 114
5.3.2. Coalizões 115

SUMÁRIO | XI

5.3.3. Pressão 116
5.3.4. Despistamento 116
5.3.5. Sanções 117
5.3.6. Indução Subliminar 117
5.4. Relação Entre Poder e Influência 118
5.5. Lições Aprendidas 120

PARTE 2 – O PROCESSO DE NEGOCIAÇÃO 121

CAPÍTULO 6 – CONSCIÊNCIA SITUACIONAL 127
6.1. Propósitos e Objetivos 130
6.2. Conhecimento das Partes 134
  6.2.1. Perfil e Habilidades Individuais 135
  6.2.2. Capacidade Decisória 135
  6.2.3. Experiência 137
  6.2.4. Poder de Influência 138
  6.2.5. Qualidade de Relacionamento 139
6.3. Conhecimento das Questões 140
  6.3.1. Conhecimento do Objeto de Negociação 140
  6.3.2. Número de Questões 142
  6.3.3. Interdependência de Interesses 142
  6.3.4. Definição de Limites 143
  6.3.5. Barreiras à Negociação 144
  6.3.6. Alternativas 146
  6.3.7. Importância do Resultado 147
6.4. Conhecimento do Contexto 147
  6.4.1. Sistema Normativo 147
  6.4.2. Valores Culturais 148
  6.4.3. Local da Negociação 149
  6.4.4. Condicionantes 150
  6.4.5. Número de Partes Envolvidas 152
6.5. Riscos e Conseqüências 154
  6.5.1. Identifique as Possíveis Ameaças 155
  6.5.2. Estime o Risco 156
  6.5.3. Gerencie o Risco 157
6.6. Aplicando a Consciência Situacional 157
6.7. Lições Aprendidas 160

CAPÍTULO 7 – ESTRATÉGIAS DE NEGOCIAÇÃO 161
7.1. Estilos para Lidar com Conflitos 163
  7.1.1. Competitivo 163
  7.1.2. Prestativo 164
  7.1.3. Evasivo 165
  7.1.4. Colaborativo 166
  7.1.5. Conciliador 167
7.2. Definição da Estratégia de Negociação 168
7.3. Ambientes de Negociação 170

XII | Negociadores da Sociedade do Conhecimento

7.4. Implementação das Estratégias de Negociação 171
    7.4.1. Passo 1 – Estabeleça Objetivos 172
    7.4.2. Passo 2 – Liste Prós e Contras 172
    7.4.3. Passo 3 – Sintetize e Pontue as Forças 173
    7.4.4. Passo 4 – Obtenha o Total de Pontos 173
    7.4.5. Passo 5 – Crie o Plano de Ação 174
    7.4.6. Passo 6 – Analise o Plano de Ação 174
7.5. Lições Aprendidas 175
Capítulo 8 – Conceitos Básicos de Negociações 177
8.1. Negociações Distributivas 177
    8.1.1. Zona de Negociação 179
    8.1.2. Abertura 182
    8.1.3. Valor-Limite 183
    8.1.4. Padrões de Concessões 184
    8.1.5. Leilões 186
8.2. Negociações Integrativas 187
8.3. Lições Aprendidas 196
Capítulo 9 – O Processo de Negociação 197
9.1. Preparação 198
9.2. Condução do Contato 200
    9.2.1. Introdução 200
    9.2.2. Exploração 203
    9.2.3. Exposição 207
    9.2.4. Debate 208
    9.2.5. Decisão 211
    9.2.6. Encerramento 211
9.3. Avaliação 212
9.4. Lições Aprendidas 213
Capítulo 10 – Comportamento em Negociações 215
10.1. Relacionamento 215
10.2. Paciência 216
10.3. Discrição 217
10.4. Flexibilidade 218
10.5. Trabalhando com Interesses 219
10.6. Agenda 220
10.7. Métodos e Técnicas de Abordagem 222
    10.7.1. Tempestade de Idéias (Brainstorming) 223
    10.7.2. Texto Único 224
    10.7.3. Quadro de Opções 225
    10.7.4. Outras Técnicas 226
10.8. Ética em Negociação 228
10.9. Estresse 231
10.10. Lições Aprendidas 234

SUMÁRIO | XIII

CAPÍTULO 11 – TOMADA DE DECISÃO 235
    11.1. Ciclo de Decisão 238
    11.2. Finalização da Negociação 241
    11.3. Renegociação 243
    11.4. Conclusão 244
    11.5. Lições Aprendidas 246

BIBLIOGRAFIA 247

ANEXO 1 255

ANEXO 2 259

Introdução

A Sociedade do Conhecimento

No começo do século XXI, vivemos em um mundo no qual as conexões em rede começam a influenciar fortemente os relacionamentos. Não estou me referindo apenas aos relacionamentos pessoais, mas também aos empresariais, comerciais e governamentais.

Vivemos na era da rede mundial de computadores, da TV a cabo, da telefonia celular e das transmissões por satélite. Essa malha tecnológica gera uma interconectividade que diminui distâncias geográficas, burla fronteiras e permite que dois atores sociais se comuniquem, a qualquer momento, independente do local físico em que se encontrem.

Sobre essa malha tecnológica atuam agentes encarregados de buscar, processar e gerar informações, transmitidas por meio de Internet, mídia impressa, rádio ou televisão. Os meios e as fontes de informação se multiplicam, gerando uma avalanche de conhecimento que permanentemente bombardeiam nossos órgãos sensoriais.

Informações privadas também são passadas em alta-velocidade, por intermédio da telefonia fixa, aparelhos celulares ou mensagens eletrônicas. Um negociador no Japão é capaz de esclarecer suas dúvidas e trocar confidências com alguém no Brasil, em questão de minutos.

XVI | Negociadores da Sociedade do Conhecimento

A alta conectividade e a agilidade de acesso à informação facilita o contato entre atores sociais e a conseqüente formação de redes de relações interpessoais e profissionais, que resultam em alianças político-estratégicas e na progressiva interdependência econômico-financeira de pessoas, departamentos, regiões metropolitanas e países, entrelaçando a Sociedade em um grande mundo globalizado (CASTELLS, 2000).

O conhecimento passa também a se tornar "um recurso essencial da economia" (DRUCKER, 1993). O fator de produção decisivo deixa de ser o capital e o trabalho, passando a ser o conhecimento. Nações desenvolvidas descentralizam sua produção, mas não repassam conhecimento, principal gerador de riquezas. Marcas valem mais que patrimônio.

Em um cenário como esse, se quisermos nos tornar bons negociadores, como devemos nos comportar? Como lidar com um gigantesco volume de informações, que ao mesmo tempo em que nos ajudam com revelações preciosas, também nos sobrecarregam com inutilidades, afetando nossa percepção e a capacidade de tomar decisões?

Os Negociadores do Conhecimento

Para nos tornarmos negociadores na Sociedade do Conhecimento, devemos saber lidar com um grande volume de informações e estar dispostos a aprender, adaptando-nos às tecnologias emergentes sem nos tornarmos escravos delas. Mas como?

O primeiro passo é compreender que a maneira como percebemos o mundo depende de nossa personalidade e bagagem cultural. A partir de nossas percepções formamos nossa visão de mundo ou modelos mentais: representações simplificadas da realidade com base nas quais tomamos decisões e interpretamos fatos e acontecimentos.

Esses modelos mentais são formados por meio de uma comunicação eficiente, identificando o momento certo para compartilhar ou compartimentar conhecimento. Isso inclui estarmos atentos à linguagem não-verbal, ao que é dito e omitido e a qualquer informação que seja decisiva para o sucesso de uma negociação.

Os negociadores da Sociedade do Conhecimento não se atêm apenas à busca de informações. Eles sabem que as emoções desempenham um papel importante no relacionamento humano e assim procuram controlá-las, para que seu lado racional possa descobrir as soluções e propostas mais eficientes e lucrativas. Estão atentos tanto às suas emoções como às de seus interlocutores, evitando manifestações extremas de euforia ou descontentamento, buscando sempre o equilíbrio.

Além de tudo, ainda são mestres nas técnicas de persuasão, compreendendo os mecanismos psicológicos que governam o querer. Sabem se relacionar de uma maneira verdadeira, sincera e descontraída, adotando uma atitude ética e profissional.

Finalmente, são capazes de identificar as fontes de poder, bebendo de suas águas não para subjulgar, mas para se livrarem de uma possível opressão e conseguirem trilhar o caminho das soluções colaborativas.

Sobre esses alicerces, nascem os Negociadores da Sociedade do Conhecimento ou, simplesmente, os Negociadores do Conhecimento, ávidos por enfrentar o mundo globalizado, desde os primeiros passos de sua jornada humana.

Os Primeiros Passos de um Negociador

A negociação está presente em diversos momentos de nossa vida e é praticada desde a infância. Quando crianças, negociamos com nossos pais aquilo que queremos comer. Desejamos balas, doces e biscoitos, e eles nos oferecem verduras e legumes. Prometem que nossos desejos serão satisfeitos, desde que limpemos o prato de comida, façamos os deveres de casa ou arrumemos nosso quarto. Na adolescência, somos convidados para festas, mas ainda temos que barganhar o horário de chegar em casa. Com os amigos, negociamos como vamos nos divertir ou quem faz primeiro o quê.

Quando ingressamos no mercado de trabalho, a experiência adquirida ao longo dos anos, em negociações *pessoais* com pais, amigos e familiares, é provavelmente a mesma que utilizamos para lidar com colegas de profissão, patrões e subordinados. Naturalmente, o resultado deixa bastante a desejar, pois agora nos encontraremos em um ambiente *corporativo*, onde é necessário negociar o apoio de pessoas, a autorização para executar atividades, a aprovação de idéias, o próprio salário, a resolução de problemas ou até mesmo o cargo e a permanência no emprego.

Dependendo da profissão que escolhemos, é exigido muito mais conhecimento sobre negociação, como no *comércio de bens e serviços*, por exemplo. Acordos e contratos devem ser fechados. Pequenas vantagens obtidas no preço de determinados itens se transformam em milhões de reais, se considerados em grande escala. Interesses de clientes e fornecedores, muitas vezes conflitantes entre si, precisam ser identificados e gerenciados. Concorrentes passam a incomodar-nos, obrigando-nos a negociar recursos e acesso a mercados.

Outras atividades, como a *política* e a *advocacia*, também exigem um grande conhecimento em negociação. Políticos estabelecem alianças e aproximam pessoas, navegando por uma delicada teia de interesses. Advogados intermedeiam a obtenção de acordos em conflitos, solucionando litígios ou enquadrando-os na lei.

Uma vez que a negociação se aplica a uma gama tão grande e diversificada de atividades e situações, existiriam princípios em comum, que pudessem ser estudados, dominados e aplicados por profissionais de diversas áreas, adicionalmente inseridos na Sociedade do Conhecimento?

Certamente, sim. Para iniciar nossa jornada, vamos começar com uma experiência simples, extraída de um jogo interativo, via Internet, chamado RuneScape, que a jovem geração do início do século XXI tão bem conhece.

Definição de Negociação

Imagine estar passeando em um *shopping*. Você entra em uma loja de calçados e inicia um diálogo com o vendedor.

No RuneScape, cada participante é representado por um personagem, que circula por um cenário medieval, com cidades, castelos, campos e plantações. O jogador deve desenvolver diversas habilidades, tais como: fazer fogo, cozinhar, pescar, lutar, caçar criaturas etc. À medida que persegue as habilidades, o personagem pode comercializar objetos, por meio de uma moeda virtual, e se comunicar por "Chat", com os demais participantes.

Certo dia, meu filho Rodrigo pediu para que eu o ajudasse a comprar uma espada, em um mercado virtual, no jogo, no qual as pessoas somente se comunicavam em inglês. Era um verdadeiro "mercado de pulgas". Diversos jogadores ofereciam ou buscavam produtos, aos "berros" (usando efeitos no texto que aparece próximo a cada personagem). Um desses diálogos, iniciado por meu filho, foi o seguinte:

– *Quanto custa sua espada?*

– *600 moedas de ouro.*

– *Mas na loja custa 550.*

– *Só que a minha é de Rune.*

– *Pago 500.*

Nesse momento, iniciou-se uma das formas mais básicas de negociação. Meu filho e o vendedor estabeleceram um **processo de comunicação interativo**, no qual **duas ou mais partes** buscavam um acordo, durante uma **transação**, para atender a seus **interesses**[1].

Vamos olhar mais de perto cada uma das expressões destacadas, a fim de estabelecermos um entendimento comum sobre o que venha a ser negociação. A primeira se refere ao processo de comunicação interativo. Rodrigo e o vendedor se comunicavam, trocando mensagens entre si. Ambos codificavam seus pensamentos e procuravam influenciar o outro lado de alguma forma, fazendo-o compreender seu ponto de vista ou aceitar seus argumentos.

A expressão menciona duas ou mais partes. Rodrigo era uma parte e o vendedor, a outra. Como havia outros jogadores vendendo espadas, Rodrigo tinha a oportunidade de procurá-los para verificar seus preços. As partes, também chamadas de atores sociais, podem ser pessoas, grupos, instituições ou países, de modo que uma negociação não ocorre somente entre dois indivíduos, mas entre grupos, empresas e nações. Alguns atores sociais utilizam representantes para negociar em seu nome, função ocupada por advogados, corretores, diplomatas ou agentes comerciais.

Transação, segundo o Dicionário Aurélio (FERREIRA, 1988), significa "ato ou efeito de chegar a um acordo, combinação, cessão, ajuste". Observe que essa definição se aplica a muitas situações com as quais nos deparamos em nossa vida. As transações podem ser *corporativas*, ajustando interesses internos do ambiente de trabalho; *comerciais*, visando a compra e venda de bens, a exploração de mercados e a obtenção de vantagens financeiras; *jurídicas*, envolvendo o cumprimento de leis, contratos e tratados; ou *pessoais*, a fim de resolver problemas com amigos e familiares, como quando combinamos o que vamos fazer nas próximas férias.

A transação é efetivada quando as partes trocam algo de valor entre si, de modo a atender a seus interesses. Rodrigo tinha dinheiro e queria comprar uma espada, pagando o menor valor possível. O vendedor queria dinheiro e desejava vender sua arma ao maior preço que pudesse obter. Um tinha o que o outro queria. Ambos possuíam em comum o interesse de comercializar um produto, mas discordavam quanto ao valor que estavam dispostos a considerar.

---

[1] Este é o primeiro de muitos conceitos que serão apresentados. A intenção não é discutir as definições existentes na literatura, apenas estabelecer uma base comum de entendimento entre autor e leitor, de maneira que ambos tenham a mesma interpretação do assunto abordado.

XX | NEGOCIADORES DA SOCIEDADE DO CONHECIMENTO

A situação escolhida pode induzi-lo a pensar que utilizamos negociações apenas para defender nossos próprios interesses, em uma atitude egoísta, mas veremos que isso não é verdade. Em muitas ocasiões, o melhor resultado será obtido apenas se as partes atuarem de forma colaborativa, preocupadas em atender necessidades mútuas.

De qualquer maneira, no entanto, os elementos básicos de uma negociação estarão presentes: haverá um processo de comunicação interativo, entre duas ou mais partes, buscando acordos durante uma transação de interesses.

ESTRUTURA DO LIVRO

A obra é dividida em duas partes. Na primeira, são abordadas as habilidades que um negociador do conhecimento deve possuir, como a de perceber o ambiente à sua volta, compreendendo e interpretando informações e, a partir delas, formar suas visões de mundo – ou **modelos mentais**. Quanto mais próximo da "realidade" for um modelo mental, mais precisas serão as decisões tomadas, pois elas se baseiam não na "realidade", mas nos modelos que construímos em nossa mente (Capítulo 1).

Sempre que houver interação humana, estarão presentes também as **emoções**. Elas devem ser consideradas e tratadas com cuidado, durante uma negociação, pois sentimentos como ansiedade, entusiasmo ou contrariedade podem gerar conflitos ou revelar fragilidades e se transformar em armas poderosas nas mãos de negociadores competitivos (Capítulo 2).

Outra habilidade, sem a qual a interação humana seria impossível, é a **comunicação**. Uma negociação requer técnicas específicas para expressar idéias e captar as informações necessárias para construir nossos modelos mentais. Algumas dessas técnicas incluem a leitura da linguagem não-verbal, o uso de perguntas, de linguagem preparatória e de audição ativa (Capítulo 3).

As habilidades apresentadas até o momento são insuficientes para negociar com pessoas que detêm algum tipo de poder. Como podemos adquirir **poder de influência** de maneira a obtermos uma posição favorável em uma negociação? Precisamos reconhecer as fontes a partir das quais o poder é obtido e trabalhá-las, a fim de que contribuam para o alcance de nossos interesses (Capítulo 4).

Mas simplesmente ter poder também não é suficiente para convencer alguém. É necessário saber **como exercer influência**, mostrando quando se deve empregar

INTRODUÇÃO | XXI

argumentos lógicos ou emocionais, conquistando a mente e o coração da outra parte, de forma que assimile com mais facilidade nosso ponto de vista (Capítulo 5).

A Parte II é reservada para a negociação propriamente dita. Nela são abordados os seus fundamentos. O primeiro deles, a preparação, não é nada mais do que o conhecimento do ambiente no qual estão inseridos os negociadores do conhecimento, também chamada de **consciência situacional**, que abrange desde o estabelecimento de objetivos, até a coleta de informações sobre as partes, o contexto e as questões a serem negociadas. Quanto maior o conhecimento do cenário onde se irá atuar, maiores as chances de sucesso (Capítulo 6).

Supondo que se conheça bem o ambiente, qual a **estratégia** a ser adotada? Devemos negociar duramente ou ser tolerantes? Esconder informações ou disponibilizá-las à outra parte? A forma de agir será traduzida em estratégias de ação (Capítulo 7).

Pois bem, mas o que é uma **negociação**? Para falar sobre ela é necessário conhecer os termos usados, suas particularidades e dinâmica. Existem basicamente dois tipos: a negociação distributiva, quando há apenas um valor a ser dividido entre as partes e o clima entre os negociadores assume uma postura competitiva; e a integrativa, que trata das negociações em que as partes devem discutir mais de um valor, podendo assumir posturas competitivas ou colaborativas, conforme o ambiente em que ocorra a negociação (Capítulo 8).

O **processo de negociação** consiste em uma série de ações seqüenciais, comprovadas por negociadores experientes, que devem ser seguidas para obtermos bons resultados. Que ações são essas? Qual a seqüência? Saiba como preparar, conduzir e avaliar uma negociação (Capítulo 9).

Agora sim, o leitor está pronto para saber que **comportamento** deve adotar **em uma negociação**. Como agir com outras pessoas? Que atributos são esperados de um bom negociador? Quais os métodos de abordagem de uma negociação? (Capítulo 10).

Finalmente, veremos como funciona o processo de **tomada de decisão**. Como a aquisição de uma boa consciência situacional influencia na rapidez com que as mais diversas decisões são tomadas. Aprenderemos sobre os fatores que devem ser levados em conta ao tomar uma decisão. O que considerar ao encerrar a negociação ou ao sermos obrigados a abrir um renegociação (Capítulo 11).

Estes temas, caros leitores, serão conhecidos a partir de agora.

PARTE 1

Habilidades Básicas de Negociação

"Sabedoria é saber o que fazer; virtude é fazer."

David Starr Jordan

Para que sejamos identificados como negociadores da Sociedade do Conhecimento, é necessário adquirirmos algumas crenças. Elas servirão como suporte para desenvolver habilidades que nos permitam entender melhor a forma de pensar das pessoas, gerenciar emoções, comunicar-nos melhor, navegar pelos caminhos do poder e aprender a influenciar com mais eficiência. As habilidades resultarão em comportamentos que nos levarão a sermos reconhecidos como negociadores da Sociedade do Conhecimento (Figura 1).

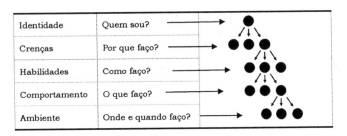

Figura 01 - Níveis lógicos (DILTS, 1998).

A Figura 1 ilustra a idéia que desejamos transmitir. Se você se identifica como uma pessoa compreensiva, por exemplo, uma de suas crenças talvez seja a de que *conseguimos compreender melhor a outra parte quando a ouvimos com atenção*. Essa crença lhe dá motivação para desenvolver a habilidade de ouvir atentamente. A prática dessa habilidade se reflete em seu comportamento, tornando-o capaz de compreender melhor o ponto de vista das pessoas. É dessa forma que você interage com o ambiente.

Seguindo esse raciocínio, podemos dizer que sua identidade como pessoa é fruto de suas crenças, a principal força motriz para levá-lo a adquirir habilidades e conduzi-lo a um determinado comportamento. A crença que servirá como ponto de partida para nossa jornada será a seguinte:

Para nos tornarmos bons em qualquer coisa, é preciso ter vontade de aprender.

Por que essa crença foi escolhida como a mais importante? Porque na Sociedade do Conhecimento, o saber é constantemente reciclado por novas descobertas e teorias. Temos que estar preparados para acompanhar a forma dinâmica como se atualizam as informações, ou em determinado momento nos surpreenderemos, rejeitando argumentos por pura resistência a mudanças.

Além do mais, se quisermos ser identificados como excelentes negociadores, não basta apenas ler um ou dois livros. Temos que desenvolver uma vontade inabalável para aprender e aplicar diariamente as técnicas aprendidas. Cada interação com outras pessoas deve ser usada como oportunidade para colocar em prática nossos conhecimentos. Devemos querer passar pelas experiências e ter disposição para analisá-las. Somente dessa forma seremos capazes de substituir velhas crenças por outras que gerem novos hábitos e comportamentos. Mas onde encontrar essas novas crenças?

Ao final de cada capítulo, apresentamos uma série de lições aprendidas, que resumem os principais tópicos abordados. Por exemplo, para desenvolver a habilidade para lidar com modelos mentais, no Capítulo 1, dizemos que devemos acreditar que é preciso *verificar a credibilidade da fonte de informações* e *colocar-nos no lugar da outra pessoa*, para compreendê-la melhor.

Acreditando verdadeiramente nessas lições, você deve buscar comportamentos que as reforcem. De início, talvez esses comportamentos pareçam um pouco estranhos mas, com o tempo, passarão a ser automáticos. Quando estiverem incorporados à sua maneira de ser, como o respirar, o andar ou o trocar a marcha do carro, você terá conquistado a habilidade de executá-los.

Capítulo 1

Modelos Mentais

"Para nos comunicarmos efetivamente, devemos perceber que somos todos diferentes na forma como percebemos o mundo e que usamos esse entendimento como guia para nossa comunicação com outras pessoas."

Anthony Robbins

Cena 1 – Alberto dirigia tranqüilamente seu automóvel, pelas ruas desertas de Brasília, retornando do clube onde ele e sua família haviam passado o domingo. A esposa e os filhos dormiam, cansados de tanto nadar na piscina. Quase chegando em casa, Alberto observou uma jovem que entrava na faixa de pedestres para atravessar a rua (em Brasília, os carros param para os pedestres). Calmamente, pisou no freio e parou antes da faixa, conforme previsto pelas leis de trânsito. De repente, sentiu uma batida forte por trás e foi jogado para frente, quase atingindo a jovem. Um carro havia acabado de colidir na traseira de seu automóvel.

Cena 2 – Beatriz estava atrasada para chegar em casa. Ela pegou emprestado o carro de seu pai e havia prometido retornar antes do meio-dia. Já eram quase cinco da tarde. O encontro com os amigos não devia ter demorado tanto, mas estavam todos animados e, afinal de contas, o churrasco estava maravilhoso. Em sua mente, Beatriz repassava as palavras que usaria para justificar seu atraso. De repente, o carro à sua frente parou bruscamente, sem o menor sinal. Ela não teve como desviar e colidiu por trás.

As duas cenas fazem parte de um único evento, contado sob o ponto de vista de pessoas diferentes. Considerando que nenhuma das partes esteja mentindo, as narrativas representam como cada lado percebeu o acidente. As negociações – sobre quem vai pagar o quê – serão baseadas na representação da realidade formada em suas mentes e não no que de fato ocorreu. Essa representação da realidade é também conhecida como **modelo mental** (NORMAN, 1983).

Formamos modelos mentais sobre tudo que nos cerca: pessoas, instituições, eventos, objetos... Com base nesses modelos fazemos previsões, julgamentos e tomamos decisões.

É importante salientar que o modelo mental e o mundo real **não** são os mesmos (BANDLER; GRINDER, 1977). Um negociador da Sociedade do Conhecimento deve compreender que o descaso por essa diferença conceitual provoca a maior parte dos conflitos entre seres humanos e o insucesso de muitas negociações.

1.1. Fatores que Influenciam a Formação de Modelos Mentais

Como cada indivíduo percebe o mundo de forma diferente, pode-se dizer que não existem duas pessoas, em todo o planeta, com exatamente o mesmo modelo mental. Diversos fatores são responsáveis por essas diferenças, como a constituição física, o temperamento, as crenças e o ambiente social (Figura 2).

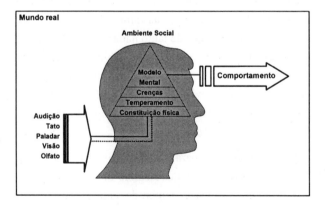

Figura 02 - Fatores que influenciam a formação de modelos mentais.

1.1.1. Constituição Física

Nossa visão não consegue detectar contornos de ondas fora de uma certa faixa do espectro eletromagnético, assim como nossa audição não percebe ondas sonoras fora do intervalo que vai de 20 a 20.000 Hertz. Somente essas características humanas já seriam suficientes para justificar porque nosso modelo mental é diferente do mundo real: não podemos ver o infravermelho e a radiação ultravioleta, não ouvimos sons facilmente perceptíveis para um cachorro. Com isso deixamos de perceber uma grande quantidade de informações que estão lá, são reais e existem, mas somos incapazes de captá-las.

Além do mais, a constituição física determina quais sentidos são mais utilizados pelo ser humano para perceber o ambiente à sua volta. Enquanto uns processam melhor informações auditivas, outros processam as de origem visual e outros, ainda, as provenientes das sensações corporais – ou cinestésicas. Esse, aliás, é um dos fundamentos da Programação Neurolinguística. A forma como o indivíduo percebe o ambiente é refletido tanto em seu modelo mental como em sua linguagem. Pessoas visuais costumam utilizar expressões como *"está claro para você?"*; *"veja o que tenho a dizer"*; ou *"brilhante idéia!"*. Pessoas cinestésicas, por outro lado, costumam dizer coisas como *"sente o que quero dizer?"*; *"tive uma idéia quente!"* e assim por diante (BANDLER; GRINDER, 1977). Os modelos mentais são moldados de acordo com o órgão sensorial predominante de uma pessoa.

O aspecto físico influencia também na capacidade de raciocínio, uma vez que as habilidades cognitivas e de processamento sensorial são determinadas geneticamente (apesar de também serem extremamente influenciadas pelo contexto social). Certos indivíduos possuem uma capacidade muito grande para processar informações, enquanto outros levam mais tempo. Algumas pessoas conseguem recordar-se de detalhes sobre coisas que lhe aconteceram há muito tempo, enquanto outros não conseguem se lembrar do que comeram no dia anterior. Evidentemente, mentes privilegiadas têm grande vantagem em negociações, pois seus detentores terão raciocínio mais rápido e se lembrarão de detalhes importantes com maior facilidade.

Outro fator relacionado à constituição física é a idade. Com o passar do tempo, acumulamos experiência na arte da negociação. Tornamo-nos mais habilidosos no uso de técnicas de persuasão, mais sensíveis com as relações humanas e mais previdentes quanto aos possíveis problemas que teremos pela frente. Por outro lado, corremos o risco de engessar nossos modelos mentais e recusar-nos a alterá-los, mesmo sob fortes evidências que mostrem o contrário, dependendo de nossas crenças e temperamento.

1.1.2. Temperamento

Tenho dois filhos: Rodrigo, já apresentado e Bruna. Desde pequenos, cada um sempre manifestou certos traços de personalidade muito particulares. Enquanto Rodrigo é expansivo, intuitivo e alegre, Bruna é analítica, observadora e mais reservada. Eu e minha esposa não ensinamos isso a eles. É como se já tivessem vindo ao mundo pré-programados. Cada um tem um temperamento diferente.

Hipócrates (460-370 a.C.) foi o primeiro a perceber que o comportamento das pessoas poderia ser agrupado em quatro tipos diferentes de temperamento: melancólico, sanguíneo, colérico e fleumático. Essa classificação foi aprimorada por diversos pensadores e pesquisadores ao longo do tempo. Hoje ela serve como base para estabelecer as diferentes versões de estilos de comportamento presentes na literatura[1].

O indivíduo de temperamento **sangüíneo**, por exemplo, é orientado às relações interpessoais. Normalmente é bastante comunicativo, gosta de festas e está sempre pronto para sair de casa. Conhece muita gente, mas mantém relações superficiais com a maioria. Costuma ser impulsivo e indisciplinado. Busca estar em companhia de pessoas alegres e otimistas. O **melancólico** possui muitas faculdades intelectuais e costuma ser perfeccionista. Adia decisões até formar uma boa idéia sobre o assunto. Gosta de se sentir seguro. É introspectivo e não muito dado a ter um grande número de amizades. O **colérico** é dominador, com propensão a se tornar um grande líder (para o bem ou para o mal). É realizador, direto e focado em objetivos. Sente-se mais confortável em lidar com objetos e sistemas do que com pessoas. O **fleumático** é observador, justo, reservado, de fácil trato, pacífico, calmo, investigador e equilibrado. Demora a tomar decisões, mas quando as toma é inabalável. É pouco emocional e evita os conflitos.

A intenção não é fazer um estudo aprofundado dos temperamentos ou estilos de comportamento, mas chamar a atenção para o fato de que pessoas tão diferentes não poderiam jamais ter a mesma percepção do mundo que as rodeia. Nunca poderiam criar um mesmo modelo mental a partir de uma situação comum que presenciassem.

---

[1] Podemos citar como exemplo o método LIFO, com os estilos "Dá e Apóia", "Toma e Controla", "Mantém e Conserva" e "Adapta e Negocia" (ATKINS, 1988); ou o método difundido por Junqueira (1988), cujos estilos são "Apoiador", "Controlador", "Analítico" e "Catalizador". O nome dos estilos é diferente para cada método, mas o conjunto de comportamentos que os caracteriza é semelhante (GODINHO; MACIOSKI, 2005) e equivalente aos temperamentos.

Nós nos habituamos aos nossos temperamentos. Criamos à nossa volta **zonas de conforto**, acomodando-nos ao nosso modo de ser e enrijecendo os modelos mentais. Mas e se quisermos mudar? E se eu for melancólico e desejar aprender a me relacionar com as pessoas, a fim de compreender melhor e poder negociar com um sangüíneo? E se você for colérico e quiser controlar seu ímpeto para negociar com um fleumático? A boa notícia é que é possível mudar algumas de nossas características temperamentais trabalhando as crenças.

1.1.3. Crenças

Desde que nascemos, a maneira como as pessoas reagem ao nosso comportamento vai sendo armazenada na mente em forma de lições aprendidas. Essas lições atuam no sentido de reforçar ou reprimir nossa conduta, muitas vezes acompanhadas por uma forte carga emocional. As lições se transformam em crenças, a partir das quais moldamos nosso comportamento e a forma de ver o mundo.

Uma crença, portanto, é "qualquer princípio orientador, máxima, fé ou paixão que proporcione significado e direção à nossa vida" (ROBBINS, 2005). As crenças mais fortes são adquiridas na infância, afetando uma grande parte ou, às vezes, toda a vida adulta. Assim, se alguém ouve repetidamente a afirmação de que é desastrado, pode acabar aceitando isso como verdade e formar a crença: *"sou desastrado"*. A partir de então, qualquer ação atrapalhada, mesmo aquela que possa ser cometida por qualquer pessoa, acaba reforçando sua crença, levando o indivíduo a aceitar-se dessa maneira e a cometer mais atos desastrados (BECK, 1997).

Crenças limitantes, como a do exemplo acima, podem influenciar o resultado de uma negociação. Se um negociador acredita que *"vendedores sempre enganam as pessoas"*, ao ouvir uma declaração que o deixe em dúvida sobre a honestidade da parte com quem está negociando, ele provavelmente distorcerá negativamente a informação percebida, a fim de que sua crença se justifique, mesmo que o outro lado tenha a melhor das intenções. Essa distorção fará com que ele forme modelos mentais distantes da realidade.

Crenças são seguidas por livre e espontânea vontade, servindo como parâmetro para fazermos escolhas e orientarmos nossas ações. Com o tempo, incorporam-se aos nossos **valores**, a partir dos quais julgamos os atos de outras pessoas – e até mesmo os nossos – determinando se uma ação é certa ou errada.

Como crenças e valores são convicções arraigadas profundamente em um indivíduo, moldados por forte carga emocional, se quisermos influenciar alguém não podemos, em hipótese nenhuma, atacar frontalmente suas crenças e valores, pois isso provoca o aparecimento de uma série de mecanismos de defesa, levando-o a distorcer, generalizar ou eliminar o significado de nossas palavras. As crenças e os valores somente são alterados se o próprio indivíduo se convencer de que as opiniões adotadas em relação a determinado assunto devem ser modificadas.

Mas e como mudamos as nossas crenças? Primeiro temos que querer mudar. Em segundo lugar, devemos ter uma crença que possa substituir a anterior e buscarmos comportamentos que sejam coerentes com a nova forma de pensar. Ao acreditar que as lições aprendidas, relacionadas no final de cada capítulo, podem efetivamente desenvolver suas habilidades como negociador, você estará dando um grande passo para reforçar ou reciclar suas crenças e alterar a forma como constrói seus modelos mentais. Mas não basta crer, é preciso praticar.

1.1.4. A Linguagem e o Ambiente Social

Família, amigos, escola, igreja, colegas de trabalho, pessoas da cidade e do país em que vivemos, além de moldarem nossas crenças e valores, também nos influenciam por meio da linguagem. Com ela construímos nossos modelos mentais, transmitindo-os ou tendo acesso aos de outras pessoas. Quanto mais rico o vocabulário, mais complexos são os modelos e vice-versa. Tomemos por exemplo uma língua indígena americana do norte da Califórnia: a maindu (GRINDER; ELGIN, 1972). Apenas três palavras são utilizadas para descrever o espectro das cores: *lak* (vermelho), *tit* (verde-azul) e *tulak* (amarelo-laranja-marrom). Enquanto seres humanos são capazes de distinguir 7.500.000 cores diferentes, os maindu agrupam sua experiência apenas nas três categorias fornecidas por sua língua. Se você ou eu tivermos que nos comunicar com um maindu sobre algum assunto relativo a cores, naturalmente teremos um vocabulário muito mais rico e um modelo mental muito mais elaborado sobre esse assunto, em comparação ao indígena. Em compensação, os modelos mentais de um indígena, relacionados à natureza, serão muito mais ricos em detalhes do que os de uma pessoa acostumada a viver na cidade.

A interação entre dois indivíduos constitui, portanto, a interação entre dois modelos mentais. Se pertencerem ao mesmo grupo, uma grande parcela de seus modelos será equivalente, com muitas crenças e valores comuns. Mas como esses indivíduos também interagem com outros grupos, cada um formará uma visão única e personalizada do mundo real. Um brasileiro é diferente de um chinês. Se sua intenção é negociar na China, vai ter que se esforçar para aprender como os chineses constroem seus modelos mentais. Conhecer sua natureza física, crenças, valores, cultura... Mas nunca estará plenamente preparado até aprender seu idioma. Se isso for uma tarefa impossível, vai ter que contar então com a ajuda de um representante ou aprender uma lingua intermediária, como o inglês.

1.1.5. Filtros Psicológicos

Os fatores acima atuam como poderosos filtros sobre os modelos mentais, agindo no sentido de generalizar, eliminar ou distorcer a forma como percebemos o mundo real (BANDLER; GRINDER, 1977).

Na **generalização**, a informação se afasta do fato que a originou, passando a representar toda uma categoria da qual a experiência vivida é apenas uma parte. Por exemplo, se um pequeno empresário, ao tentar negociar com um órgão público, recebe uma proposta para superfaturar o valor da transação, ele pode julgar que todo servidor público é corrupto e nunca mais querer se relacionar com instituições do governo. A experiência foi negativa para **aquela** situação, mas o empresário a generalizou e ajustou suas crenças para considerar que não se deve trabalhar com **nenhuma** instituição governamental.

Mediante a generalização, estabelecem-se preconceitos contra segmentos raciais, sociais ou profissionais. Esse mecanismo ocorre quando se projeta o comportamento de alguns indivíduos para toda a coletividade da qual ele faça parte. O resultado é observado quando se ouvem expressões do tipo:

– Todo vendedor é chato.

– Os políticos são corruptos.

– Na favela só vivem bandidos e traficantes.

Os rótulos de pessoas, bens e serviços são frutos da generalização. Se um indivíduo é flagrado mentindo, uma vez que seja, pode amargar o apelido de mentiroso. Assim também ocorre com pessoas sérias, divertidas, desatenciosas e organizadas. Ninguém é desatencioso ou divertido o tempo todo, mas é assim que os outros o conhecem. Se há um rótulo que um negociador deve perseguir a todo custo, é o de ser alguém confiável e com credibilidade.

Generalizações são expressas com frases como: "*sempre* que isso acontece, ele..." (sempre, quando?); "*ninguém* gosta de..." (ninguém, quem?); ou "*todo* mundo está comprando" (quem é todo mundo?).

12 | Negociadores da Sociedade do Conhecimento

Na **eliminação**, presta-se atenção seletivamente a certos aspectos de um fato, excluindo outros, em uma atitude complementar à generalização. A maioria dos seres humanos é capaz de prestar atenção em um único instrumento durante a apresentação de uma orquestra sinfônica. Essa capacidade de concentração é o mesmo princípio que usamos quando gravamos o nome das pessoas a quem somos apresentados e pelas quais sentimos real interesse. Por outro lado, também é responsável pelo efeito oposto, quando, por exemplo, não prestamos atenção em uma informação importante que a outra parte nos revela, por estarmos concentrados na formulação da próxima pergunta ou nos problemas que temos que resolver no trabalho. Assim, armazenamos apenas um pequeno pedaço daquela experiência em nosso modelo mental, excluindo o restante.

Para generalizar, forçosamente temos que eliminar. Ao rotularmos alguém como irresponsável, eliminamos de nossos modelos mentais diversos comportamentos honestos e responsáveis daquela pessoa. O que fica em nossa mente são apenas as situações que correspondem ao rótulo. Da mesma forma agimos em relação a bens e serviços. A fama de falta de pontualidade de uma companhia aérea pode permanecer por muito tempo na mente dos passageiros, mesmo que 90% de seus vôos saiam sempre no horário.

Ao falarmos, também eliminamos parte de nossos pensamentos, emitindo frases do tipo: "Essa televisão é a *melhor*" (Melhor em relação a que?); "*obviamente* estamos fazendo um bom negócio" (Obviamente para quem?); "*Temos que* fechar o acordo" (O que acontecerá se não fecharmos?); ou "Eu *disse* que iria *tentar*" (Disse a quem? Tentar o quê?).

Na **distorção,** formamos modelos mentais a partir de suposições, atribuindo significados – que não correspondem à realidade – a fatos, opiniões e comportamentos percebidos. Um negociador competitivo, por exemplo, tenderá a interpretar qualquer ação da outra parte como uma manobra para enganá-lo, mesmo que tenha havido a mais nobre das intenções. Uma pessoa bondosa e colaborativa verá sempre o bem, inclusive quando estiverem tentando passá-la para trás.

O mesmo acontece quando sentimos atração ou antipatia por pessoas, bens e serviços. Distorcemos as informações e comportamentos percebidos de acordo com nossos sentimentos, passando a acreditar somente nas percepções que reforçam o estado emocional em que nos encontramos. Uma pessoa nervosa pode interpretar a demora de um advogado para analisar um contrato como um descaso, considerando-a uma atitude displicente. Algum tempo depois, com a calma restabelecida, a pessoa talvez interprete o mesmo comportamento como um procedimento criterioso ou como reflexo de uma dúvida legítima do outro lado.

A distorção está diretamente relacionada com nossas crenças e se manifesta quando omitimos opiniões sem apresentarmos evidências suficientes que apóiem as afirmações. Isso é comum quando tentamos "ler a mente das pessoas":

- **Parte A:** *"Fulano está furioso comigo."*
- **Parte B:** *"Como sabe disso?"*
- **Parte A:** *"Ele nem olhou pra mim, durante a reunião!"*

No exemplo dado, como a parte "A" pode ter certeza de que Fulano está furioso, com base apenas no fato de que ele não lhe dirigiu o olhar? Veja outros exemplos:

– *Os dois estão cochichando, tenho certeza de que estão tramando um plano para nos enganar.*

– *Ela pediu um tempo pra pensar. Isso mostra que não gosta de nós e que vai fechar o pedido com a concorrência.*

Em todos esses casos, a pessoa interpreta uma situação com base, provavelmente, em experiências que tenha tido anteriormente, levando-a a afetar a formação de seus modelos mentais.

1.2. A Formação dos Modelos Mentais

Existem três maneiras de formar modelos mentais. A primeira é por meio das **percepções** captadas por nossos órgãos sensoriais: ao ouvir o que nos dizem, assistir a um vídeo, ler um impresso ou testemunhar um evento. A segunda decorre de nossa capacidade de **raciocínio** aplicada sobre essas percepções (ARANHA; MIRANDA, 1986). A terceira, refere-se à **imaginação**.

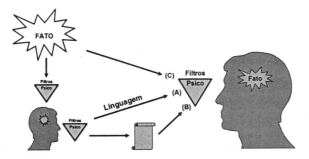

Figura 03 - Degeneração da percepção do conhecimento.

A informação que chega a nós por meio do que os outros nos dizem (A e B da Figura 3) vem moldada de acordo com o modelo mental do emissor, ou seja, já vem previamente filtrada, estando sujeita, adicionalmente, a uma linguagem empobrecida ou inadequada. Tanto essa informação, quanto a obtida diretamente por nossos sentidos (C da Figura 3), ainda passa por nossos próprios processos de generalização, eliminação e distorção, inerentes aos seres humanos, de modo que as informações que usamos para construir nossos modelos mentais já podem ter sofrido muitas alterações, no decorrer de sua transmissão.

O cenário fica ainda mais complexo quando lidamos com pessoas que transmitem informações que não correspondem à realidade, mas atendem aos interesses deles ou do grupo ao qual pertencem, exigindo que apliquemos ainda mais filtros para que nossos modelos mentais não se afastem do mundo real. Esse tipo de situação ocorre sempre que interagimos socialmente ou buscamos informações na Internet, jornais ou revistas.

Em função desse contexto, é importante que criemos o hábito de verificar cuidadosamente a veracidade de todas as informações recebidas, mediante consultas a outras referências, além de conferir a confiabilidade e a credibilidade da fonte. Uma informação será tão confiável quanto sua fonte e, conforme Descartes, "permanecerá como verdade enquanto resistir a toda sorte de questionamentos".

Paulo Cesar, um amigo, quase foi pego por uma dessas armadilhas embutidas na transmissão de informações, por pouco não se tornando vítima de estelionato pela Internet. Ele anunciou um computador em um portal de compra e venda. Alguns dias depois, recebeu a mensagem eletrônica de uma pessoa que dizia já haver realizado o pagamento, orientando-o a enviar-lhe a mercadoria o mais rapidamente possível, via SEDEX. Paulo Cesar clicou no lugar indicado na mensagem e entrou em um portal igualzinho ao original, onde constava o pagamento. Essa pessoa montou uma página falsa, mas cometeu alguns erros gramaticais, o que levou Paulo a desconfiar, verificar outras fontes e procurar a polícia. E se não houvesse erros gramaticais...? Paulo teria procurado confirmar as informações? Esse é um problema típico da Sociedade do Conhecimento, também encontrado em situações menos graves, como vendedores que tentam nos enganar sobre um produto, compradores que mentem sobre suas referências, ou assessores que se enganam e nos transmitem informações incorretas, induzindo-nos ao erro.

Outro cuidado que devemos ter é quando nos deparamos com uma situação nova, da qual não temos nenhum conhecimento ou opinião formada. As primeiras informações recebidas são facilmente aceitas e formam a base de nossos modelos mentais sobre o assunto. Quando vamos comprar um equipamento, ficamos impressionados com as informações que nos são passadas pelo primeiro vendedor que encontramos. Ao pesquisar em outra loja, comparamos o que já sabemos com a nova informação. Lá pela quinta loja, temos uma boa idéia do que procuramos e somos mais criteriosos para aceitar algo que não sabemos. À medida que mais informações são recebidas, portanto, mais difícil é inseri-las no modelo, pois devem estabelecer conexões lógicas com aquilo que já sabemos.

Sobre essas conexões, aplicamos o raciocínio – a segunda forma de construir modelos mentais. Ao negociar, muitas vezes temos que trabalhar como detetives e pesquisadores, coletando e cruzando informações provenientes de diversas fontes, na tentativa de formar um modelo mental da situação. Quanto maior esse modelo – que no Capítulo 6 eu chamo de consciência situacional – mais segurança temos em nossas ações, mais confiantes nos sentimos em relação ao resultado esperado e mais bem preparados estamos para a negociação.

A terceira maneira de formar modelos mentais ocorre por meio da imaginação, um dos grandes propulsores emocionais. A partir de fatos concretos, formamos cenários que nos induzem a sentimentos de ansiedade, euforia, desesperança, medo ou raiva, gerando expectativas ou preocupações em relação a eventos que ainda estão por vir. Fazemos isso constantemente, ao imaginar o que vai ocorrer se a negociação não der certo, se o argumento não funcionar, se esquecermos o que dizer, se conseguirmos fechar o negócio dos nossos sonhos, se isso e se aquilo...

Independente da forma como é construído, se em determinado momento uma nova informação recebida não é coerente com nosso modelo mental, ele entrará em colapso, obrigando-nos a repensar o que sabemos ou imaginamos sobre aquele assunto ou, simplesmente, levando-nos a descartar a informação recém-chegada. O desconforto sentido em função da incoerência entre uma nova evidência e nosso pensamento – ou entre este e nosso comportamento – foi batizado como dissonância cognitiva (FESTINGER, 1957).

Segundo Festinger, quando uma informação não se encaixa com o modelo mental[2] existente cria-se uma **dissonância cognitiva**, que pode se transformar em uma poderosa ferramenta persuasiva, uma vez que seres humanos se sentem tão desconfortáveis em sustentar ações e pensamentos contraditórios com seus modelos mentais, que são capazes de tentar qualquer coisa para recuperar sua coerência interior: condordam de

---

[2] Chamado por Festinger de *schemata*.

16 | NEGOCIADORES DA SOCIEDADE DO CONHECIMENTO

imediato, pedem um tempo para pensar ou atacam e desconsideram os argumentos contrários.

Quanto maior a dissonância cognitiva, maior o desconforto sentido pelo indivíduo. Nesse momento, muitas pessoas colocam as emoções acima da razão e se recusam a refazer seus modelos mentais e a aceitar o novo argumento, mesmo que esse argumento seja proveniente de uma fonte confiável. Compreenda que se os mecanismos de defesa da outra parte estiverem ativados, ela estará distorcendo ou eliminando parte do que dizemos, a fim de que os argumentos que apresentamos não conflitem com seu modelo mental.

1.3. APLICAÇÃO DE MODELOS MENTAIS EM NEGOCIAÇÕES

Como cada pessoa tem seu modelo mental, não adianta discutirmos com alguém, em uma negociação, querendo que a outra parte tenha o mesmo entendimento ou modelo mental que nós temos sobre o assunto em pauta. O que nos cabe é procurar entender o modelo dela e tentar exercer influência de acordo com o seu ponto de vista e não o nosso. Queremos negociar com nosso chefe? Antes de mais nada, devemos procurar ver as coisas como ele as vê, e não forçá-lo a que ele entenda o nosso modelo mental.

Durante uma negociação, assim como em qualquer forma de comunicação, é comum fazer referência a palavras, eventos ou contextos com significados diferentes para ambas as partes. Isso ocorre porque cada lado se expressa de acordo com seu próprio modelo mental, pensando que o outro possui o mesmo entendimento sobre o assunto, o que, em muitos casos, não é verdade. Para neutralizar esse problema, não hesite em verificar se entendeu o que ouviu, resumindo o que foi dito, perguntando ou esclarecendo possíveis situações ambíguas, de modo que as partes possam ter a mesma compreensão ou os mesmos modelos mentais sobre o que está sendo discutido. Vejamos como isso se aplica.

Certa vez, representantes da Força Aérea se reuniram com oficiais engenheiros do Exército para mostrar-lhes as vantagens de se adotar uma arquitetura orientada a serviços, na troca de dados e informações entre sistemas de informática, ao invés das soluções tradicionais[3]. O encarregado de fazer a apresentação era engenheiro do

---

[3] Não vem ao caso explicar aqui o que é uma arquitetura orientada a serviços. Consideremos que seja um assunto qualquer que necessita ser transmitido na linguagem da outra pessoa, não na nossa, a fim de que possa ser aceito.

Instituto Tecnológico da Aeronáutica, com mestrado em Comando e Controle. Possuía competência sem igual e um conhecimento técnico muito grande, mas teve dificuldades para fazer sua audiência entender o que ele queria dizer por "serviços". Depois de duas horas de discussão, os oficiais do Exército estavam a ponto de desistir da idéia quando outro representante da Força Aérea interviu e explicou aos companheiros de farda, na linguagem deles, o que seriam os tais "serviços". Eles aceitaram o conceito e as duas instituições começaram a integrar seus sistemas de informação.

Quando alguém faz referência a uma idéia, objeto ou conceito, a primeira coisa que fazemos é relacioná-la ao **contexto**. A idéia de "serviços" era diferente para as duas partes, o que causou dificuldade de entendimento, quase inviabilizando uma parceria. Leve em consideração que o modelo mental da outra parte sobre o assunto talvez não seja igual ao seu, de modo que valerá a pena investir tempo para explicar-lhe detalhes e benefícios. Mesmo que isso tenha que ser feito várias vezes e de diferentes maneiras. A falta de conhecimento pode levar à formação de uma imagem negativa sobre o que se está negociando.

Outra aplicação dos princípios que regem a formação dos modelos mentais ocorre ao interagir com pessoas. Costumamos formar uma impressão sobre elas logo nos primeiros minutos de relacionamento, mesmo sem possuirmos muitas informações a respeito. Nossa mente utiliza comportamentos similares, observados a partir de relacionamentos anteriores (com a mesma pessoa ou outra qualquer), e com base nessas informações cria um modelo mental que serve como referência para prejulgar o caráter, o profissionalismo ou os valores daquele indivíduo. Essa primeira impressão costuma ser muito forte e, se reforçada com o decorrer do tempo, cria raízes profundas em nossa mente, de maneira que ao saber de um comportamento adotado pela pessoa, contrário ao modelo mental que temos dela, em um primeiro momento tendemos a não acreditar nessa informação.

Durante uma negociação, devemos procurar transmitir uma impressão positiva nos momentos iniciais do primeiro encontro com a outra parte, a fim de fornecer-lhe um modelo mental favorável a nosso respeito. Ao mesmo tempo, devemos ter ciência de que a imagem que formamos sobre ela estará baseada em informações escassas e incompletas. Será necessário investir no relacionamento, para que a conheçamos melhor e nosso modelo mental se torne uma expressão razoável de como realmente é a pessoa.

Essa particularidade dos modelos mentais pode ser usada a nosso favor, no ambiente que freqüentamos, para desenvolver uma imagem que transmita

18 | NEGOCIADORES DA SOCIEDADE DO CONHECIMENTO

credibilidade. Se nossa imagem for positiva, eventualmente poderemos até cometer algum deslize, sem arranhar a reputação, mas se for negativa, por mais que nos esforcemos, muitas de nossas ações serão interpretadas incorretamente ou não serão levadas a sério, mesmo que estejam muito bem fundamentadas. Durante uma negociação, as pessoas devem poder acreditar no que dizemos e que os compromissos assumidos serão cumpridos.

Eventos possuem um grau de complexidade maior, pois reúnem pessoas, idéias e objetos que se relacionam durante um certo período de tempo. Por exemplo, ao presenciar duas pessoas discutindo acaloradamente, podemos posicionar-nos contra aquela que utiliza palavras mais ásperas, mas talvez mudássemos de idéia se soubéssemos os motivos que geraram a discussão. Também é possível que defendamos a pessoa com quem nosso relacionamento é mais estreito, por atribuir-lhe maior credibilidade e concordar com as razões inseridas no modelo mental dela, mas quem disse que esse modelo corresponde à realidade? É como o acidente de carro descrito no início do capítulo. Qual dos dois personagens envolvidos está com a razão? A saída seria ouvir o maior número de pessoas e formar nosso próprio modelo mental e com base nele, tomar decisões.

Determinados indivíduos são capazes de montar um imenso modelo mental a partir de meia-dúzia de percepções, ao somá-las a elementos retirados de experiências passadas. São aqueles que ouvem apenas parte da história e, com essas poucas informações, acham que já sabem a solução ou se sentem no direito de prejulgar outras pessoas. Esse comportamento funciona para situações triviais, como ao descobrir se uma criança está mentindo, mas não para as complexas, como na resolução de problemas corporativos.

Por exemplo, suponha que Carlos seja diretor de Marketing da empresa Alfa, fabricante de artigos de porcelana. A partir de certo dia, Carlos começa a receber ligações de clientes, reclamando que um grande número de peças estão chegando quebradas ao destino, atribuindo o problema à embalagem. Isso já havia acontecido no ano passado. Carlos pede então a Eduardo, o gerente de Produção, que revise os procedimentos de embalagem, a fim de diminuir as perdas. O gerente e sua equipe reforçam todas as caixas, colocam mais enchimento nos espaços vazios e revisam a maneira como a porcelana é acomodada. Três meses depois, as peças continuam quebrando. Por quê? Talvez devido ao fato de Carlos ter se baseado na experiência passada e induzido a Produção a se concentrar apenas na embalagem, sem considerar outros aspectos como o transporte e o manuseio da carga.

Carlos também abordou o problema de maneira viciada, definindo-o como: *revisar os procedimentos de embalagem para evitar as quebras*. Ele já tinha uma solução em mente e isso viciou todo o trabalho. Se o problema fosse definido como *buscar as causas da quebra de peças*, talvez outros caminhos tivessem sido tomados, pois o modelo mental dos envolvidos estaria aberto a considerar outras possíveis causas do problema.

Ao encarar uma negociação, procure limpar a mente e livrar-se de antigos modelos mentais, pois neles se encontram emoções represadas, preconceitos ou vícios de abordagem. Como não é possível formar seu modelo mental a partir do zero, esteja pelo menos preparado para aprender coisas novas e abordar o problema sob diversos pontos de vista. Não pressuponha nada. Ao invés disso, pergunte, ouça... enfim, se comunique. Epa! Isso que dizer que não devo usar minha experiência? Sim, deve. Use o conhecimento adquirido em negociações passadas para se precaver de armadilhas, para saber que perguntas formular, quando fazê-las, como se comportar... mas nunca para pré-julgar ou fazer adivinhações!

1.4. Lições aprendidas

Lição 1 - PARA SE TORNAR BOM EM QUALQUER COISA, É PRECISO TER VONTADE E PRATICAR DIARIAMENTE AQUILO QUE SE DESEJA APRENDER.

Lição 2 - VERIFIQUE A CREDIBILIDADE DA FONTE DE INFORMAÇÃO.

Lição 3 - BUSQUE DIVERSAS FONTES PARA ELABORAR SEUS MODELOS MENTAIS, E ATUALIZE-OS.

Lição 4 - NUNCA ATAQUE OU CRITIQUE CRENÇAS E VALORES DAS PESSOAS.

Lição 5 - UTILIZE A LINGUAGEM DO ÓRGÃO SENSORIAL PREDOMINANTE DAS PESSOAS.

Lição 6 - COLOQUE-SE NO LUGAR DA OUTRA PARTE PARA ENTENDER O MODELO MENTAL DELA.

Lição 7 - POLICIE-SE QUANTO À DISTORÇÃO, ELIMINAÇÃO E GENERA-LIZAÇÃO DE INFORMAÇÕES.

Lição 8 - PERCEBA QUANDO VOCÊ OU A OUTRA PARTE GERAREM DISSONÂNCIA COGNITIVA.

Lição 9 - CAUSE UMA PRIMEIRA BOA IMPRESSÃO.

Lição 10 - LIMPE A MENTE, ANTES DE ENTRAR EM UMA NEGOCIAÇÃO, EVITANDO PRÉ-JULGAR.

Lição 11 - USE A EXPERIÊNCIA PARA PRECAVER-SE E SABER O QUE PERGUNTAR.

Lição 12 - CONTEXTUALIZE SUAS IDÉIAS.

CAPÍTULO 2

Emoções, Necessidades e Interesses

"Considere como é difícil modificar a si mesmo e você entenderá quão pouca chance tem ao tentar modificar outras pessoas."

Jacob M. Braude

2.1. EMOÇÕES

Negociadores da Sociedade do Conhecimento não podem se esquecer de lidar com as emoções. Elas afetam tanto a nós como à outra parte e são das mais variadas intensidades. Ignorar que elas existem é o primeiro passo para o aparecimento de conflitos, pois as emoções afetam a comunicação, distorcendo e eliminando as informações que inserimos em nossos os modelos mentais e, conseqüentemente, alterando o equilíbrio interno e influenciando as decisões.

Viviane e Ricardo moram no mesmo edifício. O apartamento dela fica exatamente sobre o de Ricardo. Viviane costuma chegar em sua residência tarde da noite e realizar diversas tarefas, antes de dormir. Como ela usa salto alto, o toc-toc provocado ao andar ecoa no apartamento de Ricardo, acordando-o todas as noites e deixando-o irritado. Ricardo precisaria tão somente falar com ela e pedir-lhe que retirasse as sandálias ao chegar da rua, mas seus pensamentos o induzem a querer se vingar, pois ele acha que Viviane faz isso de propósito e que não tem consideração por seus vizinhos. Por

22 | NEGOCIADORES DA SOCIEDADE DO CONHECIMENTO

coincidência, as vagas de seus carros estão posicionadas uma ao lado da outra. Ricardo passa então a estacionar seu automóvel de modo a dificultar a entrada do carro de Viviane na garagem. Ela se irrita e resolve revidar...

Depois que o conflito se instala, a negociação é apenas uma das formas de solucioná-lo. Existem outras opções, como o estabelecimento de regras que delimitem poder ou definam responsabilidades, o aperfeiçoamento das habilidades de comunicação, uma atitude mais compreensiva, o nivelamento de conhecimento entre as partes, mediação, arbitragem, entre outros.

Os conflitos são percebidos como negativos porque as pessoas, normalmente, não possuem habilidades que lhes permitam gerenciá-los adequadamente. Elas ficam confusas ou agem de modo a se prepararem para a defesa ou o ataque. Conseqüentemente, gera-se estresse, frustração, raiva e um sentimento de animosidade em relação à outra parte.

Os conflitos se intensificam quando as necessidades psicológicas das pessoas são esquecidas. Elas querem ser reconhecidas, aceitas socialmente e ter sua auto-estima preservada. Quando essas necessidades não são atendidas ou, simplesmente, existe a expectativa de serem ou não atendidas, surgem as emoções, que prevalecem sobre a razão e levam as pessoas a agir de forma pouco produtiva.

Para compreender melhor a natureza das emoções, vamos dividi-las em três componentes: subjetivo, fisiológico e comportamental (DAVIDOFF, 1983).

O componente **subjetivo** é formado por pensamentos e sensações. Quando estamos preocupados ou ansiosos, normalmente ocupamos a mente com pensamentos sobre o assunto. Com base em nossas crenças, fazemos previsões, imaginamos coisas terríveis e ameaçadoras, vislumbramos soluções e encadeamos diálogos internos de maneira a prolongar nosso estado interior. Esses pensamentos geralmente vêm acompanhados por sensações de peso, leveza ou pressão no peito. Se estivermos ansiosos, antes de uma negociação, o componente subjetivo nos deixará acordados à noite, enquanto repassamos argumentos, imaginamos as reações da outra parte ou a receptividade de um chefe ao nosso trabalho. Os diálogos internos também fazem com que tomemos decisões precipitadas, nos empolguemos demasiadamente ou percamos a esperança.

Outro componente é **fisiológico**, constatado clinicamente por distúrbios gastrintestinais; suor; e aumento dos batimentos cardíacos, da pressão arterial, de adrenalina na corrente sangüínea, da temperatura do rosto ou da freqüência respiratória. Alguns desses sinais podem ser observados, como um rosto vermelho, mãos frias e suadas, pele arrepiada ou palidez. Uma negociação prolongada, na qual as partes não chegam a um acordo, pode gerar cansaço físico, com reflexo direto no estado emocional do indivíduo.

Existe também o componente **comportamental**, revelado pelo que falamos, tom de voz, postura corporal, expressões faciais, movimentos e ações. Está diretamente relacionado com a linguagem não-verbal. Sua leitura permite conhecer as emoções da pessoa com quem estamos negociando ou revelar os nossos sentimentos, traindo-nos sem perdão.

As emoções humanas são, portanto, "estados internos, caracterizados por componentes subjetivos, fisiológicos e comportamentais, interligados entre si" (DAVIDOFF, 1983). Elas são provocadas por necessidades fisiológicas ou psicológicas e responsáveis por moldar as percepções e o comportamento do ser humano.

Os três componentes estão intimamente relacionados e o aparecimento de um provoca o surgimento dos demais. Quando nos deparamos com alguém que se exalta e grita inesperadamente, por exemplo, durante uma negociação, nosso organismo libera adrenalina, provocando o aumento dos batimentos cardíacos; em um ato reflexo, nosso rosto fica sério; pensamentos rancorosos e de vingança invadem a mente, prolongando o sentimento de raiva. Criam tensão muscular, provocam o abaixamento das sobrancelhas e a compressão dos lábios, dando-nos uma aparência tensa e fisionomia fechada. Nesse momento, tornamo-nos reféns da linguagem não-verbal, dando pistas de que fomos atingidos pelo comportamento da outra parte.

2.1.1. A Dinâmica das Emoções

Como funcionam as emoções? Acompanhe na Figura 4. Inicialmente estamos em equilíbrio, trabalhando no escritório, descansando em casa ou praticando uma atividade qualquer de lazer. Em certo momento, percebemos algo do mundo real que atua como estímulo:

- **Situação A:** uma proposta de negócios;
- **Situação B:** um fato; ou
- **Situação C:** uma idéia.

NEGOCIADORES DA SOCIEDADE DO CONHECIMENTO

Esse estímulo é captado inicialmente pela via secundária – ou emocional – um circuito que passa pelas áreas do cérebro onde são geradas as emoções (GOLEMAN, 2006). Dependendo do estímulo, as crenças armazenadas no subconsciente[1] atuam como gatilhos, ativando necessidades psicológicas, levando-nos ao desequilíbrio e produzindo uma emoção, sem aparentemente sabermos o motivo:

- **Situação A:** a proposta nos anima;
- **Situação B:** o fato nos deixa chateados; ou
- **Situação C:** a idéia gera intranqüilidade.

A via primária, ligada às regiões do cérebro responsáveis pelo processamento racional, também capta os estímulos, mas atua de forma mais lenta que a via emocional (GOLEMAN, 2006). Por meio dela, acessamos as crenças das quais somos conscientes. Se as crenças nos indicarem que o estímulo não significa nada, permaneceremos em equilíbrio:

- **Situação A:** a proposta não é lá essas coisas;
- **Situação B:** o fato não tem nada a ver com meu problema;
- **Situação C:** a idéia é medíocre.

Mas é possível que, de acordo com essas crenças, reavaliemos a necessidade gerada pela via secundária, confirmando ou ajustando racionalmente a emoção sentida inicialmente e motivando-nos para a ação:

- **Situação A:** a proposta realmente nos anima, por se mostrar extremamente lucrativa;
- **Situação B:** o fato nos deixa mesmo chateados, por termos sido contrariados; ou
- **Situação C:** a intranqüilidade inicial gerada não tem fundamento, pois a idéia parece ser boa.

Emoções pouco intensas nos levam a comportamentos equilibrados e a percepções próximas da realidade:

- **Situação A:** analisamos a proposta de forma racional;
- **Situação B:** exploramos melhor o fato; ou
- **Situação C:** procuramos compreender as idéias da outra parte.

---

[1] Crenças subconscientes são chamadas por Beck (1997) de *pensamentos automáticos*.

Se a crença mobilizadora e sua respectiva necessidade forem reforçadas por outras crenças, as emoções se intensificam, afetando o raciocínio lógico e o comportamento, levando-nos a percepções distorcidas da realidade. Sob essas condições:

- **Situação A:** as propostas são analisadas de forma parcial e tendenciosa;
- **Situações B e C:** os fatos e idéias são interpretadas conforme nosso estado de humor.

Uma vez tomados pelas emoções, entramos em um círculo vicioso, reforçando as crenças existentes e afastando-nos do mundo real.

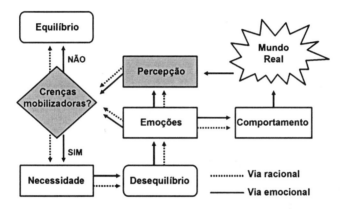

Figura 04 - Ciclo das necessidades.

Isso nos mostra que o modo como nos sentimos está associado à forma como interpretamos uma situação. A situação em si não determina diretamente como nos sentimos (Beck 1997). As emoções dependem de nossas crenças e percepções.

Segundo Goleman (2006), os estímulos que conduzem à percepção passam por duas vias diferentes, em nosso cérebro: a via principal (ou racional) e a via secundária (ou emocional).

A via secundária, da emoção, apesar de ser mais rápida pode ser sobrepujada pela via primária, da razão (GOLEMAN, 2006). Isso ocorre quando decidimos por impulso e depois racionalizamos a decisão, ou quando fechamos um acordo com base na intuição e depois nos arrependemos, com base na razão.

26 | Negociadores da Sociedade do Conhecimento

A rapidez com que um estímulo é processado pela via emocional escapa ao nosso controle. Por esse motivo tendemos a aceitar a primeira oferta que nos agrada; rejeitamos propostas mal-apresentadas, sem avaliar o conteúdo; ou somos denunciados por nossa linguagem não-verbal.

As crenças se instalam ao tomarmos decisões sob influência emocional. Se uma pessoa, ao ser pressionada por alguém e se sentir com medo, optar por responder de forma agressiva e isso lhe proporcionar uma sensação de conforto e segurança, desenvolverá a crença de que ser agressivo é a resposta adequada para o sentimento de medo.

As emoções, portanto, afetam a percepção e o comportamento e, ao mesmo tempo em que são influenciadas pelas crenças, também as reforçam. Como, então, lidar com as emoções?

Felizmente, a via secundária pode ser sobrepujada pela primária. Para desenvolver suas habilidades emocionais, inicialmente procure reconhecer as emoções e perceber os comportamentos que elas provocam. Saiba diferenciar raiva, de medo, de ansiedade, de alegria e assim por diante (GOLEMAN, 1996). Muitas vezes, as sensações ou manifestações fisiológicas entre duas emoções são muito parecidas, diferenciadas apenas pelo contexto ou motivo que as gerou.

A seguir, preste atenção nos diálogos internos. Eles reproduzem nossas crenças. Observe como eles intensificam seu estado de espírito, seja ele positivo ou negativo. Se durante uma negociação, você se surpreender falando com seus botões sobre o assunto que o está incomodando, encadeando suas crenças em forma de argumentos, interrompa essa conversa interior. Normalmente, um pensamento negativo o faz lembrar de outro, que se associa a outro e assim sucessivamente, prolongando sentimentos negativos e até mesmo aumentando-os e transferido-os para o comportamento não-verbal.

Depois de identificar as emoções e as crenças que as produzem, livre-se das crenças que o fazem pensar de forma negativa. Ao ser contrariado, acredite que a outra parte tem boas razões para tal, ao invés de pensar que ela faz isso só para prejudicá-lo. Creia que a causa de uma oposição pode ser a falta de informações sobre o assunto ou o medo de enfrentar o desconhecido. Quando a pessoa for rude com você, evite se irritar, tenha a convicção de que as habilidades de comunicação dela precisam ser melhoradas. Ao invés de imaginar que a pessoa está tramando maldades, pense que ela pode estar assustada ou se sentindo ameaçada.

Acredite que as emoções são geradas única e exclusivamente por nós mesmos. Não são os outros que nos deixam felizes ou alterados, somos nós quem nos permitimos ficar nesse estado, independente se a outra pessoa agiu intencionalmente ou não. Mudando as crenças, mudamos as emoções, que por sua vez alteram nossas percepções e comportamentos.

Tratar apenas de nossas emoções não basta. Temos que lidar com as da outra parte. Sabendo como os estados emocionais se instalam, descubra quais são as crenças dela que sustentam esses estados. Faça perguntas. Evite reforçar crenças que deixem a pessoa eufórica, muito ansiosa ou irritada. Mantenha as emoções sempre em equilíbrio. Use a ferramenta do Pêndulo Emocional, no final deste Capítulo.

Um dos cuidados que devemos ter, ao alterar nossas crenças, é o de não passarmos a acreditar que Papai-Noel existe. Vivemos em um mundo competitivo. As pessoas formam alianças, articulam negociatas e preparam armadilhas. Devemos estar atentos e coletar o máximo possível de informações, mas de forma racional e equilibrada, sem nos deixarmos levar por nossos medos, ansiedades e inseguranças.

O que desejamos ao ajustar nossas crenças é controlar as emoções, a fim de melhorar a capacidade de perceber o ambiente de uma negociação e ajustar o comportamento de acordo com as circunstâncias (BECK, 1997). Mas e quando não conseguimos identificar a causa de uma emoção? Para entender completamente como atuam as emoções, e como trabalhá-las, é necessário estudar um elemento importante: as necessidades.

2.2. Necessidades

As necessidades são as principais responsáveis pelo comportamento humano. Quando uma necessidade é acionada por um estímulo, ela provoca uma emoção que nos tira do equilíbrio e gera comportamentos capazes de satisfazer essa necessidade e devolver-nos ao estado original.

Entre o estímulo e o comportamento atuam filtros como temperamento, valores morais, crenças e quão intensa é a necessidade. Se tivermos vontade de comer, por exemplo, o estímulo provocado por um prato de comida será filtrado e analisado em uma fração de segundo, resultando em um comportamento que pode variar de uma simples olhada mais intensa para o prato até o de atirar-nos com toda a energia para pegar o alimento.

O psicólogo social Maslow (1954), enquanto realizava experiências com animais, notou que algumas necessidades tinham precedência sobre outras. Por exemplo, se um cão está com fome e com sede, tenderá a saciar primeiro a sede. Afinal de contas, o animal consegue sobreviver semanas sem comer, mas apenas alguns dias sem beber. A sede é mais forte do que a fome. Da mesma forma, se está com sede e alguém o priva de respirar, qual será mais importante? A necessidade de respirar, naturalmente.

Com esse conceito, Maslow propôs uma hierarquia para as necessidades do ser humano. Agrupou necessidades específicas como fome, sede e sexo em conjuntos maiores, formando cinco camadas principais de necessidades: fisiológicas, segurança, sociais, estima e auto-realização (Figura 5).

Figura 05 - Hierarquia de necessidades (MASLOW, 1954).

Existem estudos que contestam a hierarquização das necessidades, talvez em função das crenças. Monges budistas conseguem controlar suas crenças de modo a permanecerem sem comer por muito tempo. O sono, a dor e a fome podem ser dominados, naturalmente até o limite físico do ser humano. Já ocorreu de você chegar em casa à noite, com sono, cansado, esgotado e de repente um amigo convidá-lo para uma festa animada, convencendo-o a sair? Você sai, dança a noite toda e volta só de madrugada. Onde foi parar o cansaço? Esse é o poder das crenças. De maneira geral, no entanto, as necessidades costumam aparecer na ordem em que foram propostas por Maslow. Vamos conhecê-las.

2.2.1. Necessidades Fisiológicas

Constituem as necessidades primárias dos seres humanos, as que recebem prioridade para serem satisfeitas. Elas incluem a necessidade por oxigênio, água, proteína, sal, açúcar e outras vitaminas e minerais. Incluem também a necessidade de manter o equilíbrio de pH e da temperatura, além da necessidade de descansar, dormir, eliminar detritos (CO_2, suor, urina e fezes) e evitar a dor.

2.2.2. Necessidades de Segurança

Na segunda camada de necessidades, nos sentimos extremamente interessados em buscar ambientes seguros, estabilidade e proteção. Desenvolvemos uma necessidade por estruturar coisas, colocar ordem e impor alguns limites. Começamos a ficar preocupados com nossos medos e ansiedades, levando-nos a querer adquirir uma casa em um lugar seguro, estabelecer uma zona de conforto no ambiente de trabalho, abrir um plano de aposentadoria e assim por diante.

Muitas vezes, uma negociação falha porque uma das partes sente medo de ficar isolada, perder o cargo, o emprego ou o acesso a pessoas e recursos. A pessoa que se sente insegura pode boicotar iniciativas, atacar argumentos, diminuir-nos perante outras pessoas ou adotar posições inflexíveis. Ao identificar a necessidade de segurança como o motivo principal de um impasse ou possível empecilho em uma negociação, antes de mais nada, devemos nos aproximar da pessoa, conhecê-la melhor e permitir que ela também nos conheça. Temos que tentar identificar as crenças que a levam a esse comportamento e, com base nelas, fazê-la compreender que nós ou nossa proposta não representam ameaça para ela.

Às vezes, esse medo pode estar dentro de nós. Ao identificarmos uma emoção e analisarmos os diálogos internos, temos que observar se eles não nos conduzem ao medo de perder alguma coisa importante. Se for relevante, devemos transformar essa necessidade de segurança em um dos assuntos a serem tratados com a outra parte, durante a negociação, solicitando garantias em relação ao cumprimento do contrato, por exemplo.

2.2.3. Necessidades Sociais

No terceiro nível, começamos a sentir a necessidade de possuir amigos, uma pessoa para amar, crianças, relacionamentos afetivos em geral e de sermos aceitos por um grupo. Podemos começar a sentir solidão e ansiedade social, como aquele desespero que os solteiros sentem para sair aos sábados à noite.

Expressamos essa necessidade com o desejo de casar, constituir uma família, possuir amigos, fazer parte de uma comunidade como igreja, gangue ou time de futebol.

Para satisfazer necessidades sociais, não contrariamos as pessoas (mesmo sendo necessário), nos mostramos prestativos, condescendentes, amistosos, simpáticos, atentos, tudo em busca de aceitação. Esses comportamentos podem se tornar extrema-

30 | NEGOCIADORES DA SOCIEDADE DO CONHECIMENTO

mente prejudiciais em uma negociação, principalmente quando adotados por nós. Ao analisar os diálogos internos, se notarmos carências sociais e afetivas, devemos ter em mente que o objetivo da negociação não é conquistar um amigo, mas efetuar uma transação, transmitindo credibilidade e profissionalismo.

Determinadas escolas de negociação estimulam seus adeptos a pesquisar sobre o trabalho, gostos, origem, valores e passatempos da pessoa com quem vão negociar. Isso é importante para criar empatia[2] e também deve ser feito por nós, mas a sensação de camaradagem e pseudo-amizade criada nesse contexto, principalmente quando possuímos necessidades sociais não-satisfeitas, não deve servir de base para estabelecer uma relação de confiança entre as partes. A confiança é obtida por meio do histórico de uma pessoa, sua credibilidade, fidelidade a compromissos, conhecimento no assunto e experiência comprovada. O simples fato de uma pessoa parecer amiga não é referência para se confiar nela.

2.2.4. Necessidades de Estima

No próximo conjunto de necessidades, sentimos falta de auto-estima. Maslow percebeu duas manifestações diferentes nas necessidades de estima. A mais baixa refere-se a ter o respeito de outros, adquirir status, fama, glória, reconhecimento, atenção, reputação, apreço, dignidade e domínio. A mais alta envolve a necessidade de respeito-próprio, incluindo sentimentos de confiança, competência, independência, liberdade, domínio de conhecimento e encontro de si mesmo. Essa forma é mais alta porque, ao contrário do respeito que se tem das outras pessoas, o respeito-próprio é muito mais importante e delicado, pois sua ausência gera baixa auto-estima e complexos de inferioridade. A auto-estima depende das crenças que formulamos a nosso respeito.

Indivíduos com boa auto-estima são arrojados, enfrentam desafios e ambientes novos, não cultivam sentimentos de culpa e se relacionam normalmente com outras pessoas. Ter boa auto-estima é fundamental para um negociador, pois o deixará mais seguro de si e confiante em seus argumentos.

Pessoas com baixa auto-estima, de maneira geral, acham que estão sempre erradas, que a culpa é sempre delas, sentem insegurança para lançar-se a novos desafios e evitam situações novas. Aspectos como personalidade, necessidades não-satisfeitas e experiências passadas devem ser consideradas como possíveis causas, a serem investigadas.

---

[2] Também conhecida como *rapport* (MOINE; HERD, 1988).

CAPÍTULO 2 – EMOÇÕES, NECESSIDADES E INTERESSES | 31

Um aspecto inerente à natureza humana é que, normalmente, nos sentimos mais à vontade quando estamos com pessoas a quem consideramos inferiores. A conversa flui facilmente e as perguntas que a outra parte nos faz não soam ameaçadoras. Mas na presença de pessoas a quem consideramos superiores, seja financeira, social ou culturalmente, não nos sentimos bem. Adotamos uma atitude ofensiva ou defensiva, conforme o caso (CAMP, 2004).

Sabendo dessa característica, em ambientes colaborativos, um bom negociador deve permitir que a outra parte se sinta superior e no controle da situação. Isso é conseguido ao controlarmos o impulso de sermos apreciados, de mostrar status, conhecimento ou qualquer outra forma de poder e, ao mesmo tempo, reconhecermos a necessidade da outra parte em demonstrar tais atributos, estimulando-a a que os revele.

Ao negociar com alguém que se gaba, conta vantagem e se diz melhor do que fulano ou cicrano, por exemplo, devemos elogiar. Essa pessoa precisa disso. Ela deve ser estimulada a falar de si mesma. Temos que pedir detalhes, ser ouvintes atentos e reconhecer suas qualidades. Uma vez que o ego estiver satisfeito, ela nos prestará muito mais atenção.

Se precisarmos negociar com um superior hierárquico, nunca devemos mostrar mais conhecimento, sabedoria, contatos ou iniciativa do que ele. Não podemos fazer com que se sinta desprestigiado, sem domínio da situação ou com o cargo ameaçado. Se ele tiver necessidade de reforçar sua auto-estima, temos que seguir o conselho de Baltazar Gracián, que em 1647 afirmou:

> "Não eclipse o patrão – [...] A muitos não incomoda o ser superado em riqueza, caráter ou temperamento, mas ninguém, em especial um soberano, gosta que lhe excedam em inteligência"
>
> (GRACIÁN, 2004).

Antes de prosseguir, vamos fazer um teste. Imaginemo-nos em uma discussão na qual a pessoa com quem negociamos explode de raiva depois de fazermos determinada colocação. Qual o motivo dessa explosão? Podemos pensar em várias causas:

- a reação da pessoa se deve a ela ter ficado irritada com um colega de trabalho que cometeu a falha que apontamos em nossa colocação;
- a pessoa não consegue controlar suas reações, quando é contrariada;
- a colocação a fez se lembrar de algum problema semelhante que ela teve no passado e não tem nada a ver com a gente;

- a pessoa empregou o comportamento agressivo de forma racional, buscando intimidar-nos para obter vantagem na negociação; ou

- a colocação foi infeliz e deixou a pessoa chateada.

Aqui nossa auto-estima ou confiança assumem um papel fundamental, pois dependendo de nossas crenças e estado emocional podemos interpretar a cena de uma das cinco maneiras acima. A conclusão a que chegarmos provocará uma reação emocional em cadeia, influenciando o desenrolar da conversa. Com o equilíbrio necessário, poderíamos, por exemplo, ficar em silêncio, esperar a pessoa desabafar e indagar sobre o motivo que a levou a se exaltar. Com o estado emocional abalado, no entanto, poderíamos responder com gritos, adotar uma posição defensiva ou ter uma crise nervosa.

2.2.5. Necessidades de Auto-realização

Os quatro primeiros níveis de necessidades são chamados de níveis de deficiência. Se não temos o suficiente de algum deles, sentimos a necessidade e uma conseqüente motivação para alcançá-lo. Mas se temos tudo, não temos motivações. O último estágio é ligeiramente diferente. Envolve a motivação para crescimento pessoal.

Esse nível possui características diferentes dos demais. Uma vez engajados na necessidade de auto-realização, a motivação continua indefinidamente, parecendo tornar-se maior à medida que a alimentamos. Ela envolve o desejo contínuo de atingir o máximo potencial possível, diminuindo até mesmo a intensidade das necessidades de níveis inferiores.

2.2.6. Necessidades Não-satisfeitas

Se ao longo da vida geramos necessidades que, por algum motivo, não foram satisfeitas, ou passamos por experiências inesperadas, com forte carga emocional, algumas crenças podem ter sido gravadas em nosso inconsciente. Elas nos levarão a emoções e comportamentos que não conseguiremos controlar e cujas causas serão difíceis de identificar sem auxílio profissional.

Capítulo 2 – Emoções, Necessidades e Interesses | 33

Essas crenças acionarão certas necessidades pelo resto da vida, sempre que o mesmo conjunto de sensações ou pensamentos estiverem presentes, mesmo que nossa condição sócio-econômica nos tenha levado a níveis mais altos de necessidades.

Como o ser humano possui a característica de se adaptar ao ambiente em que vive, desenvolveremos mecanismos para lidar com necessidades não-satisfeitas, muitas vezes mascarando os verdadeiros sentimentos.

Pessoas que não tiveram suas necessidades de segurança afetiva atendidas na infância, por exemplo, dependendo de seu temperamento, podem esconder essa condição, quando adultos, por meio de um comportamento arrogante, excessivamente vaidoso, até mesmo tirânico, uma vez que necessitam dessas manifestações agressivas como "muletas" para se livrarem de sua própria insegurança e poderem justificar a si mesmas.

Sob condições de estresse ou quando nos deparamos com um problema não planejado, que acione necessidades de níveis inferiores, nós também podemos regredir para um nível mais baixo de necessidade, como relata Saner (2002).

Um dos exemplos de seu livro cita um comprador europeu que chega à Malásia para uma rodada de negociações. Um representante da empresa vendedora o encaminha a um hotel, hospedando-o em um apartamento cujo ar-condicionado não funciona. Já com o sono alterado por estar fora de seu fuso horário, o comprador não consegue dormir a noite toda, em função do calor. No dia seguinte, quando o representante da empresa fica sabendo do ocorrido, desmancha-se em desculpas e o encaminha para um hotel de luxo, deixando o europeu extremamente agradecido. O comprador foi atingido em uma necessidade básica: o sono. A atitude do vendedor rendeu-lhe a boa vontade do europeu durante todo o resto das negociações. Saner coloca o seguinte questionamento: o fato foi coincidência ou deliberado?

Outro exemplo, desta vez relacionado com a necessidade de segurança, cita a viagem de um homem de vendas a Bogotá. A capital passava por um período de turbulência e do hotel onde o representante estava hospedado se ouviam tiros e bombas a noite toda. Com o passar dos dias e o decorrer das negociações, ele começou a se questionar se valia a pena arriscar sua vida, naquela situação, por um contrato. Ele estaria propenso a abrir mão de algumas questões em discussão para voltar mais cedo para casa, afinal, sua segurança estava em perigo.

Ainda em outro exemplo, cita o caso de uma jovem diplomata, representante de um Estado recém-criado, durante uma conferência internacional, em Genebra. Os participantes do encontro sabiam que o país da jovem costumava recompensar diplomatas bem sucedidos, e a jovem não escondia sua necessidade de reconhecimento e de estima. Negociadores experientes poderiam ajudá-la a subir na carreira se ela apoiasse seus interesses. Por outro lado, se ela se posicionasse de forma contrária, também seriam capazes de oferecer-lhe o cargo de presidente da conferência, pois além de proporcionar-lhe o prestígio desejado, o cargo a obrigaria a que se mantivesse neutra.

Observe que as necessidades básicas de Maslow produzem reações e emoções que escapam ao nosso controle ou ao nosso conhecimento. Como lidar com elas?

2.3. Posições, Interesses e Necessidades

Os resultados concretos, buscados em uma negociação, como dinheiro, prazos, condições e garantias, são denominados **posições**. Adotamos posições na compra de bens e serviços, quando dizemos que queremos comprar um objeto por R$ 180,00 ou discordamos de um item do contrato. Na maioria das vezes, a posição adotada pelas partes pode não ser suficiente para chegar a um acordo. Deve-se procurar saber o que está por trás daquele comportamento, tentando descobrir os interesses ou as necessidades do indivíduo (URY, 1993).

Embora as ações direcionadas à satisfação das necessidades básicas sejam mais diretas e eficazes, produzindo resultados imediatos, seu alvo é mais difícil de ser determinado, pois as necessidades básicas nem sempre são explícitas. Os **interesses**, por outro lado, formados pelos desejos, preocupações, crenças conscientes, temores e aspirações, são elementos que os seres humanos conseguem verbalizar com maior facilidade, de onde se conclui que trabalhar com interesses é mais prático.

Figura 06 - Diferença entre necessidades e posições.

A Figura 6, por exemplo, ilustra os pensamentos de um indivíduo cuja posição adotada é contrária à indicação do José para o departamento e a favor de João. O interesse por trás dessa posição é o desejo de ter suas solicitações melhor atendidas. A necessidade que determinou esse interesse pode ser de segurança, por sentir ameaçada sua situação na empresa; pode ser social, por sentir maior afinidade por João; ou de auto-estima, porque João sempre o enaltece. A necessidade, portanto, torna-se difícil de determinar e talvez nem mesmo o próprio indivíduo a reconheça.

Quais as vantagens de atingir os interesses, durante uma negociação? Primeiro, focar em interesses faz com que cheguemos mais próximos do centro das questões. O problema é que nem sempre as partes revelam seus verdadeiros interesses e isso pode levar a desentendimentos e frustrações (imagine, então, as necessidades). Considerando um ambiente colaborativo, se formos sinceros em revelar aquilo em que estamos interessados, a outra parte poderá ajudar a encontrar uma solução que concilie nossos interesses aos dela, chegando mais rapidamente a um acordo.

Segundo, focar nos interesses tira as pessoas de posições polarizadas. Quando nos detemos nas posições, as negociações podem chegar a um impasse. Por exemplo, na Figura 7, as duas partes adotam posições contrárias à aprovação de um projeto.

Essa postura leva a um impasse, pois enquanto um é contrário, o outro é a favor e pronto! Se, ao invés disso, os interesses forem compartilhados e pensarmos em "como facilitar a captação de mais recursos para a empresa, sem diminuir a verba do departamento do outro indivíduo", certamente a solução poderá ser mais rápida e talvez seja mesmo a de aprovar o projeto em discussão.

Terceiro, o foco nos interesses contribui para o estabelecimento de entendimento mútuo, já que as partes se sentem mais compreendidas, ao ver suas motivações atendidas.

Quarto, essa técnica leva as partes à cooperação, pois a possibilidade de revelar nossos anseios e preocupações nos deixa mais à vontade no relacionamento. Para que isso ocorra, no entanto, é necessário que todos os envolvidos cooperem, a fim de que ninguém saia prejudicado. Se uma das partes não cooperar, ela poderá causar grande perda ao cooperativo, como veremos adiante.

Figura 07 - Conflito de posições.

Quinto, ao considerar interesses, temos a oportunidade de ver a questão sob outro ponto de vista, no qual as partes envolvidas podem compartilhar seus modelos mentais e pensar juntas em uma solução. Observe novamente a Figura 7. Uma coisa é discutir se aprovamos ou não o projeto e a outra é pensar em uma solução sobre como facilitar a captação de mais recursos para a empresa, sem diminuir a verba dos departamentos. A segunda alternativa leva a um ambiente criativo, no qual as partes tentam superar obstáculos, enquanto a primeira nos deixa em uma situação sem saída. Dessa forma, fica claro que, ao deparar-nos com um problema, devemos abordá-lo do ponto de vista dos interesses e não das posições.

2.4. Ferramentas para Lidar com Emoções

2.4.1. O Pêndulo Emocional

A ferramenta do Pêndulo Emocional, proposta por Camp (2004), é utilizada para gerenciar ou antecipar as reações emocionais que possam surgir, durante a negociação, ao lidar com os argumentos da outra parte.

Imaginemos um pêndulo, desses utilizados por hipnotizadores ou por pedreiros, conforme o gosto do freguês. Inicialmente, o pêndulo está parado. As emoções estão controladas. Em certo momento, após defendermos um ponto de vista, percebemos que a outra parte não reagiu bem aos nossos argumentos, gerando tensão. O pêndulo se move em direção a ela. Temos, então, que procurar conhecer seus contra-argumentos e objeções, com perguntas abertas, do tipo:

CAPÍTULO 2 – EMOÇÕES, NECESSIDADES E INTERESSES | 37

– *Qual sua opinião?*

– *O que acha sobre o que acabei de lhe dizer?*

Se a tensão se confirmar, devemos aliviá-la, colocar-nos no lugar da outra pessoa (URY, 1993), mostrar que entendemos seus argumentos e auxiliá-la a manifestar suas preocupações. Quando uma pessoa tem suas emoções e interesses reconhecidos – e a oportunidade de externá-los – tende a diminuir sua tensão, conduzindo novamente o pêndulo para uma posição neutra.

O objetivo é fazer com que o pêndulo se mova o menos possível, ou seja, que não provoque fortes sentimentos negativos, como raiva e frustação, nem tampouco extremamente positivos, como euforia e grande expectativa. Por quê? Se, ao negociarmos um acordo, geramos uma grande expectativa na outra parte e, por algum motivo, essa expectativa não vem a se concretizar, a pessoa pode se sentir prejudicada e desfazer o contrato ou romper o relacionamento. O mesmo ocorre se ela se sentir profundamente contrariada.

Quando acabei o mestrado, fui convidado por um amigo para prestar consultoria, em meus momentos de folga. Ele tinha o poder de entusiasmar as pessoas, deixá-las em um estado de excitação emocional incrível. Quando começavam a se relacionar com ele, no entanto, muitos se decepcionavam, às vezes até por coisas insignificantes, mas o suficiente para que perdessem o encanto. Por que isso ocorria? Porque uma expectativa muito grande era gerada nas pessoas, fazendo com que criassem um modelo mental de fantasia, sem amparo na realidade. Quando elas se davam conta de como as coisas funcionavam na prática, a diferença entre o real e o imaginado era muito grande e assim rompiam relações.

Quantas vezes já não passamos por isso, quando alguém nos vendeu um produto, prometendo "mundos e fundos", e depois que começamos a utilizá-lo vimos que não era tão bom quanto se dizia?

Para evitar essa situação, o ideal é manter as emoções em um estado de neutralidade. Camp faz outra analogia para exemplificar a técnica. Imaginemo-nos pescando com molinete. Em certo momento um grande peixe fisga o anzol e começa a puxar, o que fazemos? Brigamos com ele? Não! Damos linha! Sim, deixamos que ele se afaste levando o anzol na boca e depois, gentilmente, giramos o molinete, conduzindo a vítima para a captura. O meu amigo, por exemplo, depois de haver "fisgado" o interesse das pessoas, poderia também revelar-lhes o lado negativo do trabalho que teriam pela

38 | Negociadores da Sociedade do Conhecimento

frente, confirmando com elas se estariam mesmo dispostas a se envolver. Isso quebraria um pouco as expectativas, pelo menos ninguém se sentiria prejudicado, nem poderia dizer que não havia sido avisado.

Imaginemos que estamos vendendo uma idéia e a outra parte é "fisgada" por nossos argumentos, se interessa, mas tem uma leve desconfiança em relação a certas questões. Poderemos fazer uma colocação do tipo:

> *—No seu lugar, eu também ficaria desconfiado com o que estou lhe dizendo. A idéia pode ser prejudicial em relação aos pontos A, B e C.*

Assim demonstramos que estamos sintonizados com suas preocupações e damos oportunidade para que se manifeste quanto às dúvidas que lhe passam pela cabeça. Algumas pessoas vão até mesmo contra-argumentar a nosso favor, dizendo que *"acho que não é tão prejudicial assim, afinal, os pontos A e B que mencionou podem ser superados, o que é um diferencial"*.

2.4.2. Preparar-se para Aceitar um "Não"

Muitas vezes, ficamos emocionalmente desestabilizados e perdemos uma negociação porque não nos preparamos para o pior. Povoamos nossos modelos mentais com situações irreais ou extremamente otimistas e criamos uma série de expectativas que, quando derrubadas, levam com elas nossa segurança e equilíbrio, tornando-nos reféns de nossas próprias emoções e um alvo fácil para predadores.

Ao preparar-se para uma negociação, elimine qualquer fonte de ansiedade, seguindo a fórmula proposta por Dale Carnegie (2003) para resolver situações que causam preocupação:

- **1º passo:** "analise sem medo e honestamente a situação, imaginando o que de pior poderia acontecer como resultado de seu fracasso";
- **2º passo:** "depois de imaginar o que de pior poderia acontecer, procure aceitar as conseqüências, se necessário";
- **3º passo:** "a partir de então, dedique seu tempo e a sua energia ao esforço de remediar as piores possibilidades já aceitas mentalmente".

Uma das piores coisas que pode acontecer em uma negociação é receber um "não" a um pedido ou proposta ou ter um argumento rejeitado. Para muitas pessoas, estar diante de uma rejeição dispara uma série de mecanismos psicológicos, que vão desde a indiferença e evasão, passando pela ansiedade e o medo, até a raiva e a violência. Para evitar um seqüestro emocional – condição alcançada quando somos dominados pelas emoções e deixamos de raciocinar – devemos nos preparar para receber uma negativa, dando, inclusive, essa opção à outra parte (CAMP, 2004).

> – *Gustavo, posso lhe apresentar uma idéia? Se não gostar, não tem importância, ignore o que eu disse.*

> – *O máximo que posso lhe pagar é 10.000,00. Se não puder aceitar, tudo bem, pode vendê-lo a outra pessoa, por mim não tem problema.*

> – *Adriana, aqui está minha proposta sobre o produto XX. Sinta-se à vontade para analisá-la. Se não estiver de acordo, não tem importância, mas por favor, me diga, está bem? Eu posso indicar outras pessoas que certamente resolveriam seu problema.*

Para que essa sugestão de Camp possa ser colocada em prática, devemos realmente ter uma atitude mental que aceite um "não". De nada adianta dar a oportunidade à outra parte de rejeitar a proposta, se roemos as unhas na expectativa de uma resposta ou ligamos a toda hora, denunciando a ansiedade e dando munição para que o nosso nervosismo seja usado contra nós.

Aceitar o pior faz com que nos sintamos mais aliviados e menos preocupados com aquilo que nos causa ansiedade. Uma mente sem preocupações está mais livre para se concentrar em soluções criativas e perceber mais detalhes do ambiente, aumentando sua consciência situacional. Isso é fácil? Não, mas é como aprender a andar de bicicleta. Requer muito esforço e determinação – além de alternativas. Depois de dominada, essa ferramenta talvez seja uma das mais valiosas em um processo de negociação.

2.5. Lições Aprendidas

Lição 1 - RECONHEÇA A EXISTÊNCIA E A IMPORTÂNCIA DAS EMOÇÕES E DIGA ISSO À OUTRA PARTE.

Lição 2 - IDENTIFIQUE E DIFERENCIE SUAS PRÓPRIAS EMOÇÕES.

Lição 3 - IDENTIFIQUE AS EMOÇÕES DA OUTRA PARTE, OBSERVANDO A LINGUAGEM NÃO-VERBAL.

Lição 4 - AJUSTE SUAS CRENÇAS PARA ADOTAR UMA ATITUDE POSITI-VA.

Lição 5 - IDENTIFIQUE AS CAUSAS DAS EMOÇÕES, AS SUAS E AS DA OUTRA PARTE.

Lição 6 - CONTROLE AS EMOÇÕES, PERCEBENDO E INIBINDO DIÁLOGOS INTERNOS NEGATIVOS.

Lição 7 - CONCENTRE-SE NOS INTERESSES, SE POSSÍVEL NAS NECESSIDADES E NUNCA NAS POSIÇÕES.

Lição 8 - USE O PÊNDULO.

Lição 9 - PREPARE-SE PARA ACEITAR UM NÃO.

CAPÍTULO 3

Comunicação

"Você está realmente ouvindo... ou simplesmente esperando sua vez de falar?"

R. Montgomery

3.1. MODELO DE COMUNICAÇÃO

Carlos Marques trabalhava como responsável pela área de contratos internacionais do Comando da Aeronáutica. Certa vez, participou de uma reunião, na Espanha, para negociar o financiamento da aquisição de aviões leves de transporte. Estavam presentes representantes do governo brasileiro, de instituições bancárias e da empresa fabricante das aeronaves. Depois de uma longa rodada de conversações, chegaram finalmente a um acordo, que deveria ser assinado por todos, a fim de servir como base para o processo de financiamento. Eram oito horas da noite. O documento final de intenções levaria mais alguns minutos para ser redigido. Os presentes teriam que aguardar, mas se mostraram apressados e mais interessados em não perder uma apresentação do *Cirque du Soleil*, que ocorria na cidade em que estavam. Argumentaram que iriam se atrasar, que já havia sido tudo acertado e que poderiam assinar o documento outro dia. Rapidamente se despediram e, Carlos Marques, de repente, ficou sozinho na sala, juntamente com a representante do Ministério de Relações Exteriores do Brasil. Algo devia ser feito. As assinaturas tinham que ser recolhidas, e tinha que ser naquela noite, pois no dia seguinte todos retornariam para casa. Sem o acordo de intenções assinado, não havia compromisso. O que fazer? Esse era o cenário da realidade montado no modelo mental de Marques. Com base nele, tinha que pensar em uma estratégia para resolver a situação, escolher as palavras para convencer os demais participantes a assinar o acordo e voltar para o Brasil com a situação resolvida. À medida que meditava sobre o assunto, seus pensamentos eram moldados por filtros. Suas crenças, seu temperamento e sua constituição física ditavam a forma como deveria encarar a situação. Os argumentos deviam ser formulados a partir de seu repertório lingüístico-cultural. Essa não era uma tarefa fácil, pois estavam todos conversando em um idioma diferente das respectivas línguas nativas. A situação ficava mais complicada na medida em que os sentimentos de Marques interferiam em seu raciocínio lógico. Talvez ele tivesse deixado de perceber alguma das diversas mensagens transmitidas pelos participantes, o que o impedia de entender porque agiam assim.

O exemplo de Marques, ilustrado pela Figura 8, mostra como ocorrem os processos internos que nos levam à comunicação. Tomamos por base a representação da realidade armazenada em nossos **modelos mentais**. Aplicamos sobre ela uma série de **filtros** que

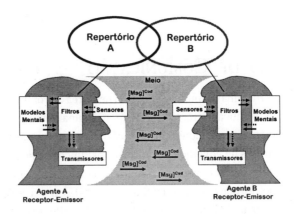

Figura 08 - Modelo de comunicação1.

---

[1] O modelo de comunicação proposto procura superar as limitações do modelo de Shannon-Weaver (1949), que não considera a possibilidade de transmitir e receber mensagens simultaneamente, nem a influência dos filtros perceptivos. Foram aproveitados, no entanto, os conceitos de mensagem, código, receptor, emissor e ruído. A idéia dos repertórios lingüístico-culturais também constitui um aprimoramento do modelo de Shannon-Weaver, apresentada por Moles e Vallancien (1963).

generalizam, eliminam ou distorcem o que temos a dizer. À medida que montamos a mensagem, ela ainda vai sendo **codificada** conforme nosso **repertório** lingüístico-cultural, formado pelo significado de palavras, gestos e contextos aprendidos ao longo da vida. Depois de passar por todos esses passos, a forma de transmitir a **mensagem** ainda é condicionada por nosso estado emocional, definido em função da predominância entre razão e emoção.

A mensagem codificada é transmitida por um **meio** de comunicação: pessoalmente, Internet, telefone, carta etc. Determinados meios possibilitam uma comunicação mais rica do que outros, por envolverem maior número de órgãos sensoriais. O contato pessoal é o mais rico de todos, pois permite o uso dos cinco sentidos. A televisão e a Internet são um pouco mais restritas, uma vez que habilitam apenas o emprego da visão e da audição. O telefone, por sua vez, limita bastante a informação disponível, já que permite apenas o uso da audição para captar as mensagens emitidas pela outra parte.

Relacionaremos o **canal** com o órgão sensorial que capta a mensagem. Um rádio possui um canal para cada freqüência, assim como o telefone possui uma linha para cada ligação. Prestar atenção em dois canais relacionados ao mesmo órgão sensorial, simultaneamente, é confuso. O meio de comunicação Internet, por outro lado, permite o uso de um canal de áudio e outro de imagem, ao mesmo tempo. É possível prestar atenção nos dois, principalmente se as mensagens veiculadas forem complementares e congruentes. É como assistir um filme no cinema ou na televisão. No contato pessoal, temos cinco canais abertos em paralelo, pois todos os sentidos podem ser empregados. Enquanto ouvimos, somos capazes de ver, cheirar, provar e sentir.

Isso torna o contato pessoal um meio de comunicação extremamente dinâmico, pois essa grande capacidade perceptiva molda-se, perfeitamente, à maneira como nos comunicamos com outras pessoas, transmitindo mais de uma mensagem, por diferentes canais. Juntamente com as mensagens verbais, nosso corpo, sob influência da via emocional, passa diversas outras mensagens, por intermédio das mãos, da expressão do rosto, do toque ou do odor que exalamos. Essas mensagens fazem parte da linguagem **não-verbal**. Elas estarão presentes de qualquer forma, cabendo a nós desenvolver a capacidade de percebê-las. Percepções parciais podem nos trazer problemas, manifestados, por exemplo, quando abordamos uma pessoa para apresentar uma idéia, mas não reparamos que ela olha constantemente o relógio, em sinal de pressa. Essa pessoa, provavelmente, não está prestando atenção no que dizemos.

44 | Negociadores da Sociedade do Conhecimento

Nossa **compreensão**, portanto, vai depender do número de mensagens que conseguimos decodificar e encaixar em nosso modelo mental. Note que não adianta possuir exatamente o mesmo repertório lingüístico-cultural que a outra parte e sermos hábeis decodificadores, se não somos capazes de **perceber** as inúmeras mensagens que circulam pelo meio ou pelos meios que estamos utilizando.

Um negociador da Sociedade do Conhecimento deve desenvolver habilidades que lhe permitam captar essas mensagens, mesmo enquanto estiver falando. Isso é possível, pois temos a capacidade de atuar, simultaneamente, como **emissores** e **receptores**. Ao mesmo tempo em que transmitimos mensagens, também somos capazes de recebê-las. Enquanto falamos, temos naturalmente as ferramentas necessárias para observar as reações da outra parte. Essa habilidade é essencial para criar sintonia com nossos interlocutores e saber se estamos recebendo a atenção que necessitamos para expor nossas idéias.

Sabendo que conseguimos ser entendidos somente se utilizarmos palavras e expressões que façam parte do repertório de nossos interlocutores, devemos adaptar nossa linguagem de acordo com o suposto repertório lingüístico-cultural do receptor, ajustando-a conforme tenhamos um melhor entendimento desse repertório. Quando falamos com um adolescente, usamos determinadas palavras e gestos que talvez não seriam empregadas para conversar com um professor universitário. Ao notar que o jovem possui um vocabulário mais desenvolvido, maior maturidade que imaginávamos ou domine certa área do conhecimento, podemos adequar nossa forma de expressão a esse novo repertório percebido. Quanto mais sintonia criarmos com a outra parte, melhor.

Se forem utilizados códigos diferentes, as partes não se entenderão (Aqui ocorrem os maiores problemas de comunicação). Se eu, por exemplo, utilizar jargões aeronáuticos, dizendo que *você deve "dar motor" para aprender negociação, aplicando todos os "bizús" no seu dia-a-dia*, é provável que a mensagem não seja decodificada conforme a intenção original, que é a de dizer que *você deve "se esforçar" para aprender negociação, aplicando todas as "dicas" no seu dia-a-dia.*

Problemas na codificação de palavras e idéias também são responsáveis por gerar **ambigüidades**. Em negociações, quando as partes reclamam que o que foi tratado não está sendo cumprido, é possível que o motivo seja o uso de expressões ambíguas, durante as conversações, como "rápido", "em bom estado" ou "adequado". Cada lado interpreta o termo de forma diferente e se compromete com o significado armazenado em seu repertório lingüístico-cultural, sem verificar se a outra parte o entendeu da mesma forma.

Uma mensagem é captada pelos sistemas racional e emocional, decodificada conforme o repertório lingüístico-cultural do receptor, e filtrada de acordo com a constituição física, crenças e temperamento do indivíduo. Somente depois de todo esse processo ela será inserida no modelo mental da outra pessoa. Em função disso, ficamos sem saber se nossa mensagem foi compreendida conforme a intenção original. Como negociadores, portanto, precisamos de **retroalimentação** – ou *feedback*. Devemos testar a compreensão por meio de perguntas ou avaliando a linguagem não-verbal do receptor, a fim de verificar se a outra parte está entendendo exatamente aquilo que desejamos transmitir. Quem possuir maior conhecimento sobre o processo de comunicação é responsável por confirmar se a outra parte compreendeu realmente a mensagem.

A comunicação está sujeita a **ruídos**, caracterizados por distrações, pensamentos voltados para outra atividade, barulho ou qualquer outra coisa que não permita que o receptor compreenda a mensagem da forma como era nossa intenção original. Em negociações, temos que nos livrar de qualquer fonte de ruído que possa interferir na compreensão do que está sendo tratado.

Vamos estudar inicialmente a linguagem não-verbal, por sua influência no entendimento das mensagens e por ser a principal fonte de retroalimentação e de conhecimento sobre as emoções do receptor.

3.2. Comunicação Não-Verbal

Mehrabian (1971) estudou o impacto que a linguagem corporal, o tom de voz e as palavras causam no receptor. Quando esses três fatores são congruentes e se reforçam, o resultado é um poderoso efeito persuasivo. Por outro lado, quando não estão alinhados, a mensagem percebida pelo receptor é 55% determinada pela linguagem corporal, 38% pelo tom de voz e 7% pelas palavras. Por exemplo, suponhamos que alguém nos dê um livro de presente e, depois de duas semanas, essa pessoa nos pergunte se gostamos. Se dissermos que sim, mas fizermos uma pequena careta ou nos expressarmos com um tom de voz desanimado, por mais que juremos que gostamos, a outra pessoa não vai acreditar, pois a mensagem transmitida pela linguagem não-verbal terá prevalecido sobre o que foi dito.

Negociadores da Sociedade do Conhecimento

Todo negociador deve ser um bom leitor dessa sutil linguagem, percebendo que a outra parte está nervosa, por exemplo, ou que ela está mais interessada no negócio do que dizem suas palavras. Além das expressões faciais, postura, gestos, entonação de voz e contato visual da outra parte, também devem ser observados comportamentos como: a forma de utilizar roupas, o estilo do carro, a maneira de organizar o ambiente de trabalho, a forma de se relacionar com outras pessoas... Em todos esses casos é possível observar diferenças ou congruência entre o que um indivíduo diz e o que realmente faz.

Os gestos e os comportamentos, no entanto, não podem ser interpretados isoladamente, e sim analisados em conjunto e inseridos no contexto, caso contrário, corremos o risco de adquirir uma percepção distorcida da realidade. Alguém que torce o canto da boca, por exemplo, pode estar pensativo, desgostoso ou contrariado, dependendo da situação e de outros gestos ou comportamentos.

3.2.1. Leitura dos Sinais Corporais

Se observarmos atentamente as emoções listadas a seguir, veremos como os olhos desempenham um papel importante, como fonte de sinais não-verbais, reforçando uma conhecida expressão que afirma que *"Os olhos são a janela da alma"*. Os olhos, juntamente com as sobrancelhas e a boca, formam um conjunto responsável pela emissão de cerca de 40% dos sinais usados para identificar emoções e estão entre os mais facilmente observáveis, pois não necessitamos desviar nosso olhar do rosto da outra pessoa para percebê-los. Vejamos alguns exemplos:

- **Desonestidade ou honestidade** - Olhos que se movem muito e não se fixam; qualquer tipo de inquietação; fala rápida; mudança na voz; qualquer sinal de nervosismo; suor; tremor; movimentos que escondem os olhos, o rosto ou a boca; passar a língua sobre os lábios; passar a língua sobre os dentes; ou familiaridade inadequada, como bater nas costas, tocar outras partes do corpo, e ficar perto demais. Os sinais de honestidade são exatamente o contrário dos citados acima. As pessoas honestas são descontraídas e calmas e normalmente olham nos olhos. Têm um sorriso sincero e olhar gentil e caloroso.

- **Atenção** - Olhar fixamente para um objeto; imobilidade geral; inclinar ou balançar a cabeça; morder o lápis ou a caneta; franzir a sobrancelha; cruzar os braços e olhar no vazio; inclinar-se para trás na cadeira; olhar para cima; coçar a cabeça; apoiar o queixo nas mãos ou nos dedos.

Capítulo 3 – Comunicação | 47

- **Tédio** - Deixar que os olhos vagueiem; olhar para longe; ficar olhando para o relógio; suspirar alto; bocejar; cruzar e descruzar pernas e braços; tamborilar os dedos; bater o pé; brincar com canetas; afastar o corpo de outra pessoa; rabiscar; virar os olhos; espreguiçar; apoiar o queixo na mão, enquanto olha a sala; ou examinar unhas e roupas.

- **Raiva** - Vermelhidão no rosto; braços, pernas ou tornozelos cruzados; mãos nos quadris; respiração curta ou rápida; apontar com os dedos em riste; fala rápida; movimentos corporais rápidos; tensão; mandíbula cerrada; lábios apertados; expressão congelada ou zangada; postura rígida ou tensa; tremor; punhos fechados; ou riso falso ou sarcástico.

- **Frustração** - Contato ocular direito e freqüente; dizer frases repetitivas; aproximar-se da outra pessoa, entrando freqüentemente em seu espaço pessoal; fazer gestos com as mãos, apontar; ou dar de ombros.

- **Depressão** - Isolamento e fuga do contato social; dificuldade de concentração; dificuldade de se interessar por algo ou de fazer planos; fala baixa e lenta; corpo relaxado e frouxo; olhos baixos; movimentos lentos e deliberados; mudanças no apetite; falta de atenção à higiene e às roupas; ou esquecimentos.

- **Tristeza** – Lágrimas; indiferença; incapacidade de realizar as tarefas cotidianas; isolamento; apatia; olhos baixos; sinais de depressão e de confusão; músculos faciais relaxados; corpo caído ou largado; imobilidade; ou movimentos lentos e deliberados.

- **Indecisão** - Ir para a frente e para trás na cadeira; ficar olhando de um objeto fixo para outro, alternadamente; balançar a cabeça de um lado para outro; abrir e fechar as mãos, ou mexer uma das mãos e depois outra; ou abrir e fechar a boca, sem dizer nada.

- **Nervosismo** - Olhos indo de um lado a outro; tensão no corpo, contração do corpo; passar o peso do corpo de um lado para outro; balançar-se na cadeira; cruzar e descruzar braços e pernas; retorcer as mãos; limpar a garganta; tossir de modo nervoso; sorrir de modo nervoso; morder os lábios; olhar para baixo; tagarelar nervosamente; suar; roer as unhas ou morder as cutículas; colocar as mãos nos bolsos; ou ficar silencioso. Fonte: (DIMITRIUS; MAZARELLA, 2000)

48 | NEGOCIADORES DA SOCIEDADE DO CONHECIMENTO

Como na maioria das vezes nosso estado de espírito é refletido pela expressão facial, pessoas que possuem expressão séria são tidas como carrancudas e mal-humoradas, o que nem sempre é verdade. Devemos tomar cuidado ao julgar os outros por suas expressões não-verbais. Elas devem apenas guiar e não nos influenciar a ponto de atribuirmos rótulos às pessoas. Ao mesmo tempo, até de forma paradoxal, temos que nos policiar em relação às expressões que adotamos, a fim de que não sejam mal-interpretadas pelo outro lado. Uma fisionomia simpática, emoldurada por um sorriso, é sempre bem-vinda e capaz de estabelecer empatia, rapidamente, entre duas pessoas que não se conhecem.

A postura é interpretada tanto quando falamos, transmitindo congruência às palavras, como quando ouvimos, demonstrando atenção e interesse pelo interlocutor. Quando falamos, nosso corpo deve corresponder à energia que colocamos nas mensagens ou à calma que tentamos transmitir, o mesmo ocorrendo com os movimentos das mãos, ao auxiliar a expressar pensamentos. Quando ouvimos, se desejamos demonstrar interesse por quem está falando, devemos fazer isso, principalmente, com nosso corpo, mantendo-o voltado para a outra pessoa. Quer ver como fazemos isso inconscientemente? Quando estamos preocupados e concentrados em alguma atividade e alguém nos procura para conversar, se for um subordinado, talvez tenhamos a tendência de continuar o que estamos fazendo, sem olhar pra ele, ao mesmo tempo em que o "ouvimos". Se for um superior, no entanto, pararemos nossa atividade e lhe daremos atenção, olhando-o e voltando nosso corpo para ele. O ideal é que adotemos uma postura interessada em qualquer situação, no mínimo estaremos demonstrando o quanto nos importamos com nosso interlocutor.

3.2.2. Variações na Voz

As variações na voz têm a capacidade de transformar frases aparentemente simples e inocentes em poderosas mensagens persuasivas. Por exemplo, a pergunta:

– *Você pode me ajudar?*

Se pronunciarmos com mais energia a palavra **você**, estaremos demonstrando que a pessoa com quem falamos é que deve nos ajudar. Se enfatizarmos **pode**, talvez queiramos dizer que o outro está folgado e pretendemos que ele faça alguma coisa. Se carregarmos em **me**, podemos querer que ele nos ajude especificamente. Se ressaltarmos **ajudar**, damos a entender que o outro está atrapalhando.

Ao falar a mesma frase rapidamente, demontramos pressa ou ansiedade; dita aos gritos, transmite nervosismo e irritação; em um tom de voz baixo, como um sussurro, expressa desejo de discrição; proferida de forma seca, mostra contrariedade; ao passo que entoada como um cântico, simpatia.

Note que a frase é uma só, mas a maneira de expressá-la muda totalmente o significado que desejamos imprimir à mensagem, altera o efeito sobre o receptor, a empatia entre as partes e até o resultado final obtido na negociação.

3.2.3. Treinando o Uso da Linguagem Não-Verbal

A linguagem não-verbal pode ser controlada, mas não devemos deixar para treinar esse controle durante a negociação. Se prestarmos atenção em nossa linguagem corporal e ainda no que tiver que ser dito, talvez fiquemos confusos e não consigamos fazer uma das duas coisas direito. Devemos procurar perceber nossos gestos e comportamentos durante as conversas do dia-a-dia, fora do ambiente de negociação. Temos que nos concentrar em uma característica de cada vez, inicialmente na expressão facial, por exemplo, depois no tom de voz e assim por diante.

O segredo para controlar a linguagem não-verbal, no entanto, consiste em ajustarmos nossas crenças, de maneira a sentir realmente o que desejamos transmitir. Quando uma pessoa acredita em seu potencial e naquilo que está negociando, ela fala com brilho nos olhos, demonstrando claramente seu entusiasmo em relação à posição que defende. Sua atitude normalmente contagia outras pessoas, refletindo na postura corporal. A comunicação assume uma forma persuasiva muito mais eficiente e poderosa, pois transmite congruência entre o conteúdo e a maneira como o assunto é passado. Por outro lado, se esse mesmo indivíduo não se sente seguro quanto a seus argumentos ou à sua capacidade de obter um bom resultado, suas crenças contagiam sua expressão facial, a postura corporal e até seu comportamento.

Portanto, além de observar nossa linguagem corporal e a reação que ela causa nas pessoas, devemos também e, principalmente, reparar em nossos pensamentos, identificando crenças e convicções que possam limitar nossa forma de agir.

50 | NEGOCIADORES DA SOCIEDADE DO CONHECIMENTO

3.3. COMPORTAMENTOS ADOTADOS POR NEGOCIADORES

Todos nós, um dia, já nos encontramos em uma situação em que tínhamos os melhores argumentos, o melhor produto, mas não conseguimos a vantagem que imaginávamos.

Um dos fatores responsáveis por esse resultado é a forma como nos comunicamos com outras pessoas, que pode tanto criar um clima de harmonia, entre as partes, como levantar diversos mecanismos de defesa, gerando um clima de tensão desnecessário e até afastar os negociadores, por mais que haja interesses em comum.

Pesquisas realizadas na Inglaterra revelaram que negociadores de sucesso empregam determinados padrões de comportamento comunicativo com mais freqüência do que a média, enquanto evitam usar outros, comumente encontrados em negociadores menos experientes. A Tabela 1 resume esses comportamentos.

Tabela 1. Comportamentos adotados por negociadores.

Comportamento	Competentes	Média
Expressões irritantes	2,3	10,8
Contrapropostas	1,7	3,1
Espiral ataque/defesa	1,9	6,3
Linguagem preparatória para:		
desacordo	0,4	1,5
todas as demais situações	6,4	1,2
Audição ativa		
testar compreensão	9,7	4,1
resumir	7,5	4,2
Perguntas	21,3	9,6
Expressão de sentimentos (impressões)	12,1	7,8
Diluição de argumentos	1,8	3,0

Fonte: (RACKHAM; CARLISLE, 1976, p. 6) (Em porcentagem por hora de negociação)

CAPÍTULO 3 – COMUNICAÇÃO | 51

Na grande maioria das vezes, não temos consciência desses hábitos. É como a mania de dizer "né". Normalmente não percebemos o vício até que alguém o aponte. Somente após prestar atenção em nossas palavras e tornar-nos conscientes do problema, conseguimos corrigi-lo.

Um negociador da Sociedade do Conhecimento deve ser capaz de identificar e substituir hábitos ineficientes por uma forma de comunicação que não desperte reações emocionais negativas, que chamaremos de linguagem colaborativa, apresentada no restante deste capítulo.

3.3.1. Linguagem Colaborativa

O emprego de certos comportamentos faz com que o receptor se coloque em uma posição defensiva, deixando de prestar atenção na mensagem para se concentrar na resposta a ser dada ou em como o emissor está sendo grosso e descortês. Para desenvolver suas habilidades de comunicação colaborativa, siga as orientações a seguir.

3.3.1.1. USE AMORTECEDORES

Palavras como: *não, porém, contudo, entretanto, mas...* tendem a produzir uma barreira imediata na comunicação, pois o significado embutido nas entrelinhas aponta para um confronto ou oposição de idéias. O uso de amortecedores, por outro lado, transmite uma sensação de continuidade, como se somássemos nossos argumentos aos da outra pessoa, sem contrariá-los. Vejamos alguns exemplos, comparados com o que poderia ser dito no lugar:

Expressão irritante	Comunicação colaborativa
*Você preencheu isso bem, **porém**...*	*Você preencheu isso bem, **e**...*
Qual o seu problema?	*Por favor, diga o que aconteceu.*
***Não**, na minha opinião.*	***Bem**, na minha opinião...*
*É, **mas**...*	***Outra coisa** que poderíamos fazer...*
*Eu sei, **contudo**...*	***Além disso**, acontece também que...*
*Eu sei, **é que**...*	*E o que você acha de...*

Não defendemos a idéia de que nunca se deve discordar, mas a de evitar palavras que transmitam desnecessariamente uma impressão de contrariedade. Esse comportamento irritante é uma espécie de vício de linguagem. Normalmente não percebemos quando o empregamos. Pergunte a amigos e familiares se você possui esse hábito e peça ajuda para corrigi-lo. Solicite que o ressaltem. Ao ser flagrado, você começará a se policiar e, com o tempo, será capaz de eliminá-lo completamente.

O efeito do uso de amortecedores é muito sutil, mas em conjunto com as demais técnicas apresentadas a seguir, é capaz de aumentar nossa capacidade persuasiva.

3.3.1.2. Não Interrompa

Quando interrompemos uma pessoa, transmitimos três mensagens: o que temos para falar é mais importante, não estamos prestando atenção em suas palavras e não nos importamos com o que ela tem a dizer.

Normalmente, somos levados a interromper os outros por já termos formulado, em nossa mente, uma suposição sobre aonde a outra pessoa quer chegar com seus argumentos e também por havermos elaborado o que falar, de forma que ficamos ansiosos para expressar nosso ponto de vista e impacientes em ter que esperar a outra parte concluir seu raciocínio.

Em certos casos, a interrupção é inevitável, principalmente quando lidamos com indivíduos extremamente prolixos. Na maioria das vezes, porém, interrompemos devido a ansiedades intrínsecas à nossa personalidade ou geradas pelo contexto da situação.

Conheço um comandante que tinha o hábito de não deixar seus subordinados se expressarem. Quando ele achava que já havia entendido o que queria, interrompia a conversa. Ele também tinha o hábito de exigir que lhe respondessem exatamente à pergunta feita, constrangendo quem tentasse contextualizar uma resposta. Essa atitude fazia com que os subordinados, com o tempo, deixassem de informar detalhes relevantes. Certa vez, em uma negociação em que o poder advindo de sua posição foi equilibrado pela aliança conduzida por outras autoridades, esse comandante passou pelo constrangimento de ter que aceitar uma determinação frontalmente contrária aos seus interesses, pois lhe faltavam informações que eram de posse de seus subordinados, mas que, por sua atitude, não chegaram ao seu conhecimento.

O ideal, portanto, é controlar sentimentos e pensamentos que provoquem interrupções, pois esse comportamento sempre acaba gerando irritação naqueles que não conseguem completar sua comunicação, ainda mais quando interrompemos para fazer suposições que não correspondem ao que a outra pessoa queria dizer.

Sempre que possível, espere o outro terminar seu raciocínio. Se precisar interromper, aproveite pequenas pausas na respiração de quem fala. Ah! Um pedido de desculpas por interromper sempre é bem-vindo, pelo menos demonstra consideração.

3.3.1.3. EVITE DAR ORDENS

Nas comunicações verticais de ambientes rigidamente disciplinados e hierarquizados, as pessoas são educadas no sentido de dar ou obedecer ordens. Isso é possível porque existe um desnível de poder entre as partes. Um chefe não necessita negociar com seu subordinado se uma atividade deve ou não ser feita. Ele manda e pronto. Nos relacionamentos horizontais, no entanto, predominantes na Sociedade do Conhecimento, em que a diferença de poder é menor ou inexistente, as ordens passam a representar sinal de arrogância. Nenhum de nós gosta de receber ordens de uma pessoa que não tem poder sobre o que fazemos ou sobre nossas vidas. Ao falar como se estivéssemos dando ordens, encontramos resistência naqueles que nos são semelhantes, que mesmo inconscientemente se posicionarão contrários às nossas aspirações. Durante uma negociação, portanto, ao invés de ordenar, devemos procurar pedir gentilmente. Outra boa técnica é perguntar à outra parte sobre sua opinião, disponibilidade ou disposição para fazer o que lhe pedimos. Essa abordagem será explicada com mais detalhes ao estudarmos como empregar a linguagem preparatória. Observe os exemplos abaixo.

Expressão irritante	Comunicação colaborativa
Você tem que...	*Você poderia... por favor?*
	O que acha se nós...
Você deve fazer desse modo.	*Em nosso próximo encontro poderíamos fazer desse modo, o que acha?*

3.3.2. Contrapropostas

Muitas pessoas têm a tendência de sempre dar uma resposta imediata em contrapartida a uma proposta recebida, sem considerar o que foi dito pela outra parte. Esse não é um comportamento muito eficiente em negociações, pois corremos o risco de fazer uma proposta que não atenda as necessidades da outra parte e seja prontamente rejeitada. Se isso se repete com freqüência, acabamos desgastando nossa capacidade persuasiva e as pessoas passam a nos dar cada vez menos atenção.

O ideal é que, ao receber uma proposta, analisemos cuidadosamente seu conteúdo, identifiquemos os pontos com os quais concordamos e os que não atendem aos nossos interesses, as vantagens e as desvantagens, o que deve ser mudado e como propor essa mudança. Somente depois estaremos aptos a formular uma contraproposta. Como levantar essas informações? Por meio de perguntas, direcionadas para entendermos o modelo mental da outra parte e descobrirmos os interesses que estão por trás da proposta inicial.

Se agirmos dessa forma, na contraproposta poderemos enfatizar os interesses em comum, deixando claro à outra parte que entendemos seu ponto de vista. Os pontos discordantes são apresentados a seguir, reforçados com o otimismo de que poderão ser superados com soluções criativas e com o empenho das partes. O que ganhamos com isso? Nosso interlocutor vai se sentir mais tranqüilo, ao saber que foi ouvido e entendido, e a atenção dele vai ser direcionada para o desafio a ser superado, não para reforçar ou justificar posições.

3.3.3. Linguagem Preparatória

Bons negociadores necessariamente são bons comunicadores e possuem um domínio da linguagem acima da média. Um dos recursos mais eficientes, em comunicação, consiste na suavização do impacto das mensagens, por meio de expressões preparatórias (SÁBAT, 2004).

Em vez de fazer uma pergunta ou uma colocação direta, o negociador experiente prepara o terreno, pedindo autorização prévia e desarmando possíveis barreiras, como por exemplo:

- **Parte A:** *"Posso fazer uma pergunta delicada?"*
- **Parte B:** *(autoriza a solicitação...)*
- **Parte A:** *"Quando devemos iniciar o projeto?"*.

Observe que a pergunta foi realizada depois que se pediu autorização para fazê-la. Use essa técnica ao introduzir assuntos delicados, dar sugestões, emitir comentários ou fazer colocações que possam ferir suscetibilidades. Ela prepara os ânimos para o que vai ser dito e diminui a probabilidade da outra parte ter uma reação emocional desfavorável (CAMP, 2004). A linguagem preparatória costuma funcionar muito bem em ambientes hierarquizados, quando um subordinado vai se dirigir a um superior capaz de exercer seu poder posicional, mas também é muito útil em negociações comerciais, corporativas ou na resolução de conflitos. Observe outros exemplos:

– Perdoe-me, posso interromper um instante?

– Permite-me apresentar outro ponto de vista?

– Se importa se eu apresentar minha proposta?

– Posso dar uma olhada?

As expressões preparatórias também são utilizadas como válvula de escape ao que vai ser dito, proporcionando uma saída honrosa a nossos argumentos, caso estejam incorretos, com frases do tipo:

– Se não estou enganado...

– Ao que tudo indica, parece que...

– Na minha opinião, se me permite...

– Posso estar errado, mas meus dados indicam que...

3.3.4. Audição Ativa

De nada adianta usarmos todas as técnicas da comunicação colaborativa, fazermos perguntas e ajustarmos nossa linguagem não-verbal, se não ouvimos ou prestamos atenção no que a outra parte nos diz.

O segredo para prestar atenção consiste em nos interessarmos verdadeiramente pela outra pessoa (CARNEGIE, 2005), deixando a mente aberta para ouvir e eliminando os diálogos internos. Agindo assim, não teremos que nos preocupar com nossa linguagem não-verbal. Estaremos olhando nos olhos da outra pessoa com naturalidade, nosso corpo estará voltado para ela e as expressões faciais serão coerentes com o assunto em pauta.

NEGOCIADORES DA SOCIEDADE DO CONHECIMENTO

Uma atenção genuína, a base da audição ativa, exige paciência e auto-controle. Ao invés de reagir aos argumentos ou à maneira como a pessoa se expressa, devemos nos concentrar no significado do que é dito, do que é omitido, na linguagem corporal da outra pessoa e em seu tom de voz.

A audição é ativa porque além de dedicarmos atenção à outra parte, também interagimos com ela, fazendo perguntas que nos permitem compreender seu modelo mental e estimulando-a a ser mais precisa e específica. As perguntas também servem para confirmar se o que entendemos foi o que a outra pessoa quis dizer.

Se o assunto for complexo e tivermos dificuldade para guardar todas as informações, é só tomar nota. O simples ato de registrar o que é dito serve tanto como ferramenta para lembrar a conversa como para demonstrar nosso interesse pelo assunto.

A seguir, mostramos cinco formas de praticar a audição ativa. São expressões que servem para encorajar nosso interlocutor a falar mais, refletir sobre o conteúdo da mensagem e sobre os sentimentos da outra parte, além de esclarecer e resumir o que foi dito.

Objetivo	Finalidade	Comunicação colaborativa
Atenção, encorajar	Demonstrar interesse e encorajar o outro a continuar conversando.	*Sei...* *Entendo...*
Refletir sobre conteúdo	Verificar se o que entendemos confere com o que foi dito (*feed back* ativo), e mostrar que escutamos e entendemos.	*Isso é o que você decidiu fazer, e a razão é que...*
Refletir sobre sentimentos	Mostrar que entendemos como a outra parte se sente, e ajudá-la a retornar ao equilíbrio e avaliar seus sentimentos.	*Você sente que...* *Como você disse bem, realmente foi um choque o que aconteceu.*
Esclarecer	Obter fatos adicionais e ajudar a outra parte a entender todos os lados do problema.	*Eu não estou certo se entendi. Como você disse que isso aconteceu?*
Resumir	Trazer a discussão para o foco principal e servir como referência para discussões futuras.	*As principais idéias que você colocou são...* *Se entendi como se sente, você...*

3.3.5. Perguntas

Negociadores da Sociedade do Conhecimento devem ser questionadores de primeira. O amplo emprego de perguntas, em uma negociação, se justifica por suas diversas aplicações. Elas são utilizadas, por exemplo, para:

- obter informação;
- conhecer opiniões e pontos de vista;
- esclarecer ou testar a compreensão sobre o que foi dito;
- induzir a outra parte a chegar a uma conclusão;
- pressionar;
- conquistar simpatia;
- superar obstáculos;
- ganhar tempo para pensar;
- responder a outras perguntas; e
- controlar a negociação.

Antes de estudar as aplicações, convém abordar as maneiras de formular uma pergunta (SÁBAT, 2004). Primeiramente, podemos fazer uma **pergunta fechada**, na qual se obtém como resposta um simples *sim* ou *não*. Por exemplo, qual seria a resposta a um questionamento do tipo: *"Você conhece o nosso produto?"* ou *"Posso fazer uma colocação?"* Outra opção é formular **perguntas abertas**. Neste caso, a outra parte é obrigada a revelar uma parcela de seu modelo mental. As perguntas abertas utilizam os pronomes e advérbios interrogativos: o que, qual, como e por que. Por exemplo: *"Qual a sua opinião?"*, *"Como podemos atender sua necessidade?"* ou *"Por que você pensa assim?"*. Cada maneira de formular perguntas tem a sua utilidade, como veremos a seguir.

3.3.5.1. EXPLORAR MODELOS MENTAIS

Ao ouvir uma **opinião**, em vez de perguntar por mais detalhes, as pessoas costumam simplesmente retrucá-la, perdendo a oportunidade de conhecer a maneira de pensar, as crenças e os valores do interlocutor.

As próprias crenças podem ser consideradas opiniões, pois se baseiam na percepção de fatos ou experiências. Ao explorá-las, temos a oportunidade de conhecer melhor o modelo mental da outra parte, e de formular argumentos que tenham um impacto mais direto e decisivo sobre o que desejamos alcançar.

Ao ouvir uma opinião, procure relacioná-la com o fato ou a experiência que a originou, por meio de perguntas do tipo (BANDLER; GRINDER, 1977):

– *Como sabe?*

– *O que quer dizer com isso?*

– *A que se refere?*

– *O que significa...?*

– *Com base em que, faz essa afirmação?*

– *Por que diz isso?*

Observe o exemplo a seguir:

- **Parte A:** *"Esse acordo não atende às minhas necessidades."*
- **Parte B:** *"Por que diz isso?"*
- **Parte A:** *"Esta peça é um componente do produto final. Se não for entregue até dia 10, ficarei sem estoque e terei que parar a produção."*

Com uma resposta completa, como essa, a parte "B" pode conhecer a necessidade e a real situação de "A". Essa informação somente foi obtida porque a parte "B" explorou o assunto com perguntas, ao invés de simplesmente retrucar com uma objeção.

Nem sempre, no entanto, obtemos o fato gerador da opinião com apenas uma pergunta, pois o interlocutor pode responder com outra opinião. Isso nos obriga a encadear uma série de perguntas, até chegar à informação que se deseja. Por exemplo:

- **Parte A:** *"Esse acordo não atende às minhas necessidades."*
- **Parte B:** *"Por que diz isso?"*
- **Parte A:** *"Vou ser prejudicado."*
- **Parte B:** *"O que, exatamente, o prejudicaria?"*
- **Parte A:** *"Vou ter que parar a produção."*
- **Parte B:** *"Com base em que, faz essa afirmação?"*
- **Parte A:**...

Certas classes de palavras, como os adjetivos, representam opiniões e são naturalmente ambíguas e relativas, por expressarem juízos de valor, como por exemplo: lindo, legal, alto, baixo, barato, caro, ideal... Um serviço pode ser barato para uma pessoa e caro para a outra, depende do referencial. Explore o que a outra parte quer dizer quando ela usar adjetivos para se referir a pessoas, bens ou serviços.

Expressão	Questionamento
Esse produto é barato.	Barato em relação a quê?
O carro é potente.	Qual a potência?
Ele está nervoso.	O que o faz pensar assim?
As condições são adequadas.	Como assim, adequadas?

3.3.5.2. ESCLARECER MODELOS MENTAIS

Alguns diálogos são cheios de generalizações, eliminações e distorções, apresentando omissões de conteúdo que se tornam maiores quando a pessoa não sabe ao certo o que deseja ou quando ainda está amadurecendo uma idéia. Mas é possível que o modelo esteja perfeito (ou se imagine estar), porém o vocabulário usado para expressá-lo seja pobre ou inadequado, obrigando o receptor a explorar o assunto para tentar entender o que se passa na mente do emissor e descobrir seus interesses fundamentais.

Expressões que não transmitem toda a idéia pretendida pelo emissor são denominadas estruturas superficiais (BANDLER; GRINDER, 1977). Algumas dessas estruturas suprimem partes da mensagem, como se o receptor já soubesse como preencher as omissões. Por exemplo, ao dizer: *"Estou preocupado!"*. Quem se preocupa, se preocupa com alguma coisa. Quando a mensagem é transmitida sem os devidos complementos, o receptor pode atribuir a preocupação a qualquer causa que faça sentido em seu próprio modelo mental. Para evitar esse problema, o receptor pode perguntar: *"Preocupado com o quê?"*. Isso fará o emissor expressar completamente a idéia que tem em mente, respondendo algo como: *"Estou preocupado com o prazo que nos deram para resolver o problema que discutimos ontem"*. O mesmo problema ocorre com todos os verbos, substantivos ou adjetivos que pedem complemento, como por exemplo:

Expressão	Questionamento
Ele está alheio.	*Alheio a quê?*
Isso não é coerente.	*Coerente com o quê?*
Estou em dúvida.	*Dúvida de quê?*
Ele está apto.	*Apto a quê?*
Estou curioso.	*Curioso de quê?*
O seu carro será o próximo.	*Próximo a quê?*
Sua irmã pode ajudar.	*Ajudar a quem?*
Meu chefe se contentou.	*Contentou com o quê?*
Não vou permitir.	*Não permitir o que e a quem?*
Nosso grupo prefere ficar.	*Qual a outra opção?*
Meu funcionário não respondeu direito.	*Respondeu a quem? Direito como?*

Comparativos e superlativos formam outro tipo de estrutura superficial. Quando alguém diz: *"Este carro é o melhor"*, as perguntas que devem ser feitas são: *"Melhor para quem?"* e *"Melhor em relação a quê?"*. Muitos vendedores utilizam em demasia o recurso dos superlativos, enaltecendo um produto sem estabelecer o objeto de comparação. Assim induzem as pessoas a pensarem que determinado produto é *"o melhor da praça"*. O mesmo ocorre com:

Expressão	Questionamento
Esse é o mais interessante.	*Em relação a quê? Como sabe?*
Esse é o mais rápido.	*Em relação a quê? Como sabe?*

Observe, agora, o uso de advérbios: *"Obviamente, este carro possui o melhor motor, comparado aos dos outros automóveis"*. A pergunta que deveria ser feita (pelo menos com seus botões) seria: *"É óbvio para quem?"* Uma coisa que é óbvia para mim pode não ser para você e vice-versa. Uma frase assim estruturada levaria à seguinte pergunta: *"Por que você acha óbvio?"*. Da mesma forma que em: *"Isto é surpreendente"*, seria perguntado *"Por que é surpreendente?"*.

Expressões que transmitem a idéia de limites e obrigações, sem motivo que as justifique, também podem ser exploradas, a fim de descobrir as razões que levam uma pessoa a pronunciá-las. Elas são reconhecidas por afirmações do tipo: *"É necessário"*, *"Eu deveria"*, *"Não é possível"*... A estrutura superficial *"Tenho que terminar até sábado"*, por exemplo, suscita uma pergunta do tipo: *"Por quê?"* ou *"O que o impede de continuar?"* ou *"O que acontecerá se não terminar?"*.

As estruturas superficiais também escondem generalizações. Quando alguém afirma, por exemplo, que *"Ninguém gosta disso"*, o emissor estaria dizendo que NINGUÉM NO MUNDO gosta disso? Uma boa pergunta seria: *"Ninguém, quem?"*. Ocorre o mesmo nos seguintes casos:

Expressão	Questionamento
Todo mundo vai lá.	*Todo mundo quem?*
As pessoas estão comprando.	*Que pessoas?*
O governo diz que...	*Quem no governo diz isso?*
O pessoal está dizendo que...	*A quem você está se referindo?*

Os advérbios também são empregados para generalizar. Quando alguém diz: *"Eu sempre confio no que os outros dizem"*, com seus botões você pode pensar: *"Sempre, sempre?"*. Note que, analisando a frase racionalmente, expressões desse tipo não são levadas ao pé-da-letra, mas como, normalmente, estamos envolvidos emocionalmente com a conversa, acabamos absorvendo exatamente esse significado generalizado.

As perguntas esclarecedoras, portanto, servem para obter informações e também para clarificar o que está sendo dito, minimizando erros de interpretação ou suposições errôneas sobre fatos, colocações ou pontos de vista.

3.3.5.3. Conduzir a Negociação

Grande parte da negociação pode ser conduzida por meio de perguntas, mantendo-se o controle da conversa. Quem pergunta conduz a quem responde pelos caminhos traçados por seus questionamentos. Além de ganhar tempo para pensar na próxima pergunta, baseando-se nas respostas obtidas, pessoas que usam questionamentos em

62 | Negociadores da Sociedade do Conhecimento

seqüência ditam os assuntos que desejam abordar durante o encontro e obtêm as informações que necessitam da outra parte, sem revelar as suas.

Para aplicar essa técnica, faça uma pergunta de cada vez. Formule uma pergunta simples, sobre um assunto específico. Se a resposta obtida não for clara o suficiente, utilize mais perguntas para explorar e esclarecer modelos mentais. Depois de satisfeito com a resposta, passe para outra pergunta e assim sucessivamente. Para evitar que essa manobra seja usada pela outra parte, responda as perguntas com outras perguntas, a fim de fazer com que o questionador também revele informações.

Comece com perguntas abertas e abrangentes, para ter acesso ao maior número possível de informações. À medida que compreender os interesses e objetivos da outra parte, passe para perguntas fechadas, a fim de esclarecer dúvidas pontuais.

Perguntas fechadas, realizadas sem critério, favorecem aqueles que não desejam colaborar e nos obrigam a fazer um número maior de questionamentos para obter a mesma informação que seria conseguida com uma única pergunta aberta.

Perguntas abertas também permitem a inserção de mensagens implícitas no contexto (SÁBAT, 2004). Observe o primeiro exemplo, a seguir. Ao invés de perguntar se a outra parte deseja tomar um café, é possível ir mais além, perguntando onde o café pode ser tomado. O fato de tomar café já estará implícito e o foco da conversa será onde tomá-lo.

Perguntas fechadas	Perguntas abertas	Mensagem implícita
Podemos tomamos um café?	*Onde podemos tomar um café?*	*Vamos tomar um café.*
O senhor vai pagar?	*Como o senhor vai pagar?*	*O senhor vai pagar.*
Gosta de algum destes anéis?	*De qual destes anéis mais gostou?*	*Gostou de pelo menos um anel.*
A senhora vai querer que entregue o produto?	*Onde a senhora quer que entregue o produto?*	*O produto vai ser entregue.*

Esse tipo de pergunta aberta é um dos recursos utilizados para concluir a negociação. Partimos do pressuposto que a pessoa concorda com os termos apresentados ou que vai fechar negócio, e começamos a discutir a forma de implementar o acordo ou as condições de pagamento, como se a decisão já tivesse sido tomada.

3.3.6. Expressão de Sentimentos

Como negociações envolvem constantes negativas e rejeições até que se chegue a um acordo, os sentimentos devem ser trabalhados internamente ou explicitados. Isso evita que se acumulem e venham a ser manifestados em comportamentos inconvenientes, ou que influenciem nossa capacidade de raciocínio e tomada de decisões. Ao dizer o que sentimos, porém, corremos o risco de provocar ressentimentos, aumentando a tensão entre as partes. Como agir, então?

Devemos simplesmente revelar nossos sentimentos na primeira pessoa, descrevendo o impacto que o comportamento adotado pela outra parte nos causa, sem acusações de qualquer espécie. Isso diminui o espaço para contra-argumentos, uma vez que, ao descrever nosso estado interno, não fazemos nenhum julgamento de valor sobre a maneira como a outra pessoa se comporta. Por exemplo:

Expressão irritante	Comunicação colaborativa
Você é irritante.	*Estou irritado.*
Você está me confundindo.	*Estou confuso.*
Você me cansa.	*Estou cansado.*

Se tivermos que apontar erros, devemos fazer isso de forma impessoal, evitando afirmações sarcásticas, condescendentes ou que repreendam. Também não podemos atacar a integridade do indivíduo ou sua identidade como pessoa. O objetivo é ressaltar o comportamento e permitir que o outro se dê conta da situação, sem sentir sua auto-estima ameaçada. Por exemplo:

Expressão irritante	Comunicação colaborativa
Você nunca faz isso direito.	*Isso às vezes não é feito corretamente.*
Você está errado.	*Creio que houve um mal-entendido.*
Você fala muito enrolado.	*Eu não entendi, poderia repetir?*
Você não escreveu o contrato conforme havíamos combinado	*Existem alguns pontos neste contrato que me deixaram com dúvida.*

64 | Negociadores da Sociedade do Conhecimento

A união dessas duas técnicas possibilita uma forma de expressão muito mais explícita, na qual se destaca o comportamento da outra pessoa, o que sentimos em decorrência dele e o que nos leva a sentir-nos assim, conforme a fórmula abaixo:

Quando você... (descrição do comportamento)

Eu sinto... (sentimento)

Porque... (efeito em minha vida)

Por exemplo:

Expressão irritante	Comunicação colaborativa
Você me confunde	*Quando você fala muito rápido, eu fico confuso porque não consigo compreender o que diz.*
Você é irritante	*Quando você contraria frontalmente o que digo, fico irritado, porque acho que você não confia em mim.*

A ordem das frases não é importante, desde que sejam todas utilizadas, descrevendo o comportamento que incomoda, o sentimento que ele provoca e porque incomoda. Em algumas situações, é possível complementar a assertiva, sugerindo o comportamento que a outra parte poderia adotar.

Você poderia... (comportamento desejado)

Expressão irritante	Comunicação colaborativa
Você está me confundindo	*Quando você fala muito rápido, eu fico confuso porque não consigo compreender o que diz. Você poderia falar um pouco mais pausadamente, por favor?*

Um cuidado importante a ser tomado na utilização da fórmula acima, é que ela só deve ser empregada depois que um relacionamento de confiança houver sido estabelecido entre as partes, caso contrário, soará como ofensiva ou provocará o efeito contrário ao pretendido.

3.3.7. Diluição de Argumentos

Utilizamos **argumentos** para sustentar idéias. Se somos a favor da construção de um viaduto, por exemplo, temos que mostrar os motivos que nos levam a adotar e manter essa posição, inseridos em argumentos que devem ser, ao mesmo tempo, lógicos e convincentes.

Se um argumento for logicamente bem elaborado, considerado como retrato fiel da verdade, mas apresentado por alguém que não tenha credibilidade, em um tom de voz inseguro, ou em um papel sujo e amarrotado, ele não será convincente. Por outro lado, se for apresentado com firmeza ou por um especialista no assunto, terá grande poder de convencimento, apesar de necessariamente não ser a expressão da verdade.

Ao ser convincente, o argumento é mais facilmente aceito, mas para que se sustente ao longo do tempo, no entanto, é necessário ter amparo no mundo real e estar relacionado com a idéia defendida. A lógica consiste em estabelecer essa relação.

Nem sempre é fácil preparar argumentos lógicos e convincentes, de forma que quanto mais argumentos são usados para sustentar uma idéia, maior a probabilidade de que sejam encontrados pontos fracos, passíveis de ataque por um oponente competitivo, mesmo que os outros 99% dos argumentos estejam perfeitos.

Por outro lado, se prepararmos um conjunto reduzido de argumentos, teremos mais tempo para elaborá-los, tanto no conteúdo como na forma, tornando mais difícil, à outra parte, encontrar um pretexto para atacá-los.

3.3.8. Espiral Ataque-Defesa

Uma discussão entre duas pessoas invariavelmente envolve uma grande carga emocional. O indivíduo "A" diz algo que desperta determinada emoção em "B", que por sua vez emite uma resposta que também desperta emoções em "A", iniciando uma espiral de ataque-defesa.

A primeira coisa a fazer quando há a suspeita de haver-se iniciado uma espiral ataque-defesa, é interromper o processo e procurar raciocinar logicamente. Faça silêncio, peça um intervalo ou solte uma piada, mas não prossiga com a discussão.

Se a outra pessoa se mostrar irritada ou expressar opiniões agressivas, mantenha a calma. Não inicie um bate-boca, pois esse comportamento não levará a lugar algum.

Considere que quando uma pessoa razoável fica **irritada**, pode ter lapsos momentâneos de irracionalidade, mas ela é, basicamente, razoável e racional.

Já pessoas **difíceis** têm uma necessidade psicológica de conseguir atenção por meios negativos e intempestivos. É cronicamente difícil nos comunicarmos com elas. O comportamento dessas pessoas, muitas vezes, é baseado em fatores psicológicos sobre as quais elas não têm controle. Encarando-as dessa forma, diminuímos o impacto que a maioria de suas expressões ou comportamentos causam em nós.

Pessoas podem se irritar por vários motivos:

- expectativas não satisfeitas;
- já estavam irritadas;
- cansaço, estresse, frustração;
- estão embaraçadas, por realizar algo errado; ou
- sua integridade foi questionada.

Pessoas irritadas, normalmente, querem que uma das ações abaixo sejam tomadas, mesmo que às vezes não tenham consciência disso:

- uma explicação;
- um pedido de desculpas;
- que alguém admita estar errado;
- provar que o ponto de vista delas está correto;
- corrigir um erro;
- que o problema seja analisado e resolvido;
- que alguém faça algo;
- que alguém pare de fazer algo;
- prevenir que algo ocorra novamente;
- uma compensação ou indenização;
- receber dinheiro que lhe devem; ou
- que suas reivindicações sejam reconhecidas.

Se o irritado for você, deixe claro o que quer que a outra parte faça. Se for ela, pergunte exatamente o que a pessoa deseja.

Antes de finalizar este capítulo, talvez alguns leitores queiram saber o que aconteceu com Carlos Marques. Ele preparou as cópias do documento e levou-as ao *Cirque du Soleil*. Durante o espetáculo, ele procurou cada um dos participantes e conseguiu suas assinaturas. Voltou para casa com a missão cumprida.

3.4. Lições Aprendidas

Lição 1 - CODIFIQUE A MENSAGEM DE ACORDO COM O REPERTÓRIO DO RECEPTOR.

Lição 2 - SEJA SINCERO PARA MANTER SUA MENSAGEM ALINHADA COM A LINGUAGEM NÃO-VERBAL.

Lição 3 - OBSERVE A COERÊNCIA ENTRE A MENSAGEM E A LINGUA-GEM NÃO-VERBAL DO RECEPTOR.

Lição 4 - EVITE EXPRESSÕES IRRITANTES: não interrompa, não contrarie desnecessariamente, evite expressões pedantes e evite dar ordens diretas.

Lição 5 - EVITE CONTRAPROPOSTAS.

Lição 6 - UTILIZE LINGUAGEM PREPARATÓRIA.

Lição 7 - UTILIZE AUDIÇÃO ATIVA PARA: despertar atenção, encorajar, refletir sobre o conteúdo, refletir sobre sentimentos, esclarecer e resumir.

Lição 8 - DEDIQUE E DEMONSTRE ATENÇÃO À OUTRA PARTE.

Lição 9 - FAÇA MUITAS PERGUNTAS PARA: obter informação; conhecer opiniões e pontos de vista; clarificar estruturas superficiais; esclarecer ou testar a compreensão sobre o que foi dito; induzir a outra parte a chegar a uma conclusão; pressionar; conquistar simpatia; superar obstáculos; ganhar tempo para pensar; responder a outras perguntas; e controlar a negociação.

Lição 10 - PERGUNTE USANDO: o que, como, por que, onde, quem e quando.

Lição 11 - USE A FÓRMULA PARA EXPRESSAR SENTIMENTOS: Quando você... Eu sinto... Porque... Você poderia... ?

Lição 12 - CONCENTRE ARGUMENTOS.

Lição 13 - ENCARE A NEGOCIAÇÃO COMO OPORTUNIDADE PARA OBTER BENEFÍCIOS MÚTUOS.

CAPÍTULO 4

Poder de Influência

"O propósito de obter poder é ser capaz de livrar-se dele."

Aneurin Bevan

O senhor Pereira é diretor do departamento de Marketing de uma importante cervejaria brasileira. Instalado em uma sala ampla e espaçosa, ele ocupa uma imponente poltrona giratória de couro, atrás de uma grande mesa de escritório. No meio da sala, em frente à janela, o senhor Pereira possui uma mesa de madeira maciça delicadamente torneada, com dez lugares, onde são realizadas as reuniões de seu departamento. Veste-se elegantemente com gravatas e ternos italianos e usa uma finíssima caneta Mont Blanc para assinar seus despachos. Em seu cargo, ele solicita a contratação de pessoas, demite funcionários, premia empregados, sugere novos produtos, solicita pesquisas, apóia projetos e aprova ou não uma infinidade de outros empreendimentos da empresa. Seu comportamento é sempre sóbrio, equilibrado e muito educado.

Outro personagem, chamado João, é carismático e possui uma grande rede de relacionamentos. Veste-se de forma simples, não usa roupas caras e está sempre acompanhado de sua maleta 007. É muito admirado por todos, servindo como referência de profissionalismo e de integridade entre os que o conhecem. Vive fazendo favores às pessoas, de modo que tudo o que pede é prontamente atendido. João também é muito inteligente. Ele é advogado e se especializou em direito internacional. Adquiriu grande experiência ao trabalhar como representante de empresas européias, instaladas no Brasil. Está sempre sorridente, é extremamente educado e transmite muita energia para as pessoas com quem se relaciona.

Qual a diferença entre o senhor Pereira e João, em termos de poder? O senhor Pereira tem poder posicional, obtido em função da posição que ocupa na empresa; enquanto João tem poder pessoal, decorrente da forma como se relaciona com outras pessoas e de seu conhecimento técnico.

Mas, afinal de contas, o que é poder? Existem várias definições na literatura, pois sua aplicação e efeitos dependem muito do contexto em que é estudado. De maneira geral, poder é definido como "capacidade de impor uma vontade" (BRASIL, 2001).

Karrass (1970) identifica oito princípios básicos relacionados ao poder:

- Poder é sempre relativo. Dificilmente é exclusivo de uma das partes.
- Poder é imaginário ou real. Se uma das partes é detentora de grande poder, mas a outra não reconhece ou percebe esse poder, ele não representará vantagem na negociação.
- Consegue-se exercer poder sem executar nenhuma ação. Se a outra parte acredita que existe a possibilidade de uma ação ser usada contra ela e age de maneira a favorecer quem detém o poder, a ação não será necessária.
- Poder é sempre limitado. Sua abrangência depende de leis, padrões éticos, situação presente e futura.
- Poder existe na medida em que é aceito. Certas pessoas tem menos propensão a serem influenciadas do que outras.
- O objetivo final do poder não se distingue dos meios. A outra parte não desejará negociar novamente se sentir que foi explorada.
- O exercício do poder sempre envolve custos e riscos.
- As relações de poder são mutáveis, alterando o equilíbrio de poder entre as partes.

4.1. Fontes de Poder

Negociadores adquirem poder - ou se esforçam em parecer possuí-lo - a fim de estarem em melhores condições de defender seus interesses e não se tornarem vulneráveis, durante uma negociação.

Esse poder emana de algumas fontes, conquistadas conforme as características pessoais do negociador, a posição ocupada, ou certas vantagens decorrentes do contexto de sua situação, como ilustrado pela Figura 9.

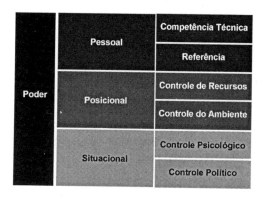

Figura 09 - Fontes de poder.

4.1.1. Poder Pessoal

A fonte de poder pessoal é obtida por meio de qualidades que conferem competências específicas a um indivíduo ou o posicionam como referência entre seus pares, chefes e subordinados (ADAIR, 1989). Essas qualidades o acompanham ao longo da vida, tornando-o mais poderoso quanto maior a dependência que outras pessoas tenham em relação ao seu conhecimento ou quanto maior for o seu destaque.

---

[1] As fontes de poder, aqui apresentadas, são ligeiramente diferentes das encontradas na literatura, especialmente no que se refere aos poderes de recompensa, coercitivo e legítimo. Considero que só podemos recompensar alguém se controlamos recursos ou ambientes que sejam de interesse desse alguém, a ponto de estimulá-lo. A fonte de poder, portanto, não está na capacidade de recompensar, mas no controle do elemento estimulador. Da mesma forma ocorre com o poder coercitivo. Também não considero a legitimidade uma fonte de poder. Um diretor que controle um grande orçamento e tenha muitos subordinados terá mais poder relativo do que outro diretor com ingerência sobre um orçamento enxuto e com projetos politicamente inexpressivos. Ambos têm poder e autoridade legítimos, a diferença está nos recursos e ambientes que controlam.

4.1.1.1. Competência Técnica

Vejamos a situação de João, um dos personagens criados para ilustrar os conceitos abordados neste capítulo. Sua **formação** como advogado, por si só, já lhe dá poder de competência técnica, pois é capaz de exercer determinadas atividades disponíveis apenas a profissionais que cursaram uma faculdade de direito e passaram no exame de admissão na Ordem dos Advogados do Brasil.

Em muitas atividades, porém, ou dependendo do contexto, ter apenas formação na área não é suficiente para obter destaque e adquirir poder de competência técnica. É necessário, também, possuir **experiência**. Se João fosse um advogado recém-formado, por exemplo, entrando no mercado de trabalho, não poderia esperar o mesmo reconhecimento – ou cobrar os mesmos honorários – que um profissional de renome e amplamente conhecido no meio jurídico.

Suponha que João trabalhe em um escritório de advocacia que presta serviços para a empresa do senhor Pereira. Certo dia, o senhor Pereira marca uma reunião em sua luxuosa sala para tratar do lançamento de um produto na Europa e pede a presença de João, para assessorá-lo sobre leis da Comunidade Européia. Como profissional bem formado e com larga experiência, João se prepara, analisando a legislação pertinente ao produto a ser lançado. Durante a reunião, surge uma dúvida. Várias pessoas dão sua opinião e se inicia uma discussão improdutiva. João pede a palavra e, com respeito, dá seu parecer sobre o assunto, citando diversos exemplos, fornecendo referências e sugerindo uma linha de ação. Ele obtém rapidamente a concordância dos presentes, pois seus argumentos são convincentes. Observe que se João mostrasse insegurança ao falar ou citasse exemplos que pudessem ser questionados, talvez não conseguisse obter a concordância dos outros participantes da reunião. Não transmitiria **credibilidade**, um elemento importante para dominar a fonte de poder da competência técnica. A credibilidade é normalmente conquistada quando se é coerente com pensamentos e comportamentos adotados anteriormente, ao cumprir rigorosamente as promessas realizadas e ao provar o que se diz.

Além da credibilidade, é fundamental saber como transmitir conhecimento, dominando técnicas de **comunicação**, pois João poderia estar com a razão e, no entanto, não conseguir comunicar suas idéias ou ser arrogante e levantar mecanismos de defesa nas pessoas.

Indivíduos que dominam conhecimento técnico são cada vez mais valiosos na sociedade atual e tendem a ser disputados no mercado de trabalho (RAVEN, 1992). Possuem poder de competência técnica: médicos, advogados, mecânicos, consultores e qualquer outra pessoa que domine um conhecimento específico. Não duvidamos dos conhecimentos dessas pessoas, a menos que percam a credibilidade; e serão procuradas à medida que souberem se expressar e mantiverem bons relacionamentos com outras pessoas (Figura 10)

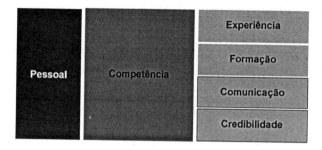

Figura 10 - Poder de competência.

4.1.1.2. Referência

Além da competência técnica, obtemos poder pessoal quando servimos de referência a outras pessoas. Por ser carismático e bom profissional, por exemplo, João serve como modelo de conduta a amigos e admiradores, exercendo poder de referência. Diversos fatores levam um indivíduo a servir como referência, como por exemplo: a **admiração** por um colega de trabalho; a **identificação** com um personagem de novela; o **respeito** por determinado chefe... Esses sentimentos são focados em personalidade, atitudes, habilidades, valores ou status social daqueles que usamos como referências em nossas vidas (Figura 11).

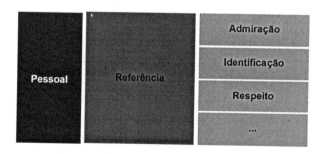

Figura 11 - Poder de referência.

74 | NEGOCIADORES DA SOCIEDADE DO CONHECIMENTO

Conta a História que o jornalista Assis Chateaubriand, certa vez, viajou a Londres e ficou hospedado no elegante Hotel Claridge's. Chateaubriand adorava provocar a burguesia britânica e todas as manhãs ele se sentava espalhafatosamente em um dos confortáveis sofás do saguão central do Hotel para ler o *Daly Worker*, um jornal do Partido Comunista Inglês, odiado por banqueiros, políticos e economistas, os principais freqüentadores do Claridge's.

Um dia, Chateaubriand foi procurado por um funcionário do Hotel com um ultimato da direção: por incomodar os hóspedes, ele deveria se mudar de hotel em 24 horas. Bateu boca, xingou, reclamou, mas foi em vão. Resolveu, então, procurar o ex-primeiro ministro Lloyd George, que habitava uma das suítes do Claridge's para escrever suas memórias de guerra. Sem entender muito bem porque fôra envolvido no caso, o ilustre inglês ouviu pacientemente o relato do jornalista e foi convencido de que o Hotel cometia uma grave injustiça. Trocou de roupa e desceu à gerência, investido da reputação de ex-comandante supremo das forças aliadas na Primeira Guerra Mundial. Lá chegando, comunicou que se Chateaubriand fosse expulso, ele também deixaria definitivamente a suíte. O Hotel voltou atrás em sua decisão. Chateaubriand se valeu do poder de referência de uma ex-autoridade britânica para fazer valer sua vontade (MORAES, 1994).

Quem detém o poder de referência, normalmente, recebe favores, conquista alianças e influencia mais facilmente outras pessoas. Em compensação, também atrai sentimentos negativos, como a inveja. Possuem poder de referência: personalidades públicas do governo, artistas, desportistas; pessoas de destaque em pequenas comunidades ou núcleos sociais, pais, educadores, líderes comunitários e funcionários-padrão, entre outros.

4.1.2. Poder Posicional

Enquanto o poder pessoal acompanha sempre o indivíduo, as fontes de poder posicional são detidas por quem controla recursos ou acesso a determinado ambiente, em função da posição ocupada em um empreendimento ou grupo social. O senhor Pereira, por exemplo, como diretor de Marketing, domina diversas fontes de poder. Ele controla os recursos de seu departamento, como os materiais, de pessoal, de conhecimento ou financeiros. Também controla o ambiente em que trabalha, por meio de normas, ações administrativas ou imposição de disciplina.

Empregamos a palavra **controle** no sentido de expressar a capacidade de gerenciar, usar e manter recursos ou ambientes. A fonte de poder será potencialmente mais útil quanto maior a capacidade de se exercer controle sobre ela.

Obtemos poder posicional, de forma legítima, quando ocupamos cargos ou funções regulamentadas por um sistema normativo respeitado pela comunidade ao qual se aplica. Policiais civis e militares, diretores, porteiros, gerentes e comandantes de aeronaves são exemplos de profissionais cujas atividades proporcionam poder posicional, com extensão e limites definidos em leis do Estado ou normas de empresas.

Outra maneira de conquistar poder posicional é por meio da força, fazendo uso de recursos coercitivos para impor controles sobre outros recursos, regiões ou grupos sociais. Bandidos, líderes de gangues e terroristas se encaixam nessa categoria.

4.1.2.1. Controle de Recursos

O controle de recursos, especialmente se forem escassos, é uma poderosa fonte de poder de influência, principalmente se a outra parte necessita desses recursos e não tem outra forma alternativa para obtê-los. Quanto maior a dependência, maior o poder de influência, pois o dependente não terá escolha, a não ser aceitar as condições impostas (Figura 12).

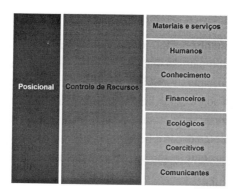

Figura 12 - Poder de controle sobre recursos.

Os **recursos materiais e de serviços** de um departamento de Marketing incluem instalações, pesquisas, publicações e mobiliário. O senhor Pereira pode emprestá-los,

76 | Negociadores da Sociedade do Conhecimento

cedê-los ou permitir seu uso, empregando-os como moeda de troca para obter vantagens para seu departamento. Um exemplo clássico de fonte de poder proveniente do controle de recursos é o do menino perna-de-pau, que ninguém quer no time, mas é dono da bola. Ele tem muito poder, pois sem o seu recurso material – a bola – ninguém joga. Ele sabe disso e usa essa vantagem para entrar no time, consciente ou não de que se a bola furar, o poder se perde.

O mesmo ocorre com os **recursos humanos**. O senhor Pereira pode emprestar seus funcionários a outros departamentos, se solicitado, pois controla sua disponibilidade. Quanto mais qualificação possuem os recursos humanos sobre os quais se tem controle, mais poder tem o controlador, pois mais assediado será em função dos recursos ou dos produtos e serviços por eles gerados.

Conhecimento constitui outro exemplo de recurso, muito mais valioso, aliás, que os anteriores, se considerarmos que vivemos, atualmente, na Sociedade do Conhecimento. Esse recurso é encontrado em formato digital, vídeo, som, impresso ou na mente das pessoas. Consiste no domínio científico e tecnológico de determinada área do conhecimento, ou em informações relevantes sobre atividades ou atores sociais.

Empresas que estimulam a união e o compartilhamento de conhecimento entre seus funcionários estão entre as mais criativas do mercado. Isso lhes confere poder de influência em relação às empresas que, em atitude oposta, favorecem a competição interna de seus departamentos ou recursos humanos.

Entre atores sociais que competem entre si, erguem-se barreiras para dificultar o acesso ao conhecimento, como ocorreu com o Veículo Lançador de Satélites brasileiro. Os norte-americanos restringiram o acesso a supercomputadores a técnicas de usinagem de reservatórios de combustível, a sistemas de rastreamento de navegação e a produtos químicos usados em propelentes. Se o Brasil se tornar uma potência espacial, pode ameaçar a hegemonia dos países que já dominam o setor. Esse é o mesmo raciocínio utilizado por pessoas que não querem compartilhar o que sabem.

O conhecimento de informações relevantes sobre a outra parte também nos dá poder de influência. Em ambientes competitivos, por exemplo, a partir do momento em que sabemos os interesses e as necessidades do ator social com quem negociamos (principalmente se essas informações revelarem fraquezas, limites de negociação ou estratégias adotadas), temos condições de moldar nossas próprias estratégias e limites para adquirir vantagens sobre a outra parte.

Essas situações produzem uma dicotomia na Sociedade do Conhecimento. Ao mesmo tempo em que o compartilhamento de informações é estimulado dentro de um grupo, para que esse grupo adquira mais poder, o compartilhamento passa a ser indesejável entre grupos que competem entre si. Abordaremos como e em que condições compartilhar conhecimento, no Capítulo 8.

O controle sobre **recursos financeiros** é um caso a parte, principalmente em um mundo capitalista como o nosso. Toda a estrutura social do Ocidente é baseada no capital. Quem o domina, pode controlar recursos humanos especializados, adquirir recursos materiais e de serviços, comprar recursos comunicantes e até mesmo adquirir o controle sobre certos ambientes. O senhor Pereira tem relativa liberdade para utilizar o orçamento do departamento de Marketing. Isso lhe dá poder, pois é capaz de converter o capital em uma série de outras fontes de poder que o ajudem a atingir seus objetivos.

No tocante ao controle dos **recursos ambientais** ou ecológicos, sabe-se que o domínio das reservas petrolíferas, aqüíferas, de minerais nobres ou de biodiversidade sempre foi considerado estratégico, pois por meio delas se produz a tecnologia que leva à construção de bombas inteligentes; de remédios poderosos; de substâncias que permitem o funcionamento de veículos, máquinas e equipamentos; ou simplesmente proporcionam condições que viabilizam a própria vida, no caso da água. Proprietários rurais que possuam nascentes de cursos d'água em suas terras; ou que seus terrenos estejam localizados mais próximos da nascente, em relação às terras vizinhas, possuem essa fonte de poder.

A força física e os equipamentos bélicos formam os **recursos coercitivos**. Tanto indivíduos como Estados são capazes de fazer uso da força e de armas para impor sua vontade, com a diferença de que uns estão sob o amparo da lei, enquanto outros, não. Quando duas partes possuem recursos coercitivos que lhes conferem poderes equivalentes, abre-se espaço para negociação, como em seqüestros ou impasses entre dois grupos armados. Negociações conduzidas sob a ameaça de recursos coercitivos assumem características extremamente competitivas, com forte carga emocional, e exigem muita habilidade e experiência.

Recursos coercitivos destroem relacionamentos e não devem ser utilizados em negociações, valendo a pena lembrar um dos princípios de poder, citados anteriormente: *"O objetivo final do poder não pode ser distinguido dos meios. A outra parte não desejará negociar novamente se sentir que foi explorada".*

78 | NEGOCIADORES DA SOCIEDADE DO CONHECIMENTO

Finalmente, vimos que a informação é o elemento fundamental da Sociedade do Conhecimento. Um ator social pode não ter domínio sobre as fontes de informação, mas se controlar o meio de acessá-las, terá poder sobre **recursos comunicantes**. Gobbles, ministro da Propaganda da Alemanha, durante a Segunda Guerra Mundial, foi um dos primeiros a utilizar o controle dos meios de comunicação de massa como fonte de poder. Ele conseguiu impor a ideologia nazista, sobre a população de seu país, por meio de um rígido controle dos veículos de comunicação internos, e de uma rigorosa filtragem de todas as informações externas direcionadas ao povo alemão.

Atores sociais que detêm o monopólio do acesso ao conhecimento exercem esse poder, em menor escala, naturalmente. Autoridades que, por comodidade ou displiscência, conferem a um único assessor a tarefa de coletar as informações que necessitam para tomar suas decisões, estão conferindo a esse assessor um grande poder. Ele será capaz de distorcer, eliminar ou generalizar as informações, transformando a autoridade em um agente de sua vontade. Sentimos os efeitos desse poder quando desejamos falar com determinada autoridade, mas para acessá-la devemos antes contatar seu assessor. Se TODAS as vias de acesso àquela autoridade passarem pelo assessor, este deterá um grande poder, pois filtrará apenas os assuntos que forem de seu interesse ou julgados por ele convenientes ao seu patrão.

4.1.2.2. CONTROLE DO AMBIENTE

Poder posicional também é obtido quando um indivíduo é capaz de influenciar o contexto – ou ambiente – da negociação, devido à posição que ocupa. Um dos elementos que mais exerce influência sobre esse contexto é o ambiente normativo. Se o senhor Pereira for o responsável por criar as **normas** de seu departamento, por exemplo, as pessoas vão agir de acordo com sua vontade, sem encontrar espaço para negociar. Suponha que um feriado nacional, como 7 de setembro, caia em uma quinta-feira e que um funcionário deseje ser liberado na sexta para viajar com a família, solicitando um desconto em férias. Se o senhor Pereira tiver publicado uma norma, estabelecendo que seu departamento não concede dispensas para desconto em férias, ele terá um bom argumento para deixar o empregado sem a menor condição de negociar. Note bem, a regra foi escrita pelo próprio senhor Pereira.

Talvez um indivíduo não controle a elaboração de normas, mas se souber utilizá-las em seu proveito obterá vantagens que lhe proporcionarão poder em uma negociação. Isso vale para regulamentos, leis, regras sociais, tradições ou padrões rígidos de conduta pessoal.

Como o poder normativo é governado pelos princípios da coerência, abordado no Capítulo 5, depois que as pessoas aceitam e se comprometem com um conjunto de normas, elas tendem a se manter coerentes com seus compromissos, a fim de evitar estados psicológicos de desconforto, instabilidade e insegurança, como os proporcionados pela dissonância cognitiva.

Se vamos participar de uma negociação complexa, portanto, o sistema normativo deve ser cuidadosamente estudado. As regras sobre como se desenvolverão as discussões ou como as decisões serão tomadas devem ser estabelecidas de comum acordo.

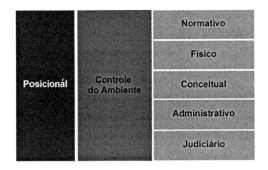

Figura 13 - Poder de controle sobre o ambiente.

O controle do **ambiente físico** possibilita o domínio sobre o acesso a pessoas, grupos, recursos ou atividades desenvolvidas em determinado local, assim como sua circulação, permanência e posicionamento.

O clima de uma negociação pode ser determinado pela forma como as pessoas sentam em uma mesa: de frente, dificultando o entrosamento; ou lado a lado, facilitando a interação entre as partes. Os membros de uma equipe de negociação podem sentar juntos, intercaladamente, de frente para o sol, afastados uns dos outros e assim por diante. Cada uma dessas circunstâncias afeta a capacidade de influenciar ou de ser influenciado e pode ser manipulada por quem detém o controle do ambiente

80 NEGOCIADORES DA SOCIEDADE DO CONHECIMENTO

físico. Chefes de equipes de segurança, proprietários de terras e anfitriões de eventos detêm essa fonte de poder.

Talvez não seja o caso do senhor Pereira, mas a possibilidade de estabelecer **conceitos** é uma tremenda fonte de poder, principalmente na Sociedade do Conhecimento, pois as pessoas negociarão (ou mesmo nem saberão que podem negociar) de acordo com a estrutura conceitual definida por uma das partes. Para estabelecer conceitos, é necessário dominar o recurso do conhecimento e ser capaz de influenciar o ambiente, de maneira que o novo conceito seja implementado. Nessa área enquadram-se os trabalhos de filósofos e pensadores como Karl Marx, Adam Smith, Maquiavel, Freud, Nietzsche, Hegel, Santo Agostinho e tantos outros. As idéias desenvolvidas por essas personalidades moldaram o pensamento mundial, estabelecendo novas ordens sociais ou opondo-se a elas. Por exemplo, Karl Marx, com seus conceitos de luta de classes, trabalho excedente e mais-valia, provocou a mobilização de grupos sociais no sentido de se oporem ao regime de exploração de mão-de-obra, na época, quebrando a estrutura conceitual vigente (ARANHA; MARTINS, 1986). Os trabalhadores somente tiveram consciência que poderiam negociar suas condições laborais depois de travarem contato com os conceitos marxistas.

Como esse conceito pode ser usado por nós, simples mortais? Suponha que você é o chefe de um departamento e vai participar de uma reunião para reestruturar a empresa em que trabalha. Você se prepara arduamente para o encontro e, de repente, tem uma idéia que pode revolucionar o ambiente organizacional e gerar muitos dividendos para seu próprio departamento. Você apresenta a idéia e todos a aceitam e resolvem implementá-la, colocando-o como responsável pelo projeto. Como a idéia foi sua, certos detalhes da idéia original podem ser suprimidos ou ajustados, sem questionamento, de acordo com sua vontade e de maneira a favorecer, mesmo sutilmente, seu departamento.

Outro exemplo: há alguns anos atrás, eu comentei com um amigo sobre a dificuldade de fazer meu filho, então com quatro anos, usar cinto de segurança. Ele disse que não tinha esse problema, pois se o filho não colocasse o cinto, o carro não andava. Ou seja, seu filho não sabia que havia a opção de colocar ou não o acessório de segurança. Não havia espaço para negociação. Os conceitos inseridos em seu modelo mental não previam alternativas para essa questão.

Capítulo 4 – Poder de Influência | 81

Quem detém o controle **administrativo** tem poder para executar ações, amparadas por um sistema normativo, que contribuam para que os objetivos individuais ou de um grupo social sejam alcançados. O senhor Pereira pode marcar reuniões, solicitar a compra de produtos, contratar pessoas e serviços, dar ordens a seus subordinados e priorizar atividades.

Com o controle administrativo dominam-se itens vitais, como a agenda e a condução da negociação. Na agenda são definidos os assuntos que vão ou não ser negociados. O Brasil, durante muitos anos, foi prejudicado junto às Nações Unidas, por não ser capaz de influenciar a elaboração da agenda de conversações, de forma que os assuntos de nosso interesse não eram considerados. As negociações não eram nem iniciadas. Você já deve ter participado de reuniões organizadas em outros departamentos, que não o seu. Se a agenda não tiver sido fruto de negociações, provavelmente os interesses da parte que detinha o controle administrativo prevaleceram, em detrimento dos de outros departamentos.

A condução formal de uma reunião multilateral também pode ser influenciada por alguns elementos-chave que desempenham funções administrativas, como o presidente e o secretário, por mais que devam ser ou se declarem neutros. O presidente, de maneira geral, é o responsável por colocar assuntos em votação e dar a palavra a quem a solicita. Assuntos levantados por uma das partes podem ser ressaltados ou inibidos, dependendo do interesse do presidente, cabendo à parte que faz a colocação defender sua idéia. O secretário, por sua vez, redige as propostas e as resoluções finais, sendo capaz de inserir pequenos "ajustes" que passem despercebidos, mas que atendam a seus interesses.

O controle do ambiente **judiciário** permite realizar julgamentos e aplicar a lei. Normalmente, esse poder é exclusivo do Estado e baseado nas leis que regem um país.

Note que o uso das fontes de poder posicional dependem da posição que indivíduos, grupos, instituições ou países ocupam em determinado momento. Afastando-se da posição, perde-se o poder correspondente, pois deixa-se de exercer controle sobre os recursos e ambientes atrelados àquela posição.

4.1.3. Poder Situacional

O poder situacional depende das condições do ambiente. É um poder que não acompanha as pessoas e tampouco depende da posição exercida pelo indivíduo, nascendo da interação entre necessidades, pessoas, recursos e ambientes. As fontes de poder situacional são o domínio do ambiente psicológico e do ambiente político.

4.1.3.1. Controle do Ambiente Psicológico

O ambiente psicológico de uma negociação é dominado pela parte que apresenta melhor controle emocional. Pessoas ansiosas, nervosas ou com grande expectativa tendem a agir precipitadamente, comprometendo seus resultados, ao passo que negociadores equilibrados raciocinam e percebem melhor o ambiente em que se encontram.

A forma mais eficiente para evitar estados emocionais desfavoráveis é precavendo-nos das situações que os provocam, como limitações de tempo ou qualquer tipo de dependência em relação à outra parte.

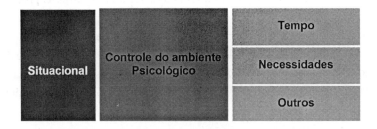

Figura 14 - Controle do ambiente psicológico.

Quando alguém sente a urgência de chegar a um acordo, sob a **pressão do tempo**, aceita concessões que normalmente seriam evitadas em condições mais equilibradas. Durante uma reunião para decidir as verbas anuais da cervejaria, por exemplo, encontramos o senhor Pereira satisfeito com o orçamento alocado ao seu departamento. O diretor de Produção, no entanto, recém chegado ao cargo, propõe uma modificação de última hora para atender a um projeto proposto pelos técnicos de sua área. Ele tem duas horas (até o término da reunião) para convencer os demais de que o projeto é importante e de que o orçamento deve ser refeito, implicando na redução da verba do departamento de Marketing. O senhor Pereira se faz de desentendido, prorrogando as discussões. Ele sabe que para aprovar uma modificação dessa natureza no orçamento, é preciso que todos os presentes analisem e entendam o projeto proposto. Isso demora. O tempo corre a favor do senhor Pereira, fazendo-o sentir-se tranqüilo e seguro, pois se tudo ficar como está, ele será favorecido. O diretor de Produção, por outro lado, provavelmente demonstrará ansiedade ao negociar o orçamento, pois terá pressa, prejudicando seu raciocínio lógico e a qualidade de seus argumentos.

Neutralizamos as conseqüências emocionais – relacionadas a limites de tempo – com o uso de alternativas. Se o diretor de Produção tivesse outra oportunidade para discutir seu projeto ou pudesse conseguir verbas a partir de outra fonte, seu estado emocional seria mais sereno, pois seus diálogos internos não o pressionariam na busca de um resultado.

Também nos livramos da pressão do tempo quando dominamos o *status quo*, ou seja, a situação atual. O senhor Pereira não se sente pressionado, durante a reunião, porque o orçamento atual o favorece e o ônus de convencer a diretoria para efetuar qualquer mudança é do diretor de Produção. Quanto mais o tempo passar, mais confortável o senhor Pereira estará.

O ambiente psicológico também é influenciado pela **dependência** ou **maior necessidade**. Maior necessidade ou interesse implica menor poder de negociação, seja essa necessidade de caráter comercial ou psicológico. Neste caso, as alternativas também desempenham um papel fundamental, pois a dependência é criada quando não temos alternativas. Uma empresa que possui um único cliente, grande o suficiente para sustentar suas operações, será dependente e sujeita a qualquer condição imposta por esse cliente. A dependência gera estados psicológicos de medo e insegurança, afetando qualquer argumento lógico.

As expectativas também geram dependência. Ao criar uma expectativa muito grande pelo resultado de uma negociação, tendemos a empregar grande quantidade de recursos críticos, como tempo, energia, dinheiro e carga emocional, para atingir nossos objetivos. Nos tornamos reféns dos recursos já comprometidos e acabamos aceitando condições desfavoráveis, só para não perder o que já foi investido. A parte com mais poder será a que houver investido menos recursos críticos, pois contará com maior liberdade para decidir entre continuar ou encerrar a negociação.

Caso o interesse seja motivado por necessidades psicológicas, o cuidado deve ser redobrado, pois tendemos a fazer grandes concessões sem qualquer contrapartida, a fim de satisfazer necessidades em relação às quais normalmente não temos consciência. Pessoas com necessidades sociais aceitam condições impostas pela outra parte a fim de obterem aceitação; indivíduos com necessidade de auto-estima fazem concessões quando são prestigiados e elogiados, os auto-realizadores são capazes de trabalhar até de graça, se puderem sentir-se realizados.

Negociadores que trabalham com as necessidades psicológicas das pessoas podem se tornar manipuladores, se visarem apenas seus próprios interesses – sem revelá-los à outra parte – e se agirem sem o consentimento dela.

4.1.3.2. Controle Político

A última fonte de poder situacional é conquistada quando se obtém o controle do **ambiente político**: o domínio das relações entre atores sociais.

Figura 15 - Controle do ambiente político.

Em uma relação entre duas pessoas, quanto mais necessidades e interesses forem satisfeitos mutuamente, mais forte será o **vínculo** de relacionamento entre elas. Pessoas que mantêm encontros freqüentes entre si, compartilhando tanto as vitórias como as derrotas e ajudando-se mutuamente, fortalecem seus relacionamentos. Se tiverem que enfrentar juntas uma tempestade, terão mais confiança e convicção para sustentar os compromissos assumidos entre si.

Alianças se baseiam em relacionamentos e permitem que dois ou mais atores sociais se associem na busca de seus interesses. O poder advindo de uma aliança tem origem no poder individual de cada aliado, na quantidade de aliados, no vínculo de relacionamento existente entre eles e na forma como coordenam suas ações. Uma aliança entre proprietários de terras, detentores de grande poder individual, por

Capítulo 4 – Poder de Influência | 85

exemplo, é mais poderosa que a formada por lavradores de terra, mas se o número de lavradores aliados for muito grande, talvez o poder coletivo conquistado seja maior que o dos fazendeiros.

Considerando alianças de poder equivalente, as baseadas em forte vínculo de relacionamento tendem a ser mais resistentes quando as partes se deparam com uma dificuldade, em relação às de menor coesão interna. Nas Forças Armadas, de maneira geral, todo ano são formados oficiais e graduados. Os que se formam juntos fazem parte de uma mesma turma. As turmas se organizam de maneira que seus membros possam manter contato entre si, ao longo da carreira. As turmas que obtêm maior destaque profissional são aquelas cujos membros fazem questão de preservar e fortalecer seus laços de amizade, marcando encontros, trocando mensagens eletrônicas ou telefonemas constantes. São os que galgam para os cargos de destaque e desfrutam das melhores oportunidades de carreira.

Finalmente, as alianças são mais poderosas quando as ações de seus componentes são coordenadas, espelhando a troca de informações entre os aliados e a sua capacidade de planejamento, como ocorreu com a organização criminosa do Primeiro Comando da Capital (PCC). Em 2006, a população brasileira foi surpreendida com as ações do PCC, orquestrando rebeliões nos presídios paulistas e atentados a instituições públicas.

Os interesses que levam dois ou mais atores sociais a se aliarem são os mais variados. Uma das partes pode querer apoio, legitimidade ou mais recursos, enquanto a outra, visibilidade, proteção ou oportunidades. O importante é que os interesses individuais sejam atendidos e que uma vez decidido o estabelecimento da aliança, as partes trabalhem no sentido de fortalecer os vínculos de relacionamento e a coordenação de suas ações. Esses, aliás, serão os pontos a serem analisados ao avaliar o poder de uma aliança e que devem ser explorados quando estamos sozinhos e negociamos contra dois ou mais aliados.

As alianças são estabelecidas por meio das **redes de relacionamentos**. À medida que um indivíduo conhece outras pessoas, forma uma rede, como na Figura 16.

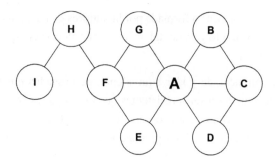

Figura 16 - Exemplo de rede de relacionamento.

O indivíduo "A" ocupa uma posição de destaque na rede ilustrada pela Figura 16, pois somente por meio dele é possível a interação de todas as demais partes. Supondo que "F" seja um fornecedor e "C" um comprador, o indivíduo "A" será o único capaz de apresentar um ao outro. No momento em que "F" e "C" se conhecerem, não mais precisarão de "A" e este perderá poder na rede de relacionamentos. A vantagem do papel desempenhado por "A" é explorada por lobistas, articuladores, intermediários, atravessadores e representantes comerciais.

O poder advindo de uma rede de relacionamentos depende não só do vínculo entre as partes, mas dos interesses que motivaram a formação da rede. Uma pessoa que tenha uma rede formada, predominantemente, por técnicos de computação, talvez não seja útil para alguém que queira expandir o comércio de produtos farmacêuticos, mas pode ser interessante para um profissional à procura de um emprego no setor de informática.

Cada indivíduo ocupa uma posição central em sua própria rede de relacionamentos e um lugar periférico na de outras pessoas. Ao se unirem as redes, forma-se uma grande malha de relacionamentos, a partir da qual é possível se contatar qualquer pessoa. Na Figura 16, "D" é capaz de conhecer "I", por meio do acionamento dos contatos de sua rede, que se entrelaça com as de "A", "F" e "H".

Quanto maior a rede de um indivíduo e melhores seus vínculos de relacionamento, maior o poder decorrente sobre as negociações que dependam do acionamento dos contatos da rede.

A formação de redes é fortemente estimulada na Sociedade do Conhecimento, seja por meio de eventos ou de aplicativos computacionais que estimulam a criação de comunidades de compartilhamento de informação.

4.2. Uso das Fontes de Poder

Em um conflito de interesses, a parte com maior poder tem a opção de usá-lo de três maneiras diferentes:

- para impor sua vontade, sem negociar;
- para exercer influência, de maneira que o resultado o favoreça; ou
- para criar condições que permitam que a negociação ocorra de forma justa e transparente.

Se desejamos negociar, o poder de influência deve ser buscado para conseguirmos fechar acordos mais favoráveis aos nossos interesses ou para estabelecermos um ambiente justo e colaborativo. A falta de poder, por outro lado, nos torna vulneráveis à outra parte, muitas vezes fazendo com que aceitemos termos indesejáveis em um acordo.

As fontes de poder são utilizadas isoladamente ou em conjunto. Quanto mais fontes forem acumuladas, mais poder será detido por quem as emprega. Sempre que possível, evita-se concentrar poder nas mãos de uma única pessoa. Para evitar o acúmulo de poder, as sociedades criam uma série de regras, destinadas a equilibrar as relações entre indivíduos, grupos e instituições. No nível organizacional, são criadas regras internas. Por exemplo, em determinadas instituições, quem tem a necessidade de adquirir um produto ou serviço não é o mesmo que escolhe as empresas fornecedoras, que por sua vez também é diferente de quem paga a conta. Se essa estrutura já permite a corrupção, imagine se as três partes citadas (quem deseja, quem escolhe e quem paga) for a mesma pessoa. Nesse caso, o acúmulo de poder sobre recursos financeiros somado ao poder sobre o ambiente administrativo afetaria o equilíbrio de influência na empresa.

Algumas fontes de poder, como a de competência técnica, por exemplo, devem ser reveladas à outra parte, a fim de provocarem o efeito desejado. Se o outro lado não conhece nossa competência, esta não servirá para nada. A vantagem advinda do controle de ambiente físico ou do controle sobre recursos coercitivos, somente terá sentido se a outra parte perceber que temos a força e estamos dispostos a empregá-la. Outras fontes de poder, no entanto, somente são eficazes se a outra parte não souber de sua existência, como é o caso do controle do ambiente conceitual ou do ambiente psicológico. Sua revelação pode fazer com que a outra parte descubra que existem outras alternativas àquele modo de pensar, e assim se desvencilhar do poder que a oprime silenciosamente.

É importante lembrar, novamente, que possuímos a exata quantidade de poder de influência que o outro lado acredita possuirmos (GRACIÁN, 2004). Durante a negociação, vale mais o poder que outro lado pensa que temos do que nossa real situação. Por isso é temeroso revelar nossos verdadeiros interesses, em ambientes competitivos, porque eles podem ser utilizados para mostrar fraquezas e dar à outra parte, de bandeja, a noção do real poder de influência que ela possui na negociação. Ainda dentro dessa idéia, certas pessoas se valem de objetos que atuam como símbolos de poder econômico, no meio empresarial, como gravatas, canetas, ternos caros e até mesmo pelo uso de equipamentos eletrônicos de última geração. Muitos se esforçam em ostentá-los como forma de conseguir reconhecimento social ou de transmitir a imagem de serem detentoras de poder.

O poder possui abrangência. O poder do senhor Pereira, por exemplo, considerando que seja derivado do controle sobre o ambiente e os recursos de seu departamento, só exercerá influência sobre os funcionários do departamento de Marketing. Essa será sua **esfera de poder**. Sua influência sobre, digamos, o diretor do departamento de Pessoal, virá de outra fonte de poder, talvez do relacionamento existente entre o senhor Pereira e o presidente da empresa. A identificação da fonte de poder é imprescindível para compreender a magnitude do poder de um ator social e se sua esfera de influência se estende sobre nós.

Mas o poder, por si só, não favorece nem prejudica ninguém. Ele está parado, em estado latente, e necessita ser provocado ou acionado para ser posto em ação. Como isso é realizado? A partir de quando o poder passa a ser relevante?

Imagine dois indivíduos, cada um com sua esfera de poder (Figura 17). Se não interagirem, cada um ficará na sua. Quando essa interação passará a ocorrer?

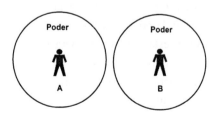

Figura 17 - Esferas de poder.

A interação ocorrerá quando uma das partes gerar uma necessidade ou interesse que de alguma forma se relacione com necessidades ou interesses da outra parte (Figura 18).

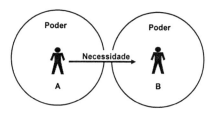

Figura 18 - Interação entre as esferas de poder.

A partir do momento em que interesses e necessidades de dois indivíduos se encontram, podem ocorrer diversas situações:

- as partes "A" e "B" descobrem que possuem interesses comuns, levando-as a combinar, de alguma forma, suas esferas de poder;
- "A" e "B" descobrem ter interesses conflitantes, passando a usar seus poderes para se defenderem – neste caso, quem tiver o maior poder ou melhor se utilizar dele levará vantagem; ou
- uma das partes não tem consciência de seu poder e é facilmente dominada pela outra.

Note que, em qualquer situação, é importante conhecer a necessidade ou o interesse da outra parte. Se desconfiarem um do outro, os dois lados usarão o poder de forma antagônica para defenderem suas posições, mesmo sem ser preciso. Certa vez procurei um companheiro de outra instituição para fazer-lhe uma proposta que beneficiaria igualmente nossas organizações. Antes de ouvir-me, ele se colocou na defensiva e usou sua maior hierarquia para impor uma medida que atendia apenas aos seus interesses. Foi preciso associar-me com uma pessoa com grau hierárquico ainda maior para que eu pudesse ser, pelo menos, ouvido.

Resumindo: se quiser poder, conquiste o maior número possível de suas fontes e aumente a dependência que outras pessoas têm de você. Ao mesmo tempo, para reconhecer indivíduos que têm sede de poder, repare no comportamento: eles se esforçam para deixá-lo dependente? Procuram controlar seu acesso a recursos e a ambientes? Se for esse o caso, eles querem estender poder sobre você. Abra o olho!

4.3. Lições Aprendidas

Lição 1 - PRINCÍPIOS DO PODER: poder é sempre relativo, poder é imaginário ou real, consegue-se exercer poder sem executar nenhuma ação, poder é sempre limitado, poder existe na medida em que é aceito, o objetivo final do poder não se distingue dos meios, o exercício do poder sempre envolve custos e riscos e as relações de poder são mutáveis.

Lição 2 - IDENTIFIQUE AS FONTES E AS ESFERAS DE PODER.

Lição 3 - ADQUIRA FONTES DE PODER.

Lição 4 - USE PODER PARA: impor sua vontade sem negociar; exercer influência, de maneira que o resultado da negociação o favoreça; diminuir a dependência em relação à outra parte; ou impor as condições para que a negociação ocorra de maneira justa e transparente.

CAPÍTULO 5

Como Exercer Influência

"Ao lidar com pessoas, lembre-se de que você não está lidando com criaturas de lógica, mas criaturas de emoção."

Dale Carnegie

Se o poder é a capacidade de impor nossa vontade, a influência – do latim *influentia* – é o exercício dessa capacidade, visando modificar atitudes, cognições e comportamentos (BARRY, 2001). Para exercer influência sobre outras pessoas, o negociador da Sociedade do Conhecimento deve buscar o controle de uma ou mais fontes de poder. A partir de então, prepara **argumentos** capazes de convencer a outra parte a aceitar suas propostas ou a atender suas necessidades.

Para que nossos argumentos tenham algum poder de convencimento, duas condições devem estar presentes na outra parte: **capacidade de entendimento** e **motivação** (SILVEIRA, 2004). Como em qualquer comunicação, os argumentos devem ter sua linguagem ajustada ao repertório lingüístico-cultural do receptor. Posso ser um doutor em Engenharia de Computação, mas se empregar somente termos técnicos para convencer um gerente comercial – sem formação em informática – a adotar uma determinada solução, não terei sucesso. Se o gerente não entender o que eu disse, minha argumentação será um fracasso, por mais que a proposta seja pertinente.

92 | Negociadores da Sociedade do Conhecimento

Pois bem. Imaginemos que eu preparei minha mensagem com palavras que ele compreenda. Se eu, paralelamente, não basear minha argumentação em assuntos que lhe interessem, também não obterei sucesso, pois o gerente não terá motivação para me ouvir. Aqui entram nossas crenças e estados emocionais. Segundo Vroom (1964), a **motivação** é gerada quando desenvolvemos crenças que relacionam uma ação a um desempenho e esse desempenho a uma recompensa. Quanto mais valor dermos à recompensa, maior a motivação[1]. Vamos explicar. O gerente comercial pode acreditar que para aumentar as vendas, nenhuma parafernália eletrônica é capaz de substituir o contato direto e pessoal entre vendedor e cliente. Para ele, quanto mais contatos fizer um vendedor (ação) mais vendas serão fechadas (desempenho) e quanto maior volume de vendas, maiores as comissões (recompensas). Como ele acredita ser capaz de fazer com que seus vendedores estabeleçam muitos contatos pessoais e assim obter sua recompensa, ele terá grande **expectativa** de alcançar o resultado desejado. Além do mais, como ele dá muito valor à comissão, quanto maior ela for, mais motivado estará para se empenhar em sua tarefa. Para ser motivador, portanto, um argumento deve ser capaz de alinhar-se às crenças do gerente comercial, criando expectativas positivas; além de oferecer-lhe uma recompensa atraente que valha o esforço dedicado. Outro caminho consiste em gerar uma nova crença, possível de ser alcançada, que alimente expectativas positivas mais intensas do que as atuais. Sobre esses elementos deve atuar a persuasão.

5.1. Persuasão Lógica

Enquanto **persuasão** é o ato de convencer, **lógica** é o encadeando coerente de idéias, relacionando-se o que é dito com provas do mundo real. Juntando-se os dois conceitos, chamaremos de **persuasão lógica** o encadeamento racional de idéias, expostas de maneira fria e objetiva, com o objetivo de convencer alguém. Sustentar o valor de um bem ou serviço, com o simples argumento de que *"é o melhor da praça"*, isso é uma opinião. Para empregar a persuasão lógica, teríamos que relacionar o valor do bem ou serviço com evidências que o justificassem, como fatos, incidentes, demonstrações, estatísticas e testemunhos.

---

[1] Em termos técnicos, Vroom (1964) utiliza a palavra *valência* para traduzir a importância colocada na recompensa; *expectativa* como sendo a crença de que os esforços estão ligados à performance; e a *instrumentalidade*, como a crença de que a performance está relacionada às recompensas.

– O valor é X porque o produto possui as funcionalidades A, B e C que os concorrentes não têm;

– Nossa creche é mais cara porque temos uma pessoa para cada três crianças. Além do mais, todas as nossas profissionais têm curso superior.

Toda persuasão lógica deve possuir duas características fundamentais: consistência e pertinência. Problemas de **consistência** ocorrem quando fazemos duas afirmações que não podem coexistir no mesmo contexto. Se uma for verdadeira, a outra, necessariamente, deve ser falsa, fazendo com que a pessoa entre em contradição. Isabel, uma vendedora de jóias, certa vez recebeu Marta em sua casa. Ao apresentar o mostruário, Isabel destacou um lindo anel de brilhantes, dizendo que o estava guardando especialmente para oferecê-lo à sua convidada. Minutos depois, chegou outra pessoa interessada em ver o mostruário. Isabel, na frente de Marta, disse a essa nova cliente que tinha uma peça especialmente reservada e apontou para o mesmo anel de brilhantes. Marta identificou e apontou a contradição: *"Ué, esse anel não era pra mim?"*, trazendo constrangimento para Isabel. Outro exemplo de falta de consistência ocorre quando um criminoso diz que no dia 10 às 22 horas estava no cinema e, mais tarde, ainda no interrogatório, afirma que no mesmo dia e horário estava em um restaurante. As duas situações não podem ser verdadeiras.

A **pertinência** diz respeito à relação de um argumento com o contexto ao qual se aplica. A pertinência depende do modelo mental. Certa vez ouvi um pastor pedir que os fiéis pagassem o dízimo. Para justificar o pedido, disse que se os fiéis agissem assim teriam o direito ao amor de Deus e poderiam comprar um terreno no céu. Em meu modelo mental, o pagamento do dízimo não tem nada a ver com o recebimento do amor de Deus nem com a compra de terrenos no céu, apesar desse argumento fazer sentido para outras pessoas. Muitos argumentos são rejeitados porque a outra parte não os considera pertinentes para o contexto. Alimentamos a falta de pertinência quando eliminamos informações importantes que poderiam estabelecer a conexão entre o fato e a afirmação que desejamos sustentar. Veja o exemplo a seguir e reveja o tópico sobre "Como esclarecer modelos mentais", no Capítulo 3.

- **Parte A:** *A data da reunião deve ser alterada porque meu chefe vai viajar.*

- **Parte B:** *E o que tem a ver isso, se ele não vai participar da reunião?*

- **Parte A:** *Eu sou seu único substituto e nossa equipe terá que tomar decisões internas importantes na data que está sendo sugerida. Assim, eu não vou poder participar da reunião.*

No exemplo acima, o primeiro argumento dado por "A" seria rejeitado, pois "B" não via como a viagem do chefe de "A" poderia interferir com a data da reunião. A parte "B", porém, teve o bom senso de tentar entender o argumento de "A", que depois da explicação tornou-se muito mais convincente.

Argumentos fortes estão relacionados de forma inquestionável com fatos que os comprovam. Têm a capacidade de criar uma resposta positiva em quem os recebe, principalmente se forem convergentes com os valores e modelos mentais do receptor. Conseguem neutralizar contra-argumentos e provavelmente criarão uma mudança de atitude na outra parte. Repetir o argumento sob diferentes pontos de vista aumenta seu poder persuasivo. Por outro lado, interromper sua seqüência lógica diminui a efetividade de convencimento.

- **Caso 1:** *O que está dizendo não é verdade. Tenho em mãos um relatório, assinado por você, onde se afirma exatamente o contrário.*

- **Caso 2:** *O reajuste de 10% se justifica porque há cinco anos nossa classe não tem aumento salarial. A inflação no período foi de 12%. Além do quê, todas as demais categorias tiveram seus vencimentos reajustados, no ano passado, nos mesmos 10% que estamos solicitando, conforme consta nos extratos do Diário Oficial que tenho em mãos. Nessas condições, por que nossa reivindicação não pode ser atendida?*

Argumentos neutros têm relação com o mundo real mas esse relacionamento é dúbio ou sujeito a contestações. Geram respostas cognitivas pouco comprometidas com o resultado desejado, ou seja, não geram mudanças de atitude e podem fazer com que o receptor se concentre mais em questões emocionais do que na argumentação lógica ao qual está sendo submetido.

- **Caso 1:** *O que está dizendo não é verdade. Fulano me contou que viu um relatório em que se afirmava exatamente o contrário.*

- **Caso 2:** *O reajuste de 10% se justifica porque nossas famílias estão passando fome. Não conseguimos mais viver nessas condições. Você prometeu que nos daria esse aumento. Não está cumprindo com sua palavra.*

Argumentos fracos produzem pensamentos negativos em resposta à mensagem persuasiva, não só impedindo a mudança de atitude, como podendo criar um efeito contrário ao pretendido, reforçando o ponto de vista oposto.

- **Caso 1:** *O que está dizendo não é verdade. Todo mundo sabe que você é mentiroso.*

- **Caso 2:** *Queremos o reajuste de 10%. Assim vocês podem provar que não estão perseguindo nossa categoria e querendo acabar com ela. Todo mundo teve aumento, só a gente ficou de fora.*

O uso de argumentos é potencializado se quem os aplica possui poder pessoal. Se você, na empresa em que trabalha, é especializado em redes, com certificação na Microsoft, por exemplo, sua argumentação sobre um problema que envolva a transmissão de dados entre computadores será mais bem aceita do que a proveniente de um leigo no assunto. Se você já possui algum tempo na empresa e adquiriu o respeito de outras pessoas (poder referencial), sua palavra será lei.

Utilize apenas a quantidade suficiente de argumentos para persuadir a outra parte. É preferível sustentar um único e forte argumento do que se sujeitar a usar vários e descobrir, no meio do caminho, que um deles não é tão forte como você esperava (RACKAM; CARLISLE, 1976). A outra parte vai apoiar-se justamente no elo mais fraco, fazendo dele sua base de sustentação e podendo, inclusive, atingir sua credibilidade.

A persuasão lógica é usada para criar, sustentar, ajustar ou destruir racionalmente as crenças de um indivíduo. Ela somente será eficaz se os argumentos atingirem diretamente as crenças. Mas não é só isso. O mesmo argumento lógico, por melhor que ele tenha sido elaborado, será mais persuasivo para uns do que para outros. Isso ocorre devido às diferenças de temperamento das pessoas, que filtram a realidade de acordo com suas características pessoais.

5.1.1. Temperamentos e Metaprogramas

Quando abordamos os fatores que influenciam na formação dos modelos mentais, fizemos referência a quatro tipos de temperamentos – sangüíneo, melancólico, fleumático e colérico – idealizados por Hipócrates e aperfeiçoados ao longo dos anos. Vimos que cada temperamento agrupa certas características comportamentais, tornando parecidas as pessoas que pertencem ao mesmo grupo. A psicóloga Leslie Cameron-Bandler, uma das precursoras da Programação Neurolingüística, observou essas características em seus pacientes, estudou-as isoladamente e passou a chamá-las de **metaprogramas**.

Os metaprogramas[2] mostram como os seres humanos organizam as informações em sua mente, tomam decisões e se relacionam com o mundo ao redor. Selecionaremos os mais relevantes para que os negociadores da Sociedade do Conhecimento possam personalizar seus argumentos, de acordo com as características da pessoa com quem tenham que negociar.

Antes de prosseguir, porém, vale a pena ressaltar que nenhuma característica representada pelos metaprogramas é boa ou má, por si só. O que a torna conveniente ou não é a intensidade com que é utilizada. O metaprograma **Atenção aos Detalhes**, por exemplo – relacionado com a quantidade de informação que as pessoas usam para tomar decisões – somente é produtivo quando utilizado de maneira equilibrada. De um lado estão aqueles que buscam informações genéricas, querendo ter apenas uma idéia geral da situação. Do outro, encontram-se os que gostam de lidar com informações específicas e pequenos detalhes. É como se entre duas pessoas, olhando para uma floresta, uma reparasse na grandeza da floresta e a outra na beleza das folhas das árvores. Fora da faixa produtiva encontramos os extremos. Pessoas avessas a detalhes tendem a não apresentar trabalhos com a qualidade esperada, enquanto as extremamente detalhistas são consideradas "picuinhas", gastando muita energia na tentativa de atingir a perfeição (Figura 19).

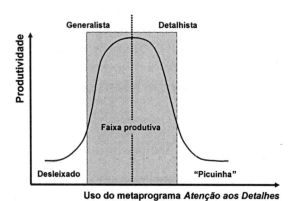

Figura 19 - Intensidade no uso de características pessoais.

---

[2] Nos anos 80, Roger Bailey (1980) desenvolveu um questionário para identificar 14 metaprogramas. Posteriormente, Bodenhamer e Hall (1997) expandiram esse trabalho e identificaram 51. Edward Reese e Dan Bagley (1988) foram os primeiros a aplicar os metaprogramas às vendas (*apud* Pacheco, 2001).

O ideal é permanecer na faixa produtiva, estando atento aos detalhes ou preferindo informações genéricas, de acordo com a necessidade. O problema é que certas pessoas apresentam características fortemente predominantes ou totalmente inibidas. Isso faz com que elas tenham dificuldade para se comportar de forma flexível, mesmo que a situação assim o exija. Sofrerão da chamada falta de "jogo de cintura", não por escolha pessoal, mas por circunstâncias que a vida lhe impôs ao moldar-lhe sua forma de ser e de agir. Vamos aos metaprogramas.

5.1.2. Metaprograma: Direcionamento da Motivação (Evitar e Obter)

As ações humanas são disparadas e mantidas pela combinação de dois fatores: a *necessidade de evitar a dor* e o *desejo de obter prazer*. Dependendo de como as crenças estão estruturadas, algumas pessoas se tornam mais suscetíveis a argumentos que as levem a **evitar** algo negativo, incômodo ou prejudicial; enquanto outras são mais sensíveis aos que a ajudem a **obter** algo positivo, desejável ou prazeroso (SÁBAT, 2004). Observe os exemplos abaixo:

Linguagem de evitação	Linguagem de obtenção
O produto não é caro.	*O produto tem um bom preço.*
Essa água não contém impurezas.	*Essa água é pura.*
Esse remédio evita a digestão lenta.	*Esse remédio facilita a digestão.*
O tecido não desbota.	*O tecido mantém as cores originais.*

Para tornar nossas mensagens mais persuasivas, devemos observar como a outra parte se comunica e identificar se ela emprega mais expressões de evitação ou de obtenção, ajustando nossos argumentos de acordo com o receptor. Em caso de dúvida, apresente o argumento sob os dois pontos de vista.

– *Esse produto tem um bom preço, não é mesmo? Ele realmente não é caro.*

– *Olhe este tecido, ele não desbota, mantém as cores originais.*

98 | NEGOCIADORES DA SOCIEDADE DO CONHECIMENTO

Pessoas que buscam o prazer se sentem motivadas quando têm que atingir metas, focando sua atenção nos resultados. Quando manifestam esse comportamento de forma extrema, perseguem com tanta intensidade seus objetivos que deixam de reconhecer situações indesejáveis e identificar problemas (PACHECO, 2001). Para negociar com elas, utilize palavras ligadas ao prazer: *ganho*, *obtenção*, *prêmio* e, principalmente, a preposição *para*:

– *Se você fizer isso vai obter reconhecimento público.*

– *Nós alteramos a proposta para atender melhor suas necessidades.*

Os indivíduos que se afastam de situações indesejáveis procuram impedir que certas coisas aconteçam ou se precavêm para não serem afetados. Preferem evitar castigos a obter recompensas. No comportamento extremo, esquecem as prioridades e direcionam sua atenção para lidar com as crises. Freqüentemente perdem oportunidades, gastando demasiado tempo para analisar possíveis problemas (PACHECO, 2001). Com esses, empregue palavras como: *cuidado*, *riscos*, *problemas*, *ameaças* e, principalmente, *não* e *senão*.

– *Você precisa fazer isto, senão terá problemas para pagar as contas ao fim do mês.*

– *Você não gostaria de perder o dinheiro investido em nosso negócio, não é mesmo?*

5.1.3. Metaprograma: Atenção a Detalhes (Genérico e Específico)

Vimos que este metaprograma está relacionado com a quantidade de informação que as pessoas usam para tomar decisões. Algumas se contentam apenas com informações superficiais, outras com os detalhes, mas o normal é que adotem inicialmente o comportamento predominante para depois migrarem para seu oposto. Os genéricos, por exemplo, costumam ser **dedutivos**: primeiro observam o todo para depois entender as especificidades. Os detalhistas, por outro lado, são **indutivos**: partem dos detalhes para compreender o todo (PACHECO, 2001).

Os generalistas compreendem a idéia geral, mas apresentam dificuldade para responder questões detalhadas. São normalmente superficiais, por receio de confundirem seus interlocutores ou evitar contestações e conflitos. Preferem sumários e resumos, conceitos, abstrações e frases simples. Para influenciar, restringem-se aos pontos mais importantes das idéias e apresentam um resumo geral da situação.

Como negociadores, se usamos muitos detalhes para argumentar com um generalista, ele se torna impaciente, deixando de prestar atenção no que dizemos. Devemos nos concentrar no objetivo maior do projeto e permanecer no plano conceitual, entrando em detalhes à medida que formos solicitados.

Os detalhistas, por outro lado, se concentram tanto nas especificidades, que costumam esquecer o objetivo final. Suas histórias são longas. Como ouvintes, perguntam sobre questões supérfluas. A maioria dos conflitos ocorre por discordarem das pequenas partes. Se alguém lhes apresenta argumentos genéricos, ficam aborrecidos e se queixam que a pessoa está sendo vaga ou que o conteúdo é irrelevante. Ao negociarmos com alguém assim, devemos preparar nossos argumentos com grande riqueza de detalhes e reservar bastante tempo em nossa agenda.

5.1.4. Metaprograma: Envolvimento Emocional (Dissociação e Associação)

A intensidade com que vivenciamos nossas experiências varia conforme o distanciamento emocional que mantemos delas, independentemente de as estarmos passando (presente), lembrando (passado) ou imaginando (futuro). Esse distanciamento é chamado de dissociação. Quanto mais dissociados, mais alheios somos aos resultados que as emoções nos produzem (PACHECO, 2001).

Os **dissociados** vivem a experiência como quem assiste a um documentário. Adotam a posição de juiz, cirurgião ou professor. Os fatores emocionais de um evento são objetos de análise, não de vivência. O negociador dissociado vê, ouve e sente a experiência como se estivesse "de fora". É o comportamento defendido pela escola de negociação de Harvard (URY, 1993). É uma posição altamente profissional, já que permite uma análise fria e isenta da situação. O dissociado tem uma postura normalmente distante, calma, quieta, pensativa; faz julgamentos e toma decisões de forma impessoal e objetiva, com base em critérios.

Os **associados**, por outro lado, vivenciam a situação, independente de serem os atores principais ou simples expectadores. Vêem, ouvem e sentem a cena. Fazem julgamentos e tomam decisões subjetivamente, com base em suas experiências e no impacto emocional que essas escolhas causam em si e nos outros. A associação permite conhecer melhor as emoções e intuições do interlocutor, facilitando o vínculo de relacionamento.

100 | NEGOCIADORES DA SOCIEDADE DO CONHECIMENTO

Quando dissemos que um negociador deve manter o equilíbrio emocional, no Capítulo 2, estávamos nos referindo à necessidade de equilíbrar os comportamentos associativos e dissociativos. Pois se é importante estar associado para estabelecer vínculos de relacionamento e captar os sentimentos das pessoas, é igualmente importante dissociar-se para analisar objetivamente os argumentos e tomar decisões racionais.

A maioria das pessoas permanece na faixa produtiva deste metaprograma, alguns mais voltados para a emoção, outros, para a razão. Até agora vimos somente como persuadir com base em argumentos lógicos. Para lidar com a maior parcela das pessoas com quem iremos negociar, no entanto, temos que entender como envolvê-los emocionalmente.

5.2. PERSUASÃO EMOCIONAL

Na persuasão emocional, atingem-se as crenças inconscientes da outra parte por meio de sentimentos de amizade, piedade, solidariedade, reconhecimento, gratidão e obrigação moral. É muito utilizada no meio publicitário. Ela trabalha com necessidades psicológicas, despertando-as e direcionando-as para determinado objetivo. Observe o trecho abaixo, extraído de um sítio na Internet.

"Torne-se independente financeiramente e escolha como viver!

Você pode morar onde quiser, na casa de seus sonhos, dirigindo o carro que escolher e, ainda, com mais tempo para fazer o que gosta. O melhor de tudo é que você pode conseguir isto em poucos anos, trabalhando a partir de sua casa, perto de sua família.

Use seus próprios olhos. Escute seu próprio coração. Decida você mesmo aonde quer chegar. Quando outros fazem isso por você, a recompensa nunca será sua. É preciso fazer alguma coisa... O sucesso é apenas conseqüência das suas atitudes. Veja o exemplo de A. J. L.

'Já faz mais de 8 anos que venho procurando maneiras de ganhar um dinheiro extra na Internet para complementar minha renda. Já entrei em tudo quanto é tipo de programa que se possa imaginar. Já gastei milhares de horas na frente do computador e já investi muito dinheiro, e na grande maioria dos casos só fiquei

Capítulo 5 – Como Exercer Influência | 101

frustado. Até que, no ano passado conheci este negócio. Achei simplesmente fantástico, pois realmente funciona! Até agora já ganhei mais de R$ 10.000,00. E o melhor de tudo: é totalmente gratuito! Só posso dizer uma coisa: não tem nada que se compare a isso.'

A. J. L.

Aqui começa a realização de seus sonhos. Cadastre-se já! **Somente 25% dos candidatos** *são entrevistados pela nossa equipe e aceitos para trabalhar conosco."*

Observe como são criadas expectativas sobre as necessidades psicológicas de segurança (ter uma casa), realização (casa dos sonhos) e relacionamento social (estar perto da família). O texto pede para que a pessoa decida com base em seus sentimentos internos (coração). Para transmitir credibilidade, apresenta um testemunho (que não se sabe se é verdadeiro). Ao finalizar, depois de criada a expectativa, desafia o leitor e o pressiona para tomar uma decisão, afirmando que somente 25% dos candidatos são entrevistados. Se a pessoa está carente em relação a uma das necessidades mencionadas, ela procurará mais informações.

Depois de criado o envolvimento emocional, as pessoas não pensam nas conseqüências de seus atos e muitos se arrependem mais tarde. O problema é que os comportamentos provocados por uma emoção induzida, sem alterar as crenças que os sustentam, gera uma mudança de atitude superficial e de pouca duração. Certa vez participei da reunião de um desses produtos comercializados na estrutura de Marketing de Rede. A palestra foi tão empolgante, que as pessoas, ao final, perguntavam onde deviam assinar. Eu quase me tornei um membro, mas decidi esperar. No dia seguinte, pensei melhor e resolvi fazer algumas pesquisas. Ao questionar qual era o suporte técnico ou a garantia do produto, a maioria das pessoas que contatei diziam que isso era irrelevante. O importante era o ganho. Se você argumentasse de forma contrária, era crucificado, considerado um cego que não conseguia ver as vantagens do negócio.

Por mais que tentasse contra-argumentar, dificilmente eu teria sucesso. Por quê? Quanto mais envolvida emocionalmente uma pessoa está com determinado assunto, maior sua predisposição para rejeitar os argumentos que não se encaixem em seu modelo mental. Vejamos outro exemplo. Suponha que você mora em um condomínio fechado, e na assembléia geral de condôminos foi colocado em discussão um item que permite aos moradores possuírem *pit bulls* em seus quintais. Se você nunca teve um

102 | Negociadores da Sociedade do Conhecimento

incidente com cachorros, poderá aceitar o item sem grandes restrições, mas se o seu filho já tiver sido mordido por um bicho desses, resultando em mais de 100 pontos cirúrgicos em seu couro cabeludo, como o meu, você certamente se oporá à idéia e a uma série de soluções que não atendam suas necessidades específicas de segurança. Você estará emocionalmente envolvido com o assunto e sua tolerância a acordos que não atendam suas necessidades será muito baixa. A predisposição de rejeição será bem ampla.

A persuasão emocional ocorre ao se associarem emoções com a idéia que desejamos transmitir. Podemos utilizar os seguintes mecanismos psicológicos na persuasão emocional: curiosidade, expectativa, contraste, reciprocidade, coerência e associação.

5.2.1. Curiosidade

A curiosidade é inata ao ser humano. Todos nós temos o instinto de conhecer o ambiente a nossa volta. Quando percebemos algo desconhecido somos impelidos a investigá-lo. Bons negociadores utilizam a curiosidade para despertar a atenção da outra parte, motivando-a, pelo menos, a ouvir o que se tem a dizer.

Para que ela seja utilizada de maneira eficaz, no entanto, a forma como estruturamos os argumentos passa a ser determinante. Revélar a posição, para depois explicá-la, pode fazer com que a outra parte ocupe a mente com diálogos internos, preparando a resposta enquanto expomos os argumentos, deixando de prestar atenção no que estamos falando. Por exemplo:

- **Parte A:** *"Vamos enviar fulano."*
- **Parte B:** *"Sou contra a ida do Fulano, porque ele já foi outras vezes e etc etc."*

Se "A" se comportar como a maioria das pessoas, ao ter sua idéia contrariada, começará a gerar diálogos internos para preparar sua defesa, sem prestar atenção nos motivos que levam "B" a se posicionar de forma contrária à ida de fulano. A alternativa de "B" é inverter a estrutura da argumentação, dizendo inicialmente os argumentos, para depois revelar a posição.

- **Parte A:** *"Vamos enviar fulano."*
- **Parte B:** *"Quantas vezes Fulano já foi? Se não me engano etc, etc... Portanto, sou contra a ida dele."*

CAPÍTULO 5 – COMO EXERCER INFLUÊNCIA | 103

A outra pessoa também terá maior tendência a nos ouvir se a argumentação for curta, relacionada com valores, interesses ou ações dessa pessoa, e preparada conforme mostrado nos capítulos sobre modelos mentais, emoções e comunicação.

Da mesma forma que a curiosidade o leva a ler um livro de suspense até o final, para saber quem é o assassino ou como o mistério foi revelado, muitos vendedores, durante uma negociação, apresentam as características do produto, seus benefícios, quem já o comprou, pedem para experimentar, ver, sentir e, mesmo que você lhes pergunte o preço, só o revelam no final. Eles usaram seu interesse, que inicialmente era só o de saber quanto custa, para passar-lhe todas as informações disponíveis e, só então, satisfazer sua curiosidade.

5.2.2. Expectativa

"A motivação gerada por uma expectativa será maior quanto mais valor se dê ao resultado a ser alcançado e maior a possibilidade real desse resultado se concretizar."

Imagine que você foi contratado como representante comercial de uma empresa de aviação. Conhece o mercado aeronáutico e os clientes com os quais se relacionará, mas não tem experiência em vendas (isso ocorre com muitos militares que passam para a reserva). Em determinado momento, você se depara com a possibilidade real de fechar uma venda de 500 milhões de dólares. Sua comissão será de 2 milhões de dólares, o suficiente para viver tranqüilamente pelo resto da vida. A expectativa de ganhar um volume tão grande de dinheiro fará fervilhar suas emoções. O motivará a fazer qualquer coisa (ou quase) para concretizar o negócio. Isso talvez até o atrapalhe um pouco, pois será difícil esconder a ansiedade.

Agora, em vez de ser o vendedor, coloque-se no lugar do comprador desses aviões. Você provavelmente é um dos diretores da empresa, muito bem remunerado, e não ganhará nem um centavo a mais com a transação. Ao se deparar com uma pessoa ansiosa em fechar o negócio, você certamente tiraria proveito do estado emocional dela, obtendo concessões importantes, não é mesmo? Mas o que motivaria você, como comprador? A possibilidade de ser bem visto pelo conselho de acionistas? Reconhecimento público no mercado aeronáutico?

Este é um caso hipotético, usado como ilustração. As empresas que comercializam produtos de alto valor ou em grande escala, ao invés de pagarem os vendedores por comissão proporcional ao montante da transação, remuneram-nos com um gordo

104 | Negociadores da Sociedade do Conhecimento

salário somado a uma comissão fixa. Isso diminui a expectativa e a conseqüente ansiedade gerada por negócios dessa natureza.

A expectativa talvez seja o mais poderoso entre todos os mecanismos de influência emocional. Como vimos anteriormente, nossos pensamentos têm o poder de gerar sensações. Quando existe um objetivo a ser alcançado que possa nos trazer grandes benefícios, quanto maior o benefício pessoal percebido e maior a probabilidade de ser alcançado, mais motivados nos sentiremos para persegui-lo. Nós não pensamos no produto ou serviço em si, mas nos benefícios que nos serão proporcionados. Esse é o segredo, pensamos nos **benefícios**, ou seja, em como nos será útil, como nos fará mais bonitos e charmosos, como seremos mais reconhecidos...

Os benefícios são largamente empregados nas propagandas na televisão, em revistas, cartazes ou no cinema. Quanto mais envolvente for a imagem criada em sua mente, a sensação vivida por seu corpo ou o som que embala seus pensamentos, com detalhes que pareçam fazer essas sensações parecerem reais, maior a motivação gerada e o impacto da mensagem persuasiva. Principalmente se os benefícios forem bem definidos.

Prepare seus argumentos de maneira a inserir os benefícios que a outra parte terá ao aceitar a posição, o produto ou serviço que você lhe está oferecendo. Combine essa estrutura com a apresentada anteriormente, colocando os benefícios antes de apresentar sua posição e terá um poderoso efeito persuasivo. Por exemplo:

– Esta mala de viagens é realmente especial, veja quantos compartimentos para você guardar sua roupa. Ela é leve, prática... Quando você viajar de avião, não precisa despachá-la, pode levá-la no compartimento de bagagens da cabine. Experimente carregá-la um pouquinho. Viu como não pesa quase nada? Seus amigos vão ficar com inveja. Faremos um preço especial para você.

Os **desafios** operam sob um mecanismo semelhante, fazendo-o imaginar uma sensação de conquista, superação e poder. Ao lançarem-lhe um desafio, você imagina como será após tê-lo alcançado ou como a pessoa que o lançou se sentirá a seu respeito. Esses sentimentos o impulsionarão no sentido de alcançar o objetivo proposto.

Já a **escassez** atua no aspecto negativo. Depois de você haver criado a expectativa em relação à compra de um carro, por exemplo, sentindo prazer quase real de tê-lo

CAPÍTULO 5 – COMO EXERCER INFLUÊNCIA | 105

dirigido em seus pensamentos, vem um vendedor e lhe diz que aquele é o último do estoque e há um outro cliente interessado nele. Só de imaginar que você vai perder aquele carro tão gostoso, bonito e cheiroso você quase tem um troço. Pois bem, você compra o carro e cai na armadilha do vendedor, pois na verdade não existe ninguém mais interessado no veículo.

A expectativa, no entanto, é uma faca de dois gumes. Se conseguimos criar forte expectativa na outra parte, mesmo mostrando-lhe todos os possíveis aspectos negativos[3], o negócio estará praticamente fechado; mas se a expectativa se apoderar de nós, estaremos vulneráveis emocionalmente e mais sujeitos a realizar grandes concessões.

5.2.3. Contraste

"Quando dois itens forem relativamente diferentes um do outro, veremos como são ainda mais diferentes, se colocados juntos no tempo ou no espaço" (HOGAN, 1998).

O recurso é largamente empregado por comerciantes, ao venderem um item caro e depois oferecerem outro de valor relativamente muito mais baixo, como quando se compra um carro e na hora de retirá-lo da concessionária são oferecidos tapetes e outros pequenos acessórios; funcionários de grandes lanchonetes anotam seu pedido e *depois* sugerem uns biscoitinhos, aumentando o valor da venda em 10%. Nesses casos, como você já se comprometeu com o montante maior, não se importará em pagar um pouquinho mais para obter maior comodidade, prestígio, sabor ou prazer. Comerciantes experientes sabem disso e usam esse recurso como tática de venda.

Esse princípio também pode ser usado quando alguém lhe apresenta dois produtos diferentes. Um deles é mais bem acabado, mais vistoso e mais comentado, o outro é mais maltratado, mal embalado e mostrado com comentários discretos. Se sua análise não for racional, nesse momento, suas emoções o levarão a escolher aquele que melhor envolveu os seus sentidos, independente do conteúdo lógico. Isso vale para pessoas, idéias, produtos, serviços, animais, projetos etc.

Quer tornar sua argumentação emocional mais poderosa? Combine as técnicas anteriores com a do contraste, fornecendo mais de uma opção à outra parte, dando mais ênfase naquela que pretende que seja escolhida.

---

[3] Lembre-se do Pêndulo Emocional, visto no Capítulo 2.

106 | Negociadores da Sociedade do Conhecimento

5.2.4. Reciprocidade

"Quando alguém lhe dá alguma coisa de valor, você reage, imediatamente, com o desejo de retribuir com outra coisa" (HOGAN, 1998).

Esse princípio é estabelecido, informalmente, em nossas relações sociais, baseado em valores adquiridos desde a infância. Sempre nos disseram que deveríamos retribuir coisas ou sentimentos e efetivamente ficamos mal quando, em um ambiente onde as pessoas trocam presentes, por exemplo, recebemos um agrado sem dar nada em troca; quando somos convidados para um jantar e nos sentimos na obrigação de retribuir o convite; quando pedimos um favor e ficamos "devendo" outro em troca; ao darmos uma gorjeta ao garçom em troca de seus serviços etc.

O cuidado que devemos ter é com o sentimento de "ficar devendo" à outra pessoa, depois dela haver-nos feito um favor. Se nutrimos esse sentimento de forma consciente, por livre e espontânea vontade, tudo bem, caso contrário, essa sensação pode estar sendo induzida para atender exclusivamente aos interesses da outra parte.

Em negociações, essa necessidade de retribuição também pode resultar em um ambiente positivo. Quando alguém lhe faz o bem, ajudando-o despretensiosamente, você começa a agir com essa pessoa também de forma prestativa, praticando o bem. Quando você sorri para alguém, com sinceridade, normalmente é correspondido; quando se interessa pelos outros, os outros se interessam por você; quando é simpático, os outros lhe são simpáticos. Hélio, meu sogro, conhece bem esse princípio. Ele não mede esforços em ajudar as pessoas. Para ele não há tempo, horário ou falta de dinheiro que o impeça de colaborar com alguém em caso de necessidade. Em compensação, quando deseja ou precisa de alguma coisa, não lhe faltam braços e ombros amigos colocados a sua disposição.

O princípio da reciprocidade fundamenta a essência da negociação: a troca (ou barganha). Em um ambiente de vendas, quase todos os benefícios são simplificados e reduzidos a valores monetários, mas vimos que isso não satisfaz todas as pessoas. Em ambientes corporativos ou em conflitos, a maioria das coisas que vão ser negociadas não tem nada a ver com dinheiro.

O que, então, pode ser efetivamente trocado? O que podemos oferecer ao outro lado para que ele aceite nossos argumentos com maior facilidade? O desconhecimento das possíveis moedas de troca prejudicam o desempenho dos negociadores, limitando suas opções para fechar um acordo.

Capítulo 5 – Como Exercer Influência

O segredo consiste em não focar a atenção somente em bens tangíveis, como produtos e serviços, mas também nos intangíveis, aqueles que não podem ser tocados, como atenção, reconhecimento, apoio e tantos outros relacionados com as necessidades psicológicas do indivíduo.

Suponha que o senhor Pereira (nosso velho conhecido) lidere um projeto para implantar um sistema de Gestão do Conhecimento em sua companhia. Seu grupo é formado por ele, pela senhora F.Olga da Silva – do departamento de Pessoal – e pelo senhor Tenório, subordinado diretamente ao senhor Pereira.

O relacionamento de Pereira com o senhor Tenório é respeitoso e cordial, pois este se encontra dentro da esfera de poder de seu chefe e sabe que se pisar na bola pode ser despedido, mas isso não garante sua total submissão. Imagine se o senhor Pereira pedisse ao senhor Tenório para trabalhar durante três finais de semana seguidos, sem hora extra, sem incentivá-lo e, ao final, ao invés de agradecer-lhe ou reconhecer seu esforço, o senhor Pereira ganhasse sozinho todas as glórias do projeto, deixando de dar os créditos devidos a seus colaboradores? Como acha que o senhor Tenório se sentiria? Apesar de estar sob autoridade formal, ele esperava, pelo *princípio da reciprocidade*, receber algo em troca por seu esforço, seja dinheiro, reconhecimento, um simples elogio ou alguns dias de folga. O fato é que algo deveria ter sido retribuído, mas o que, especificamente, dependeria das necessidades do senhor Tenório.

Tabela 2. Unidades monetárias aplicadas em negociações

Moeda	Utilidade
Aceitação / inclusão	Permitir aproximação ou oferecer amizade.
Acesso a ambientes	Permitir o acesso a ambientes.
Apoio pessoal	Dar respaldo pessoal ou emocional.
Aprendizagem	Disponibilizar tarefas que aumentem destreza e habilidade.
Ascensão	Criar condições que ajudem a outra pessoa a obter promoções.
Atenção	Escutar questões e preocupações de outros.
Arrependimento	Mostrar-se sinceramente arrependido por erros passados.
Auto-imagem	Reforçar os valores da outra pessoa e sua identidade.
Auxílio	Ajudar o outro a realizar tarefas.
Compensação	Compensar a outra parte por prejuízos.

108 | Negociadores da Sociedade do Conhecimento

Tabela 2. Unidades monetárias aplicadas em negociações (continuação)

Moeda	Utilidade
Compreensão	Mostrar entendimento de idéias e de sentimentos.
Cooperação	Apoiar tarefas, responder rapidamente e aprovar idéias.
Desculpas	Desculpar-se por erros cometidos.
Doação pessoal	Envolver-se em atividades com grande significado para a organização, clientes ou sociedade.
Envolvimento	Permitir que terceiros participem de atividades.
Desafio	Dar oportunidade para que a outra parte faça coisas difíceis (para ela).
Gratidão	Simplesmente agradecer.
Idéias	Dar idéias que possam melhorar produtos, serviços, processos ou desempenhos.
Importância	Proporcionar um sentimento de importância, de pertencimento.
Informação	Prover conhecimento técnico, organizacional ou de contexto.
Prioridade	Dar prioridade a atividades.
Retidão ética e moral	Fazer o que é correto com um grande grau de eficiência.
Recursos críticos	Economizar ou disponibilizar tempo, dinheiro, energia e emoções.
Recursos em geral	Emprestar ou fornecer materiais e serviços, recursos humanos, ecológicos ou comunicantes.
Reputação	Melhorar a forma como terceiros são vistos.
Reconhecimento	Reconhecer o esforço, o cumprimento de tarefas ou habilidades.
Rede de contatos	Dar oportunidade de relacionamento com outras pessoas.
Visibilidade	Dar oportunidade para que alguém seja conhecido por superiores ou outras pessoas significantes na organização.

Fonte: Adaptado de (COHEN; BRADFORD, 2001)

Já com a senhora F.Olga o assunto é diferente. Ela pertence a outro departamento e não tem se dedicado muito ao projeto, ausentando-se constantemente da equipe para atender aos pedidos de seu chefe imediato. Como o senhor Pereira pode fazer para influenciar a senhora F.Olga e o chefe dela, de modo a que se dediquem ao projeto, mesmo sem ter autoridade formal sobre os dois? A resposta pode estar baseada novamente no *princípio da reciprocidade*. O senhor Pereira pode facilitar o acesso da senhora F.Olga a recursos considerados importantes por ela, dar-lhe visibilidade na empresa, desafiá-la ou cooperar em atividades nas quais ela esteja envolvida e que dificultem sua participação no projeto do novo sistema. Em troca, pediria sua dedicação ao empreendimento.

Cada indivíduo possui necessidades e interesses diferentes, requerendo **unidades monetárias** diferentes. A escolha da moeda de troca errada pode afastar o outro lado, ao invés de atraí-lo para nossa causa. Quanto maior o interesse da pessoa pela moeda de troca, maior a motivação para efetivar a transação. Observe, na Tabela 2, o que pode ser dado às pessoas, em troca do que desejamos, em uma negociação.

Ao preparar seus argumentos, pense no que pode ser dado à outra pessoa, em troca do que você deseja. Não se esqueça, porém, das estruturas anteriores. Primeiro pergunte se a outra parte está interessada nos benefícios X, Y e Z. Deixe-a curiosa, crie expectativas, lembrando de também revelar possíveis aspectos negativos. Se ela se sentir atraída, proponha então a moeda de troca. Essa estrutura, de colocar primeiro os benefícios e despertar o interesse da outra parte, antes de propor alguma coisa, não é fácil de ser incorporada à nossa maneira de ser, mas depois de dominada, verá que é um excelente instrumento persuasivo.

5.2.5. Coerência

"Quando uma pessoa anuncia, verbalmente ou por escrito, que está tomando posição a respeito de qualquer assunto ou ponto de vista, tenderá a defender, veementemente, essa crença, indiferente à sua correção, mesmo diante da esmagadora evidência em contrário. O mesmo ocorre em relação à abertura de precedentes, decorrente de ações anteriores" (HOGAN, 1998).

Como temos necessidade de manter a integridade de nossos valores e modelos mentais, tendemos a sustentar opiniões, posições e pontos de vista manifestados anteriormente, a fim de não criarmos uma dissonância cognitiva. Sócrates se valia desse princípio e elaborava uma série de perguntas cujas respostas da outra parte, para manter a coerência, obrigatoriamente teriam que ser sim... sim... sim... Em dado momento, ele fazia uma colocação com o pensamento que desejava transmitir, fundamentado nas respostas anteriores, de modo que a outra parte não tivesse escapatória e concordasse com ele.

110 | Negociadores da Sociedade do Conhecimento

Em determinadas ocasiões, no entanto, algumas pessoas sabem que estão erradas mas não dão o braço a torcer: por acharem que demonstrarão sinais de fraqueza, por vingança contra a outra parte ou para não abrir precedentes. Cada situação exigirá uma investigação cuidadosa de sua parte, para saber os interesses, necessidades e emoções que estarão por trás da posição adotada. Use as técnicas de comunicação para descobrir as razões da resistência da outra parte.

Se for esse seu caso, ou seja, se perceber que está se posicionando de forma contrária a uma idéia, por razões puramente emocionais, reflita sobre as reais causas que estão provocando esse comportamento. Suas preocupações podem ser usadas como moedas de troca.

Durante uma negociação, esteja atento aos argumentos da outra parte. Se em algum momento descobrir incoerências, escolha o momento e a forma adequados para mostrar ao seu interlocutor que você as percebeu, se isso atender aos seus interesses. Outra forma de fazer uso desse princípio, consiste em gerar um evento aparentemente simples, obtendo a concordância da outra parte para, em uma oportunidade futura, usá-lo como precedente em sua argumentação, a fim de conquistar um objetivo maior. Por exemplo, alguns anos depois de sua criação, o Ministério da Defesa começou a realmente tomar o controle da condução dos assuntos militares e a padronizar diversos manuais de procedimentos e doutrinas, entre as três forças armadas. Para defender os interesses de nossa instituição, muitas vezes pedíamos que determinado conceito, aparentemente pouco importante para o contexto, fosse inserido em um manual. Depois de aprovado, aquele conceito tinha caráter normativo e nos valíamos dele para inserir temas muito mais complexos e de difícil negociação, em outros manuais do Ministério da Defesa. Buscávamos, portanto, abrir precedentes e usar o princípio da coerência para introduzir nossas idéias.

5.2.6. Associação

Temos a tendência a gostar de produtos, serviços e idéias endossadas por atores sociais que apreciamos ou que respeitamos.

O ser humano, normalmente, transfere as emoções que sente por certas pessoas às idéias, produtos, serviços e a outros atores sociais indicados por elas. Se você for bem conceituado em seu local de trabalho, suas idéias tenderão a ser melhor consideradas do que as daquele que está sempre mentindo, enganando os outros ou dizendo coisas

CAPÍTULO 5 – COMO EXERCER INFLUÊNCIA | 111

sem muita certeza. Um indivíduo com má reputação terá que se esforçar muito mais, para convencer alguém sobre um ponto de vista, do que aquele que detém boa imagem. O comentário mais freqüente é do tipo: *"Foi aquele cara quem disse? Então esquece."*

O mesmo ocorre com outros atores sociais. O valor de certas marcas é determinado pela imagem a elas associadas. Marcas como Antártica, Kibon, Embraer ou Força Aérea Brasileira possuem identidade, criada por suas equipes de Marketing ou Comunicação Social ou por seu histórico de relacionamento com a Sociedade. Quando o representante de um desses atores sociais realiza uma ação ou se pronuncia sobre algum fato, a interpretação de sua mensagem é influenciada pela imagem prévia que se tem desse ator social. Você já parou pra pensar qual a imagem da sua empresa ou da instituição em que trabalha? Até que ponto os resultados que vem obtendo nas negociações é fruto de seu esforço ou da imagem da empresa ou instituição que você representa?

Podemos cair em armadilhas provocadas pela associação, como quando um estabelecimento comercial é aberto. Seus dirigentes normalmente promovem descontos e investem em publicidade até fixar e definir uma imagem nos consumidores. Depois de se tornar conhecido pela população como um estabelecimento "bom e barateiro", começa a ajustar gradativamente seus preços aos do mercado. Como sua imagem já está formada na mente das pessoas, elas continuarão a considerá-lo bom e barato por um bom tempo.

Se você já detém uma boa reputação, pode se valer dela para indicar pessoas, produtos, serviços ou fazer colocações que atendam suas necessidades, sutilmente, sem prejudicar a imagem já conquistada. Você tem credibilidade, um patrimônio pessoal de valor imensurável. Se, porém, sua reputação ou a da sua empresa não for boa, trabalhe primeiramente esse aspecto. Como? Construindo um histórico. Use argumentos com sustentação lógica, baseados em evidências e fatos reais; cumpra seus compromissos; considere os interesses das pessoas com quem se relaciona e não somente os seus.

5.2.7. Forma de Apresentar a Argumentação

Mesmo dominando as técnicas mostradas até o momento, um negociador somente apresentará argumentos totalmente convincentes se colocar energia em suas palavras, e transmitir convicção e sinceridade na mensagem.

112 | Negociadores da Sociedade do Conhecimento

Quando falamos de energia, não nos referimos a usar um tom de voz excessivamente alto ou a gritar, mas a mostrar empolgação pelo assunto, vontade de expressar uma opinião ou ponto de vista e determinação em ser ouvido. Apresentar um argumento de maneira tímida não atrai a atenção do outro lado e revela a insegurança de quem o pronuncia.

A convicção e a sinceridade somente são conquistadas quando a pessoa está convencida da veracidade e aplicação de seus próprios argumentos, transmitindo credibilidade. Um vendedor de enciclopédias somente convencerá seus clientes a comprar seu produto se ele mesmo estiver convencido de que o produto é bom. Como negociadores corporativos, convenceremos um grupo de pessoas, em nosso ambiente de trabalho, apenas se acreditarmos em nossas idéias.

Um negociador que argumenta de maneira displicente e vacilante não é capaz de convencer ninguém, pois seu interlocutor normalmente sente a insegurança nas palavras, independente desse interlocutor ser uma criança ou um experiente administrador.

A forma como se estruturam os argumentos também faz diferença sobre o efeito persuasivo, conforme estudos realizados por Hovland *et al* (1953). Ao preparar seus argumentos, tenha em mente e procure seguir as sugestões abaixo:

- apresente sempre os dois lados de uma questão;
- quando prós e contras forem colocados, apresente por último os que deseja ressaltar;
- ouvintes se lembram melhor do final que do começo, principalmente quando não estão familiarizados com o assunto;
- ouvintes se lembram melhor do final e do começo que dos assuntos apresentados no meio;
- conclusões devem ser apresentadas explicitamente, ao invés de serem deixadas por conta do receptor;
- a repetição de uma mensagem conduz à aprendizagem e à aceitação;
- a mensagem que primeiro atende a uma necessidade e proporciona uma forma de satisfazê-la, é mais facilmente lembrada;
- quando duas mensagens devam ser transmitidas, de modo que uma delas seja mais desejada pelo receptor, a desejada deve ser apresentada primeiro;

CAPÍTULO 5 – COMO EXERCER INFLUÊNCIA | 113

- a mensagem que requerer a maior mudança de opinião, será a que produzirá maior mudança de comportamento;

- o aprendizado e a aceitação são otimizados quando a atenção se volta para as semelhanças, ao invés das diferenças;

- a aceitação de um acordo é facilitada quando se manifesta explicitamente o desejo de se alcançar o acordo;

- o acordo de uma questão controversa é facilitado quando a questão é associada a questões cujo acordo possa ser mais facimente alcançado.

Além das sugestões de Hovland, existe, ainda, mais uma dica para trabalhar a forma como nossos argumentos devem ser apresentados, relacionada com o metaprograma Padrão de Autoridade.

5.2.8. Metaprograma: Padrão de Autoridade (Interior e Exterior)

Este meta programa define a referência utilizada para julgar e avaliar situações, pessoas, experiências e idéias. Se a referência vem de dentro de nós, de valores e crenças internos, a estrutura conceitual é dita "interior". Se é baseada em fontes externas, na opinião de outras pessoas, será "exterior".

No Padrão de Autoridade **interior** as pessoas utilizam apenas suas crenças e valores pessoais para avaliar coisas, eventos, pessoas ou a si mesmas. São, portanto, auto-motivadas. Elas têm dificuldade para aceitar opiniões de outras pessoas e idéias discordantes. Quando perguntam a opinião de terceiros, é mais por curiosidade do que para basear suas decisões. Tendem a não fornecer muito *feedback*, quando gerentes. Por confiarem em seus próprios valores, crenças, desejos e gostos, sentem-se independentes, autônomas, confiantes e pró-ativas (PACHECO, 2001). No extremo, são as "donas da verdade" e não ouvem ninguém. Negociadores desse padrão tendem a discutir resoluções e reagem negativamente quando são voto vencido nas questões. Quando criativos, são bons guerreiros na defesa de suas idéias. Não se importam e muitas até gostam de ser minoria. Negociar com pessoas de orientação interna não é fácil, pois elas necessitam chegar às suas próprias conclusões. Não adianta usar argumentos do tipo: *"Todo mundo faz isso"*. Se a motivação interior for proveniente de intuições ou da fé, o convencimento somente ocorrerá por intermédio de uma forte emoção que abale as convicções internas. Se a motivação, por outro lado, for

114 | Negociadores da Sociedade do Conhecimento

proveniente de crenças estruturadas logicamente, siga as orientações da persuasão lógica. Uma vez convencidos, são ótimos aliados.

O padrão de autoridade **exterior** é predominante naquelas pessoas que fundamentam suas decisões sobre o que os outros pensam. Precisam de opiniões alheias e de sugestões sobre as atitudes a tomar. Têm, portanto, uma grande necessidade de *feedback* e podem se sentir perdidas quando lhes falta orientação externa. Preocupam-se com as conseqüências de seus atos. Submetem-se com mais facilidade a normas e à vontade de outras pessoas. No extremo, são uma espécie de "Maria vai com as outras", inseguras e manipuláveis. Normalmente, têm grande necessidade de reconhecimento. Para negociar com alguém assim, mostre como acordos semelhantes foram conduzidos por outras pessoas ou instituições. Use argumentos lógicos, amparados por estatísticas, que representem a vontade da maioria. Sensibilize-as com a repercussão das ações delas sobre outras pessoas.

Indivíduos com padrão de autoridade equilibrado apresentam características externas enquanto não têm crenças ou convicções arraigadas sobre determinado assunto. A partir do momento em que formam uma opinião, passam a orientar-se internamente. Mas mesmo nesse estado, ainda ouvem as pessoas e estão dispostas a alterar suas opiniões, caso os argumentos sejam fundamentados logicamente ou se mostrem alinhados com sua intuição.

5.3. Outras Formas de Exercer Influência

5.3.1. Narrativas, Parábolas e Histórias

Histórias dão vida aos argumentos, atribuindo-lhes personagens, ambientes e contextos. Argumentos assim expressos podem ser mais facilmente compreendidos e lembrados, auxiliando na ilustração de pontos de vista e na fixação de idéias na mente das pessoas. Jesus utilizou parábolas, empregadas até hoje em dia para transmitir seus ensinamentos. Quem não se lembra da parábola do bom samaritano? Alguém tem alguma dúvida da mensagem passada na fábula da cigarra e da formiga?

As histórias extraídas do mundo real, como o caso de testemunhos de experiências vividas, transmitem credibilidade. Dizer que determinado tipo de colchão é caro porque melhora a qualidade de vida, é uma coisa, mas mostrar o testemunho de pessoas que adquiriram o colchão e hoje se sentem melhor, mais bem dispostas e dormindo melhor à noite, é outra completamente diferente. Como idéia geral, não diga que alguma coisa é boa, mostre que é boa, dê exemplos.

Em uma negociação, ilustre seus argumentos com fatos de sua vida, histórias vividas por outras pessoas, exemplos que contenham casos reais que confirmem seu ponto de vista. A narrativa tem o poder de persistir no tempo e na mente das pessoas, trazendo consigo a mensagem que se propõe a transmitir.

5.3.2. Coalizões

O estabelecimento de alianças melhora as condições sob as quais as negociações são conduzidas, alterando o equilíbrio de poder entre as partes. Atores sociais que combinam recursos e trabalham juntos geralmente são mais poderosos – e mais capazes de alcançar seus interesses – do que os que agem isoladamente.

Uma coisa, por exemplo, é defendermos sozinhos uma idéia perante um chefe, outra é contar com a colaboração de companheiros de trabalho ou de pessoas que estejam dentro do círculo de amizades desse chefe. Dependendo das circunstâncias, a idéia talvez nem tenha que ser defendida por nós, podendo ser sugerida por pessoas mais íntimas de quem estamos tentando influenciar.

Para construir coalizões, devemos identificar pessoas que tenham interesses compatíveis com os nossos. Às vezes, isso é fácil mas, em muitos casos, a pessoa deve ser persuadida de que os interesses realmente são comuns e que a aliança trará benefícios mútuos. Esses benefícios podem ser gerados por meio de recompensas, aumentando as vantagens da coalizão; ou forjados a ferro e fogo, acenando para a possível aplicação de sanções, tornando altos os custos de uma recusa à aliança (SPANGLER, 2003b).

Como **benefícios**, uma coalizão nos permite atuar em diversas frentes ao mesmo tempo e aumentar o potencial de sucesso; reunir mais recursos humanos ou materiais, sem os quais um dos membros, agindo isoladamente, não conseguiria lidar com assuntos complexos; incentivar o surgimento de novos líderes; aumentar o impacto de divulgação, pois haverá mais atores sociais com entendimento sobre o assunto e em condições de defender os objetivos a serem alcançados; aumentar o acesso a contatos e relacionamentos; possibilitar maior acesso à mídia; e aumentar as ferramentas para lidar com o conflito, uma vez que coalizões são formadas por atores sociais com diferentes experiências, conhecimento e pontos de vista.

116 | NEGOCIADORES DA SOCIEDADE DO CONHECIMENTO

As coalizões apresentam como **desvantagem** a possibilidade que seus membros tenham a atenção desviada de outros trabalhos; o fato de que a coalizão será tão forte quanto seu elo mais fraco; a possibilidade de ocorrer divergências quando à forma de negociar e de perseguir os objetivos; a possibilidade de que a coalizão entre atores sociais de poder desigual prejudique o mais fraco, futuramente, uma vez que o mais forte vai conhecer melhor suas debilidades; e, ainda, alguns membros da coalizão podem não receber os créditos a que têm direito por seu trabalho, sendo esses créditos monopolizados por uma das partes.

5.3.3. Pressão

Pressão é exercida por meio de ameaças, pedidos, verificações ou lembranças constantes para que se faça o que foi solicitado ou acordado. Quando a pressão é muito grande, ou resultado de uma possível aplicação de sanções, a outra pessoa pode acatar o que é solicitado só para se livrar da pressão. Nesse caso, os resultados são percebidos muito mais em termos comportamentais do que motivacionais, ou seja, a pessoa geralmente cumpre o que é solicitado, sem estar convencida ou motivada para isso.

Em situações em que a pressão é exercida de forma equilibrada, ela geralmente tem efeito motivador, levando as pessoas a aplicarem energia e criatividade para resolver o problema a que se propõem.

5.3.4. Despistamento

No despistamento usamos todos os recursos dos quais possamos lançar mão para retardar atividades, ocultar informações ou desviar a atenção da outra parte em relação aos seus objetivos.

Certas pessoas conseguem esse intento por meio do engodo, induzindo a outra parte ao erro, ao lançar inverdades em relação a fatos, situações, pensamentos ou normas existentes. Constitui um recurso pouco ético, que deve ser evitado ao máximo, mas conhecido, a fim de evitar que seja utilizado contra nós. Uma preparação adequada torna-se especialmente importante neste caso, pois quanto mais se conhecer o ambiente em que negociamos, menor será a chance de sermos enganados.

Para ilustrar esse caso, lembro de certa vez, em 1993, quando morava no Rio de Janeiro. Minha esposa e eu saímos para passear com um casal de amigos, que tinham um filho de 3 anos, na época. Durante o passeio, o menino viu um balão daqueles bem grandes, vendido por um ambulante. O balão tinha pelo menos um metro de diâmetro e foi exatamente isso que chamou a atenção do menino. A mãe comprou o balão e começou a enchê-lo. Para a surpresa de todos, o balão tinha o tamanho normal. Quando o ambulante foi questionado, disse que estava, na realidade, vendendo o pequeno e aquele que tinha na mão era só pra fazer propaganda. Logicamente a transação foi desfeita, depois de algumas discussões.

Outra variante, empregada por indivíduos que dominam o *status quo*, consiste em retardar atividades, deixando o tempo passar e assim fazer com que a situação permaneça da forma como está. O retardo é empregado ao se adiarem reuniões, audiências e votações, ou ao se entrar com recurso para protelar decisões administrativas ou jurídicas.

5.3.5. Sanções

Sanções envolvem o emprego de coerção para se obter o resultado desejado, sendo necessário que se tenha controle sobre recursos coercitivos ou recursos e ambientes dos quais dependa a pessoa em quem se aplica essa tática. Por exemplo, se um adolescente depende da mesada do pai para sair com a namorada, o pai pode coagi-lo a lavar seu carro antes de sair, sob pena de não lhe fornecer o dinheiro esperado. Se um subordinado não atende a uma ordem, podem-se aplicar punições que variam desde uma simples advertência até a demissão. Essa tática, no entanto, não se restringe apenas a ameaças ou retaliações físicas. Pode ser empregada ao vetar-se um projeto, ao negar acesso a recursos, negar auxílio ou cooperação, diminuir privilégios, impedir ascensão, destruir reputação etc (RAVEN, 1992).

Dependendo do contexto, a sanção pode assumir a forma de chantagem, quando, segundo o entendimento jurídico, "alguém tenta extorquir dinheiro ou vantagem econômica de outra pessoa, mediante violência ou grave ameaça" (NEVES, 1991).

5.3.6. Indução Subliminar

Subliminar é qualquer estímulo abaixo do limiar da consciência (CALAZANS, 1992). Atualizando o termo e comparando-o com os estudos apresentados por Goleman (2006), podemos dizer que subliminares seriam os estímulos captados pela via secundária – ou emocional – do cérebro, e não-processados pela via principal e

118 | Negociadores da Sociedade do Conhecimento

racional. Por meio de uma indução subliminar, portanto, levamos o receptor a um estado emocional, sem que ele racionalize ou saiba o motivo que o levou a esse estado.

Esse recurso vem sendo utilizado largamente na indústria cinematográfica, desde seu início. Na Segunda Guerra Mundial, a população alemã foi induzida a odiar os judeus por meio de diversos filmes produzidos por Gobbels, ministro da propaganda de Hitler. Quanto mais sutis fossem as mensagens, mais impacto causavam. Os americanos fizeram o mesmo durante a Guerra Fria, ao mostrar os russos sempre como vilões. A partir de 2000, começaram a apresentar os árabes como terroristas e assassinos, e os latinos como traficantes de drogas ou empregados subalternos, criando estereótipos.

Os Estados Unidos consideram ilícitas certas práticas subliminares, como a projeção vicariana, experimento realizado por Jim Vicary, em 1956, no qual se projetaram mensagens rápidas (não percebidas conscientemente), na tela de um cinema de Nova Jersey. As mensagens para comer pipoca e beber coca-cola foram superpostas ao filme. Como resultado, constatou-se o aumento do consumo desses produtos no cinema (CALAZANS, 1992).

Negociadores podem se valer da indução subliminar ao preparar apresentações de bens ou serviço, usando práticas vicarianas; ao despertar as emoções de uma pessoa, induzindo-a a atender certos desejos; ao colocar uma música de fundo no local da negociação, levando a outra parte a um estado de espírito específico; ao forçar o espelhamento de movimentos para criar empatia com a outra parte; ou ao reproduzir a seqüência de pensamentos que levam uma pessoa a tomar uma decisão, influenciando-a a partir de sua própria estrutura mental (MOINE; HERD, 1988).

5.4. Relação Entre Poder e Influência

Retornando ao exemplo do senhor Pereira e de João, suponha que eles sejam o mesmo indivíduo, tratando-se assim, do senhor João Pereira, com suas fontes de poder somadas. Esse novo superindivíduo terá diversas formas de influenciar outras pessoas. Como diretor de um departamento, pode simplesmente usar a coerção para fazer valer sua vontade, no entanto, pesquisas nessa área indicam que quando alguém tem outras formas mais brandas de aplicar poder, essas devem ser utilizadas, deixando as mais agressivas por último (KIPNIS *et al*, 1980).

Essas discussões envolvem questões como: qual poder ou técnica de influência teria supremacia sobre as demais? A nível teórico poderíamos dizer que isso depende do contexto. Uma pessoa muito forte, que controle o ambiente físico, por exemplo, pode ser sobrepujada por alguém que controle o ambiente político ou psicológico.

De maneira geral, pode-se dizer que as táticas de influência que se guiam pela transparência e pela consideração dos interesses da outra parte têm maiores chances de influenciar **atitudes**, enquanto as que não levam em consideração os interesses alheios, atingem apenas o **comportamento**, sendo necessária vigilância constante para que sejam implementadas.

Outro aspecto: alguns mecanismos de influência requerem o domínio de determinada fonte de poder para serem utilizados. Quando recursos são usados como moedas de troca, uma das partes deve controlar os recursos, serviços ou ambientes que se proponha a trocar com a outra parte. O senhor Pereira, por exemplo, diretor do departamento de Marketing, pode ceder alguns de seus subordinados ao diretor do departamento de Produção se, em troca, este lhe der apoio em seu novo projeto. Pereira deve ter controle sobre seus funcionários para usar esse mecanismo.

Em outros casos, o poder tem a capacidade de agir no sentido de diminuir ou aumentar o efeito de determinados mecanismos de influência. Por exemplo, para que uma solicitação feita a meu chefe seja aceita, posso usar somente a lógica, apresentada de maneira fria e objetiva. Se eu for competente e reconhecido no ambiente de trabalho, com poder pessoal, meus argumentos serão potencializados e a chance de convencer meu superior hierárquico será maior. Se, por outro lado, minha reputação não for boa, talvez o mecanismo mais indicado seja estabelecer coalizões para que um dos aliados apresente os argumentos, em meu lugar.

Outra relação aparece quando uma fonte de poder contribui para o sucesso de uma tática de influência, mesmo que não tenha nenhuma ligação com ela, quando, por exemplo, uma parte possui controle administrativo e disciplinar sobre o ambiente, mas usa táticas de persuasão lógica para convencer um empregado a fazer alguma coisa. O empregado obedecerá, mesmo que não inteiramente convencido, pois conhece as conseqüências do não-cumprimento do que lhe é solicitado.

É possível, ainda, uma pessoa exercer influência em função de seu poder, mesmo sem usar nenhuma tática; como ocorre quando um funcionário faz alguma atividade espontaneamente, sob as condições do empregador, esperando receber uma recompensa em troca (YUKL, 1998).

NEGOCIADORES DA SOCIEDADE DO CONHECIMENTO

Aqui encerramos o estudo das habilidades básicas de um negociador. Adquirimos ou relembramos uma série de ferramentas que nos serão extremamente úteis nas negociações que teremos pela frente. Mas elas, isoladamente, não serão suficientes. Constituem apenas o início de nossa jornada como negociadores da Sociedade do Conhecimento, rumo ao estudo do processo de negociação.

5.5. LIÇÕES APRENDIDAS

Lição 1 - PREPARE ARGUMENTOS MOTIVANTES E COMPREENSÍVEIS.

Lição 2 - APRESENTE ARGUMENTOS AJUSTADOS AOS METAPROGRAMAS DO RECEPTOR.

Lição 3 - USE SOMENTE ARGUMENTOS FORTES.

Lição 4 - PERSUASÃO EMOCIONAL: curiosidade, expectativa, contraste, reciprocidade, associação e coerência.

Lição 5 - PRIMEIRO APRESENTE OS ARGUMENTOS, DEPOIS REVELE A POSIÇÃO.

Lição 6 - IDENTIFIQUE E EMPREGUE A MOEDA DE TROCA DESEJADA PELA OUTRA PARTE.

Lição 7 - FORME COALIZÕES.

Lição 8 - RESISTA A PRESSÕES.

Lição 9 - PRECAVENHA-SE CONTRA O DESPISTAMENTO E A INDUÇÃO SUBLIMINAR.

PARTE 2

O Processo de Negociação

"Negócios baseiam-se em segredo, mas o sucesso tem base na cooperação."

John H. Patterson

Uma negociação se inicia a partir do momento em que existe a **intenção** de negociar. Alberto, diretor comercial de uma distribuidora de agrotóxicos, tem como objetivo expandir o volume de vendas da empresa em 10%, até o fim do ano. Traça um plano e resolve oferecer seus produtos diretamente aos fazendeiros da região. Entre eles está Fernando, proprietário de 300 ha de soja. A negociação, para Alberto, começa a partir do momento em que resolve procurar o fazendeiro, pois terá que se preparar antes de apresentar seus produtos. Para a outra parte, a negociação tem início ao ser procurada e se o que lhe oferecem for de seu interesse. Alberto tem uma meta a cumprir. Para alcançá-la deve oferecer agrotóxicos a Fernando e a outros proprietários de terras. Fernando, por sua vez, tem o interesse de livrar sua lavoura de pragas, e um dos caminhos para atingir esse objetivo é comprando os agrotóxicos de Adriano.

O que impulsiona um ator social "A" são seus interesses, levando-o a mobilizar recursos e iniciar uma jornada a fim de alcançá-los. Se ao longo desse caminho surge outro ator social "B" com o qual "A" tenha que interagir, cria-se um **problema** ou **desafio**, pelo menos até saber exatamente quais são as necessidades e os interesses de "B". O simples uso de técnicas de persuasão talvez seja suficiente para que "A" continue em sua trajetória com ou sem o apoio de "B", mas se o problema se tornar mais complexo, com o aparecimento de posições aparentemente conflitantes entre "A" e "B", ou devido à inclusão de novos atores, uma das ferramentas disponíveis será a negociação.

Uma vez tomada a decisão de negociar, devemos ter bem claros nossos objetivos. Que resultado esperamos obter? Para responder essa pergunta, precisamos conhecer o cenário que teremos pela frente. Como é a pessoa com quem iremos negociar? O que ela precisa? O que ela tem a nos oferecer? Quais as suas limitações? Quais as nossas limitações? As respostas a essas e outras perguntas nos ajudará a formar um grande modelo mental sobre o ambiente que envolve a negociação, também chamado **consciência situacional**.

Ao negociar, os assuntos considerados importantes por um ou ambos os lados darão origem às **questões**, pontos que devem ser debatidos entre "A" e "B" e resolvidos, a fim de que cheguem a um acordo. Quanto mais interesses em jogo, mais questões serão levantadas, aumentando a complexidade da negociação. Em determinado momento, um assunto aparentemente antagônico pode até se tornar um objetivo comum entre as partes, se descobrirem que os interesses apontam para a mesma direção; em outros casos, talvez se chegue a um nível tal de impasse que seja necessária a atuação de outros atores como mediadores ou árbitros para se chegar a um acordo.

Durante a negociação, temos que formar nosso modelo mental ao mesmo tempo em que procuramos conhecer o da outra parte ou mesmo influenciá-lo. Para isso, somos obrigados a usar a comunicação e, paralelamente, gerenciar um grande número de emoções, como expectativas, ansiedade ou rejeição. Temos que procurar atender a interesses e necessidades, navegar pelos caminhos do poder e usar ou contornar táticas de influência.

A negociação termina com o fechamento do acordo ou o rompimento das conversações, mas se estivermos preocupados com nossa reputação ou interessados em manter ou estreitar o relacionamento com a outra parte, devemos contatá-la durante a implementação do acordo. É nessa fase que os argumentos utilizados pelos negociadores são postos à prova.

Tipos de Negociação

Para facilitar o estudo, vamos propor um critério para classificar as negociações, baseado na quantidade de itens a serem negociados entre as partes. Isso nos deixa com dois grupos. No primeiro, existe apenas um item a ser negociado. Essa negociação é chamada **distributiva**. Um montante deve ser distribuído entre as partes, de forma que a conquista de uma representa a perda da outra (RAIFFA, 2002). É como se tivéssemos uma pizza para ser repartida entre três indivíduos. Se um comer mais, outros comerão menos (Figura 20).

Figura 20 - Negociação distributiva.

No segundo grupo, existem dois ou mais itens a serem divididos entre as partes. Suponha que duas pessoas queiram fazer uma confraternização. Suponha que duas pessoas queiram fazer uma confraternização. Uma tem pizzas sobrando na geladeira, mas lhe falta o que beber. A outra possui bebida, mas não tem o que comer. Juntando-se o que as duas têm de sobra, consegue-se fazer uma festa. Nesse caso, um montante principal é acrescido de outras opções que aumentam seu valor inicial, gerando um negócio muito mais vantajoso para ambos os lados. A situação que segue essa postura denomina-se integrativa (Figura 21).

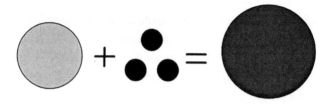

Figura 21 - Negociação integrativa.

AMBIENTE DE NEGOCIAÇÃO

Dois principais ambientes podem ser encontrados em uma negociação: competitivo e colaborativo. No ambiente competitivo (ou ganha-perde), as partes disputam valor entre si. Ele é tipicamente encontrado em negociações distributivas, como quando você vai comprar um objeto de um estranho ou pechincha o valor de um produto qualquer, em uma feira.

No ambiente colaborativo, também conhecido como ganha-ganha, as partes buscam a cooperação, procurando criar novos valores e obter um acordo que atenda a interesses mútuos.

A diferença entre os dois ambientes é ilustrada pelo gráfico da Figura 22. O eixo vertical representa o ganho do vendedor, o horizontal, do comprador. Quanto mais se progredir para a extremidade de cada eixo, maior o respectivo ganho. Na negociação distributiva, as partes disputam valor, em uma atitude competitiva e na qual, quando uma ganha, a outra perde, conforme mostrado pelos pontos A e B. Observe que ao passar de A para B, enquanto o vendedor perde, o comprador ganha. Na negociação integrativa, se ambos os lados se empenharem em criar novos valores, em uma atitude colaborativa, de modo a aumentar o bolo inicial, tanto o comprador como o vendedor ganham, como ilustrado pelos pontos C e D. Neste caso, as partes focam sua atenção nos interesses e não nas posições e buscam soluções que agradem a todos os envolvidos.

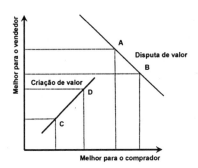

Figura 22 - Criação e disputa de valor.

DILEMA DO NEGOCIADOR

A partir desse critério, surge uma dúvida: quando um negociador deve empregar uma atitude competitiva ou uma colaborativa? Em outras palavras, quando ele deve cooperar, criando valor, ou competir, disputando valor? Se decidir criar valor, aumentando o bolo inicial, como ele desejará, mais tarde, disputar valor e repartir o bolo? A partir de que momento? Em que proporção? Quem contribuir com a maior parcela para aumentar o bolo, deverá ficar com a maior parte?

Essas duas formas de encarar uma negociação, de maneira competitiva ou colaborativa, levam a ambientes e predisposições psicológicas distintas. Pode-se empregar uma ou outra, ou até combiná-las, desde que haja pelo menos um acordo tácito entre as partes, a fim de que a negociação seja conduzida em um ambiente justo. Deixar uma das partes adotar uma postura cooperativa e a outra, competitiva, não é conveniente, pois enquanto se necessita um clima de confiança para criar valor, para disputá-lo gera-se um clima de confronto, com flagrante prejuízo à confiança.

Negociações de vendas normalmente são conduzidas sob um ambiente competitivo, por mais que as partes digam que vão cooperar uma com a outra, pois cada lado defende apenas seus interesses, geralmente convertidos em moeda. Se existirem várias questões em jogo, os negociadores tendem a ser competitivos em cada uma delas. Se os interesses dos atores sociais não forem satisfeitos, o relacionamento entre as partes é interrompido.

Em um cenário corporativo, por sua vez, considerando-se tanto empresas privadas como instituições governamentais, existe sempre um responsável pela condução das atividades. Quando esse responsável assume o papel de líder, estabelecendo objetivos e definindo como seus liderados devem se comportar, toda a organização trabalha alinhada e as negociações internas adquirem um caráter cooperativo ou de criação de valor. Quando não existe uma liderança firme, por incapacidade ou omissão, certas pessoas da corporação começam a disputar poder, defendendo interesses pessoais ou formando grupos. Nesse cenário, surge o ambiente competitivo ou de disputa de valor.

A negociação de conflitos, por outro lado, é geralmente impregnada de forte carga emocional, conduzindo o ambiente para uma situação de disputa de valor. Quando as partes conseguem se desvencilhar das emoções, prestar atenção nos interesses e resolver os problemas de comunicação, os acordos passam a ser possíveis, chegando-se, até mesmo, à criação de valor.

É possível, ainda, que a negociação seja conduzida em um ambiente que mescle as duas posturas, adotando uma atitude competitiva para alguns assuntos e cooperativas, em outros.

Como vemos, o dilema do negociador é minimizado quando passamos a ter consciência do contexto em que a negociação ocorre. Esse é, justamente, o primeiro assunto a ser abordado ao estudarmos o processo de negociação.

Como vemos, o dilema do negociador é minimizado quando passamos a ter consciência do contexto em que a negociação ocorre. Esse é, justamente, o primeiro assunto a ser abordado ao estudarmos o processo de negociação.

CAPÍTULO 6

Consciência Situacional

"Ao falhar em se preparar, você está se preparando para falhar."

Benjamin Franklin

Quando um advogado é competente, faz uma série de perguntas para entender o problema de seu cliente, questionando detalhes que o levem a conhecer as partes envolvidas e a identificar as questões com as quais terá que lidar. Depois de compreender a situação, pesquisa as leis que se aplicam ao caso e analisa os riscos e as conseqüências das possíveis linhas de ação. Quanto mais conhecimento o advogado tiver sobre o ambiente em que atua, mais bem preparado estará para atingir seu objetivo: o de defender seu cliente.

Esse mesmo comportamento é adotado por diversos profissionais, como médicos, psicólogos, consultores e militares. Todos eles procuram realizar um diagnóstico da situação, tomando consciência do ambiente antes de agir.

Um negociador da Sociedade do Conhecimento deve se comportar da mesma forma, se desejar dominar o ativo mais importante e valorizado de sua época: o conhecimento. Inserido em um ambiente que se encontra em constante mudança e repleto de informações compartilhadas em alta velocidade, esse negociador deve ser capaz de selecionar as mais pertinentes e relacioná-las de alguma forma, a fim de extrair o conhecimento de que necessita para tomar seus decisões. Isso evita que utilize argumentos errados, impede que lance propostas que não atendam aos interesses da outra parte ou estabeleça alianças com pessoas que, na verdade, sirvam aos interesses do oponente.

Chamamos esse processo de consciência situacional, adquirida quando percebemos continuamente o ambiente de negociação e reconhecemos a importância de cada elemento percebido em relação aos propósitos e objetivos desejados[1].

O ambiente de negociação é constituído por todos os elementos ligados, direta ou indiretamente, com a negociação, resumidos e ilustrados pela Figura 23.

Cada ambiente apresenta suas particularidades, mas os elementos da Figura 23 sempre estão presentes. Pare e pense em uma situação de compra e venda de bens e serviços, conflito de terras ou projeto corporativo... Em todos os casos haverá:

- um propósito ou objetivo a ser alcançado;
- pelo menos duas partes para negociar (nós e o outro lado);
- questões a resolver (preço, partilha de bens ou acordos);
- um contexto (normas, histórico de relacionamento); e
- riscos a serem considerados (perda de fornecimento ou rompimento das relações).

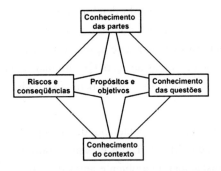

Figura 23 - Ambiente de negociação.

---

[1] O termo consciência situacional é largamente empregado no meio militar para designar a percepção que um combatente deve ter do ambiente em que se encontra. A expressão foi utilizada em alguns artigos sobre negociação (WHEELER, 2006), mas sem um aprofundamento quanto a sua aplicação, como apresentado neste trabalho.

Dissemos que a percepção sobre o ambiente deve ser constantemente atualizada porque, ao longo da negociação, o equilíbrio de poder, o contexto ou os interesses das partes podem ser modificados, obrigando-nos a agir para manter vantagens e evitar surpresas. Um vendedor que deixe de visitar seus clientes por um longo período, ao restabelecer o contato poderá descobrir que a concorrência já tomou seu lugar.

A informação percebida somente é útil se soubermos como ela pode contribuir para que atinjamos um determinado resultado, por isso deve estar relacionada aos nossos propósitos e objetivos. Saber que uma pessoa está precisando vender uma casa, com urgência, somente será uma informação de valor se tivermos o propósito de comprar um imóvel.

A consciência situacional completa é uma utopia, pois sempre há informações que escapam à nossa percepção, que são omitidas ou distorcidas pelos interessados ou que, simplesmente, não temos como acessá-las. A despeito de todas as dificuldades, quanto mais informações possuímos sobre o ambiente, mais bem preparados estamos para negociar.

Mas lembre-se: a informação percebida pela outra parte é mais importante do que a realidade. Durante uma negociação, cabe a nós julgarmos se é interessante ou não que a outra parte pense que temos determinada vantagem, como conhecimento, controle de recursos, alianças políticas ou melhores alternativas. Se isso nos favorecer e não for considerado anti-ético ou ilegal, ótimo, no entanto, devemos corrigir prontamente qualquer percepção incorreta que prejudique o alcance de nossos objetivos.

Para reunir informações, talvez não haja a necessidade de interagir com o outro lado, antes da negociação, mas em muitos casos, um ou mais contatos preliminares serão indispensáveis. Por exemplo, considere a situação de Alexandre, um oficial superior da Força Aérea engajado no processo de aquisição de equipamentos de comunicação para aeronaves de combate. Após receber os requisitos operacionais e a ordem de aquisição dos equipamentos, ele inicia uma pesquisa em revistas especializadas, comparece a feiras de materiais eletrônicos de defesa, consulta especialistas e pesquisa na Internet. Levanta valores de mercado e possíveis fabricantes. Em uma segunda etapa, Alexandre visita empresas e laboratórios, solicita a visita de representantes técnicos e comerciais e adquire uma boa consciência situacional do que existe disponível. Até agora, ele ainda não formalizou o início das negociações, mas interagiu com a outra parte, verificando limites, possibilidades de incluir compensa-

130 | Negociadores da Sociedade do Conhecimento

ções comerciais de transferência de tecnologia no contrato, planos de pagamento e sondando os assuntos que possivelmente se transformarão em questões a serem negociadas. Finalmente, depois de reunir todas as informações de que necessita, Alexandre escolhe um ou dois fornecedores, entre as opções mais vantajosas, se municia de argumentos, estabelece alternativas e parte para a negociação, que pode durar horas, dias ou meses. Note que ele começou a interagir com a outra parte muito antes de formalizar o início das negociações. Desde o início, no entanto, ele tinha um propósito em mente: adquirir equipamentos de comunicação para aeronaves de combate.

6.1. Propósitos e Objetivos

Vimos que somos movidos por necessidades e interesses. Pois bem, quando o ator social envolvido em uma negociação for uma instituição, grupo ou país – ao invés de uma pessoa –, os interesses são chamados de **objetivos**. Assim, empresas e órgãos públicos possuem objetivos estratégicos e operacionais, que direcionam suas atividades. Pessoas também podem traduzir seus interesses em objetivos, como fazem as corporações, isso lhes dará maior clareza de pensamento, confiança e motivação.

Para traçar seus objetivos, um negociador deve pensar seriamente sobre o que realmente quer, não **quanto**, mas o **quê**. Ter lucro é importante, mas não é tudo. Pode-se estar interessado em preservar uma reputação, conquistar a liderança, manter relacionamentos, abrir precedentes, adquirir status, obter independência, adquirir poder... Camp (2004) relata o caso da esposa de um grande empresário que, depois da morte do marido, queria um preço excessivamente alto para vender a parte que lhe cabia nas ações da empresa. Os compradores não entendiam a razão de um valor tão alto, pois a senhora não revelava seus interesses. Depois de muita conversa, descobriram que a viúva queria, de alguma maneira, preservar a imagem do ex-marido e aquelas ações eram a única coisa que, para ela, mantinha vivo o nome do falecido. As partes negociaram então que, em troca das ações por um preço justo, os compradores ergueriam uma estátua em homenagem ao empresário, perpetuando seu nome e sua imagem. O acordo foi fechado.

Se tiver mais de um interesse, prepare uma lista por ordem de prioridade. Certamente haverá interesses considerados mais importantes do que outros. Neste momento, a capacidade de diferenciar entre critérios críticos e desejáveis facilita a priorização. Critérios críticos normalmente traduzem aquilo que **precisamos** ter, enquanto os

CAPÍTULO 6 – CONSCIÊNCIA SITUACIONAL | 131

desejáveis expressam o que **gostaríamos** de ter. Por exemplo, se você é casado e possui dois filhos, como eu, e quer trocar de carro, talvez você precise de um veículo econômico, com um bom bagageiro, que não lhe dê dor de cabeça com manutenção e caiba em seu orçamento. Seria desejável que ele tivesse rodas esportivas, fosse da cor prata e possuísse faróis de milha. Note que se o carro não atender aos seus critérios de economia e espaço no bagageiro (itens essenciais), ele não servirá, ao passo que se for de outra cor ou não tiver farol de milha (itens desejáveis), isso terá pouca influência na sua decisão de comprá-lo.

O tempo dedicado a priorizar interesses e o trabalho despendido para transformá-los em objetivos, fará com que você perceba quais são os objetivos mais importantes e que merecem maior atenção. Tente conseguir todos, mas esteja preparado, pois para conquistar alguns, talvez tenha que abdicar de outros, utilizando-os até mesmo como moeda de troca. Defina suas prioridades e jogue uma carga maior de argumentos e emoções nos interesses que considera mais valiosos, sendo mais tolerante com os demais.

Se desejar ser mais específico, estabeleça **metas**, incluindo prazos e limites, a fim de definir claramente o que deseja. Muitas negociações acabam em um impasse porque as partes não expressam de forma direta e objetiva o resultado que esperam obter. Cada lado supõe que o outro está entendendo ou tem a obrigação de entender o que está sendo tratado e, pior, ficam chateados quando isso não acontece. Para verificar se suas metas são claras, específicas e realistas, procure comentá-las com outras pessoas, antes da negociação. Esse hábito lhe dará confiança.

Metas e objetivos são úteis porque estabelecem os limites dentro dos quais a negociação é realizada; acionam mecanismos psicológicos em nossa mente, fazendo com que nos esforcemos para atingi-los; costumamos ser mais persuasivos quando nos comprometemos com objetivos e metas específicas; e por meio de metas se torna muito mais fácil limitar margens de negociação, avaliar desempenhos ou preparar alguém para nos representar.

Objetivos ou interesses também podem ser gerados a partir de um **propósito** mais elevado. Suponha que você deseje abrir uma empresa. Esse é o fim maior que se propõe a atingir, seu propósito. Para alcançá-lo, vai ter que estabelecer alguns objetivos. Terá, por exemplo, que negociar com fornecedores, clientes, consultores, parceiros. Em cada uma das negociações, você terá objetivos específicos como: obter relacionamentos confiáveis, informações precisas e contratos duradouros, mas o propósito maior de

132 | NEGOCIADORES DA SOCIEDADE DO CONHECIMENTO

abrir a empresa – a força inspiradora de suas ações – deverá estar sempre em mente. Se a negociação com um determinado cliente não der certo, por qualquer motivo, mantenha o foco no propósito.

Uma das atividades do Estado-Maior da Aeronáutica consiste em regulamentar o Sistema de Comando e Controle na Força Aérea. Na época de sua implementação, como o desafio era muito grande, o grupo responsável definiu uma visão de futuro e traçou diversos objetivos estratégicos, abrangendo capacitação de pessoal, integração doutrinária, infra-estrutura etc. Para cada objetivo estabeleceu-se um plano. Para cada plano havia a necessidade de negociar com diversos comandos e departamentos internos, além da Marinha e do Exército. No relacionamento com cada órgão haviam metas a serem atingidas: desenvolver soluções para integrar sistemas de informação, alterar processos, convencer autoridades... Eventualmente, algumas dessas metas não eram atingidas, mas como o propósito – ou visão de futuro – estava bem definido, esperava-se que pessoas fossem transferidas, estabeleciam-se alianças, adaptavam-se metas e mantinha-se sempre o rumo. Os membros do grupo de implantação possuíam grande flexibilidade para manobrar, durante a negociação com cada parte envolvida, pois tinham a convicção de que o propósito seria conquistado e pequenos desvios não comprometeriam o fim esperado.

Se a negociação envolver partes com interesses convergentes, o estabelecimento de um propósito comum, colocado de forma clara e com entusiasmo, faz com que as partes se concentrem no propósito, ao invés de se aterem a detalhes de pouca importância. Era o que ocorria com a implantação do sistema de Comando e Controle. O propósito era tão enfatizado e eram apresentadas tantas ações e idéias para alcançá-lo, que as negociações se resumiam a pequenas correções de forma ou conteúdo. As pessoas envolvidas estavam motivadas a atingir um fim maior.

Mas e se os interesses não forem convergentes? O foco em um propósito faz com que negociemos com vigor os interesses realmente relevantes para que nosso propósito seja alcançado. Por exemplo, Akio Morita, um dos fundadores da Sony, conta em seu livro que quando sua empresa desenvolveu o primeiro protótipo do *walkman*, ele foi aos Estados Unidos para vender o produto. Seu propósito era o de tornar a marca Sony conhecida, seu objetivo: o de encontrar um investidor que lhe permitisse fabricar o aparelho. O presidente de uma cadeia de lojas se dispôs a produzi-lo. Negociaram um bom preço, mas o comprador queria colocar sua própria marca, ao invés de Sony, então pouco conhecida no mercado. Akio Morita se recusou e manteve o foco em seu propósito. Tempos depois, conseguiu um outro investidor e seu produto e sua marca fizeram o sucesso que conhecemos hoje em dia (MORITA, 1989).

Outro ponto de vista para lidar com interesses divergentes é criar um propósito que facilite o alinhamento de interesses. Utilizando novamente o exemplo do vendedor de agrotóxicos, ele deve estabelecer um propósito que atenda à necessidade de vender seus produtos e, ao mesmo tempo, ajuste sua maneira de pensar para compreender melhor a necessidade do fazendeiro: a de acabar com as pragas na lavoura. O propósito de Alberto, portanto, poderia ser:

Auxiliar no desenvolvimento e na preservação de lavouras.

Note que seu propósito não é o de vender produtos de lavoura. Essa forma de encarar a situação limitaria o relacionamento entre Alberto e o fazendeiro. Ao estabelecer um propósito baseando-se nos interesses de ambos os lados, Alberto tem condições de pensar em soluções mais abrangentes, como talvez ampliar sua linha de produtos, propor parcerias a engenheiros agrônomos ou vincular-se a fornecedores de outros produtos e serviços similares. Ele passa a criar sinergia em torno da necessidade de seu cliente, estando preparado para oferecer um leque muito maior de opções.

Um propósito deve ser positivo, voltado para a ação, indicando o norte que deve ser tomado, de maneira que todos possam vislumbrar aonde querem chegar. Um propósito negativo não aponta para lugar nenhum, não motiva e não mobiliza.

Colocado dessa forma, o propósito desempenha exatamente o mesmo papel da missão estratégica de uma empresa. Assim, se você é representante comercial de uma empresa e esta tem uma missão definida, inspire-se nela para estabelecer os contatos com seus clientes e criar um clima colaborativo, ao invés de encarar a situação como uma simples compra e venda. Isso lhe dará direção, sentido e flexibilidade.

Mas o que acontece se você não tiver um propósito bem definido? Invente qualquer um, mesmo que não seja lá essas coisas. "Se você não trabalhar para atingir seu propósito, trabalhará em prol do de outras pessoas" (CAMP, 2004). Você pode até contribuir para que outra pessoa atinja seu propósito, mas se essa contribuição não ocorrer conscientemente, você estará investindo mal seu tempo, ou pior, talvez sendo manipulado.

Os propósitos e objetivos podem ser estabelecidos antes ou durante a aquisição da consciência situacional. É possível que inicialmente sejam genéricos e vão se

6.2. Conhecimento das Partes

O general chinês Sun Tzu, no século V aC, afirmou:

"Se você conhece o inimigo e se conhece, não precisa temer pelo resultado de cem batalhas. Se você se conhece, mas não conhece o inimigo, para cada vitória sofrerá uma derrota. Se você não conhece nem a si mesmo nem ao inimigo, sucumbirá a todas as batalhas" (CLAVELL, 1983).

Apesar dessa afirmação haver sido pensada para um ambiente de conflito militar, ela vem sendo cada vez mais aplicada no mundo dos negócios. Informações sobre perfil e habilidades individuais, capacidade decisória, experiência e poder de influência da pessoa com quem vamos negociar nos ajudam a lidar melhor com ela e a compreender suas atitudes.

Para conhecer alguém é preciso investir tempo. Se o objetivo primário desse investimento for o desejo de estabelecer vínculos sinceros de relacionamento, e esse desejo for mútuo, teremos um ambiente colaborativo. Se, no entanto, não houver sinceridade ou se esta for apenas de uma das partes, o clima será competitivo. Em ambos os casos, tal conhecimento permite que ajustemos nossa linguagem à de nosso interlocutor e compreendamos seu modelo mental, crenças e comportamentos.

Se não for possível conviver com a outra parte, busque informações com pessoas que já se relacionaram anteriormente com ela, recorrendo a sua rede de relacionamentos. Contate fornecedores, clientes, empregados ou concorrentes. Qualquer fonte é válida, mas esteja atento, uma vez que as informações coletadas, às vezes, não correspondem à realidade, distorcendo seu modelo mental, e também porque suas sondagens podem chegar aos ouvidos de quem está sendo "investigado", causando uma péssima primeira impressão.

Mas de nada adianta conhecermos a outra parte se não soubermos quais são nossas próprias forças e fraquezas. Todos os itens usados para adquirir consciência situacional sobre os outros devem também ser empregados sobre nós mesmos. Lembre-se de Sun Tzu.

6.2.1. Perfil e Habilidades Individuais

Para conhecer o perfil e as habilidades da outra parte, use as ferramentas abordadas na primeira parte deste trabalho. Observe como a outra parte se comunica. Repare em sua linguagem não-verbal, nas inflexões de voz, em como coloca seus argumentos, se ouve e como ouve as pessoas, se faz e como faz perguntas... Isso lhe dará subsídios para conhecer as habilidades comunicativas e de controle emocional.

Preste atenção no conteúdo. Observe as palavras que são utilizadas e as que são omitidas, o nível de detalhe das explicações, o posicionamento a favor ou contra os assuntos que são discutidos, o encadeamento de idéias... Assim conhecerá seu modelo mental, seus metaprogramas, os órgãos sensoriais predominantes e suas crenças.

Compare o que é dito com a forma como é dito. Perceba se a pessoa responde ou se esquiva de responder às perguntas que lhe são feitas, se revela informações expontaneamente ou somente se pressionada... Isso pode revelar o ambiente em que ela pretende conduzir a negociação.

Durante o calor de uma negociação, algumas pessoas começam a questionar a integridade da outra parte, muitas vezes sem fundamento, simplesmente porque se sentiram contrariadas e querem encontrar um bode expiatório. Em outros casos, a pessoa confia cegamente, sem se dar conta que está sendo manipulada. Ao reparar nos pequenos detalhes que formam o perfil das pessoas, desenvolvemos habilidades que nos permitem intuir com maior precisão as intenções da outra parte, seja para uma situação colaborativa ou para uma competitiva.

6.2.2. Capacidade Decisória

Além do perfil e das habilidades individuais, é importante saber como as partes tomam suas decisões. Isso irá depender se elas possuem **unicidade** (RAIFFA, 2002), ou seja, se compõem um bloco único, ou não. Suponha que um amigo, no ambiente de trabalho, proponha-lhe a venda de um carro esporte conversível para duas pessoas. Depois de alguns minutos de negociação, você resolve comprá-lo. Se não tiver que ratificar essa decisão com mais ninguém, você será uma parte com unicidade (Figura 24). Se, porém, tiver que consultar sua esposa, marido ou pais para confirmar a transação, você não possuirá unicidade (Figura 25). Vai ser obrigado a estabelecer negociações internas com quem toma a decisão, além das conduzidas com a outra parte.

Diplomatas que lidam com acordos e tratados internacionais sujeitos a ratificação pelo Congresso Nacional, representantes de empresas que defendem interesses de suas corporações, advogados e corretores que atuam em nome de terceiros, e alguns dirigentes de entidades de classe são exemplos de negociadores que representam partes sem unicidade. Além de negociar externamente, devem também prestar contas a um ou mais atores sociais internos sobre o andamento das conversações, ou convencê-los quanto à propriedade das posições adotadas.

Figura 24 - Partes com unicidade.

Figura 25 - Parte "A" sem unicidade.

Se um ator social composto por muitos indivíduos, como órgãos públicos ou grandes empresas, for considerado como parte relevante no contexto da negociação, procure negociar com a pessoa que tenha maior poder de decisão. Procedendo assim, conseguirá afastar intermediários desnecessários, economizando tempo, energia e recursos. Determinados indivíduos agem como intermediários por controlarem o acesso a quem tem o poder, buscando vantagens pessoais em função de sua posição privilegiada, papel desempenhado por certos assessores, secretárias ou assistentes. Em outros casos, pode ser que os intermediários façam parte do processo, como representantes legais de outros atores sociais. Em caso de dúvida, adote a seguinte regra geral: sempre que possível, negocie com a pessoa com maior poder de decisão.

Procure também saber como a outra parte toma as decisões. Se um empresário se aconselha com o sócio antes de negociar com fornecedores, devemos direcionar nossa atenção para a forma como o **sócio** toma as decisões, pois ele será o elemento crítico.

CAPÍTULO 6 – CONSCIÊNCIA SITUACIONAL | 137

Se a diretora de uma escola particular aprova um projeto somente depois do aval de seu diretor financeiro, este deve ser o foco das atenções e a negociação deve ser conduzida de modo a procurar saber os fatores que levam essa pessoa a tomar uma decisão.

Na Figura 25, se "A" é a pessoa que negocia, mas "A1" é quem toma as decisões, "B" deve procurar saber quais os interesses de "A1" e sobre eles focar seus esforços. Isso pode ser feito por intermédio de "A" ou de outro ator social qualquer, fora da mesa de negociações. Aliás, é bom ter isso sempre em mente: muitos acordos são estabelecidos nos bastidores das negociações formais.

6.2.3. Experiência

Nada como relatar uma experiência, para falar sobre experiência. Certa vez, após juntar algumas economias, decidi comprar um terreno. Não tinha muita experiência no assunto, de modo que comprei um jornal, abri nas páginas de classificados, escolhi um lote, liguei para a corretora e marquei uma visita. Quando nos encontramos, ela foi gentil, mostrou-me o terreno em que estava interessado e perguntou quanto eu estava disposto a gastar. Quando eu disse o valor, de R$ 10.000,00, ela passou a me mostrar terrenos ligeiramente mais caros do que o montante que havia revelado. Acabei comprando um deles por R$ 10.000,00, pois esse era realmente meu limite. Três semanas depois, acho que ela esqueceu que eu já havia comprado o terreno, e me ligou dizendo que um daqueles que eu havia visto estava sendo vendido por R$ 8.500,00. Veremos o que fiz de errado...

Quando resolvi comprar o terreno, não tinha a menor experiência em mercado imobiliário, nem em negociação. Apesar de, naquela época, já ter algum conhecimento teórico a respeito do assunto, ele não estava na "massa do sangue". Quando a corretora me perguntou quanto eu estava disposto a gastar, lembro que fiquei em dúvida se deveria ou não falar. Lembrei de um dos princípios da negociação integrativa, no qual devemos ser honestos e revelar nossos interesses e eu lhe revelei meu valor-limite (esqueci que estávamos em um ambiente competitivo). A partir de então, ela ajustou o preço dos terrenos à minha expectativa. Eu também não deveria ter fechado o negócio tão rapidamente, pois no mercado imobiliário as transações, normalmente, não são resolvidas da noite para o dia.

Além do mais, eu não pesquisei outros lotes e não busquei outros corretores, de modo que não tinha alternativas. Quando a corretora me disse que muitas pessoas

138 | Negociadores da Sociedade do Conhecimento

estavam procurando terrenos naquele condomínio, minha expectativa foi canalizada para aquela informação, fiquei com medo de perdê-lo e me tornei dependente do que a vendedora dizia. Também não me preparei, não estabeleci limites... enfim...

Anos depois, ao passar por situação semelhante, com outro produto, ao ser questionado sobre quanto estava disposto a pagar retruquei que estava interessado em saber primeiramente o que havia disponível, a fim de avaliar se teria condições de comprar. O vendedor sabia de minha vontade de comprar, mas não conhecia meus limites, de modo que me mostrou uma gama muito maior de produtos, cujos valores não poderiam ser ajustados de acordo com minha expectativa e não poderiam fugir muito aos praticados no mercado.

A diferença entre as duas situações está na experiência. No primeiro caso, apesar de saber vagamente o que tinha que fazer, não fiz. No segundo, sabia o que deveria ser feito e fiz. A experiência em negociação é conquistada somente com o exercício constante dos ensinamentos aqui apresentados e a vontade permanente de melhorar seu desempenho.

Negociadores inexperientes, via de regra, sempre obterão resultados piores que os experientes, pois levarão desvantagem ao interpretar e reagir às inúmeras sutilezas que envolvem uma negociação.

6.2.4. Poder de Influência

Quanto mais a balança do poder pender para o nosso lado, mais disposição, expectativas e condições teremos para fazer valer nossa vontade. Em contrapartida, quanto menor o poder de influência, mais interesses terão que ser deixados de lado para chegarmos a um acordo (SHELL, 2001).

Procure identificar a natureza e a magnitude das fontes de poder pessoal, posicional e situacional detidas pelas partes que estão negociando. Essa verificação deve ser feita tanto em relação aos outros como a nós mesmos, a fim de termos plena consciência de nosso real poder de influência.

Se verificar que o outro lado é mais poderoso e que usa essa vantagem para impor as condições da negociação, pense em uma maneira de adquirir mais poder ou de tirar poder da outra parte. Não estou sugerindo uma luta pelo poder, pois isso leva a um ambiente extremamente competitivo e propício para manipulações de toda espécie. Estou apenas sugerindo que um negociador deve buscar a posição mais confortável

CAPÍTULO 6 – CONSCIÊNCIA SITUACIONAL | 139

possível, para defender seus interesses. O assunto foi amplamente discutido no Capítulo 4.

6.2.5. Qualidade de Relacionamento

A forma como resolve questões com seu cônjuge ou com um amigo é a mesma como soluciona problemas com um desconhecido? Certamente não. A qualidade do relacionamento afeta o grau de cooperatividade empregado na negociação (SHELL, 2001. Quanto maior o vínculo de relacionamento, menos competitivas são as nossas atitudes e mais inclinados estamos para colaborar e sermos prestativos com a outra parte.

Com um desconhecido tendemos a ser mais cautelosos. Não sabemos se devemos encará-lo como adversário, partindo para um clima de competição, ou se podemos confiar nele. Pessoas competitivas são capazes de usar uma série de artifícios para impor sua vontade e não há como descartar esse comportamento, pelo menos até que as conheçamos melhor. Se entrarmos em uma negociação, achando que todos são justos e leais, estaremos, no mínimo, sendo ingênuos. A tendência à competitividade também é mais forte quando não há expectativa de relacionamento futuro com a outra parte.

Quando a expectativa de relacionamento existe, mesmo em ambientes competitivos, nossa reputação passa a ser relevante, uma vez que vamos desejar transmitir uma imagem de credibilidade, eficiência e respeito. Ou seja, quando assumirmos um compromisso, vamos querer que a outra parte acredite no que dizemos. Isso só é conseguido se mantivermos coerência entre nossas palavras e ações, tanto ao longo da negociação em curso como entre diferentes negociações.

Relacionamentos comerciais normalmente são motivados por interesses comerciais. Se uma das partes se sentir prejudicada, tomará medidas unilaterais, passando a se relacionar com outros atores sociais, sem aviso prévio. Isso quer dizer que serão "amigas" desde que seus interesses sejam satisfeitos. Nada impede que entre um cliente e um fornecedor surja uma amizade verdadeira, mas essa não é a regra geral. O mesmo ocorre no universo diplomático.

Relacionamentos entre membros de um grupo ou de uma instituição, por outro lado, tendem a ser mais coesos, pois mesmo que haja diferenças pessoais, o fato de trabalharem próximos os obriga a se relacionarem entre si. Mas como dissemos anteriormente, isso é verdadeiro, pelo menos nas negociações corporativas, somente quando existe uma liderança que una efetivamente o grupo, evitando o aparecimento

140 | NEGOCIADORES DA SOCIEDADE DO CONHECIMENTO

de subgrupos (ou "panelas"), gerando disputa de poder e um clima competitivo de negociação de agendas ocultas.

6.3. CONHECIMENTO DAS QUESTÕES

Parece evidente que devamos nos preparar e conhecer o assunto ou o objeto que estamos negociando, antes de encarar a outra parte, mas não é isso que acontece, pelo menos no Brasil. Os brasileiros do improviso e do "jeitinho" não costumam se preparar antes de negociar. Como resultado, rendem-se facilmente quando os argumentos da outra parte são bem estruturados; perdem, achando que ganharam; ou adotam posições inflexíveis, levados pela emoção. Isso vale para vendas, resolução de conflitos ou ambientes corporativos. Pense nas últimas negociações em que tomou parte. Em alguma delas você se preparou? Qual foi o resultado? Medite alguns minutos, antes de prosseguir.

Outro aspecto envolve os interesses. Só tem sentido falar sobre as questões a serem discutidas em uma negociação se as relacionarmos com os interesses. Se meu interesse é garantir o cumprimento do acordo, uma das questões será: "garantia do acordo". Se a outra parte deseja vender açúcar, teremos a questão: "venda de açúcar". A forma como a questão é apresentada também contribui para despertar maior ou menor interesse. Tudo depende de como a outra parte percebe os benefícios oferecidos. Veremos, ainda, a complexidade proporcionada com o aumento do número de questões, os limites, as barreiras e as alternativas.

6.3.1. Conhecimento do Objeto de Negociação

O objeto de uma negociação é o motivo principal que nos leva a negociar, que pode ser um produto, serviço, comportamento, recurso, acesso... Cada objeto possui uma série de características que lhe são peculiares. Conhecê-las é o mínimo que devemos fazer, como negociadores. Como esperamos vender um produto ou serviço sem conhecer seus atributos ou os benefícios que ele proporciona? Como querer que alguém adote um comportamento que talvez possa ser considerado um crime?

Atributos são partes ou qualidades de um produto ou serviço. O restaurante El Cid oferece refeições da culinária espanhola, rápido atendimento, situa-se em local agradável e tem música flamenca ao vivo. Uma aeronave UU possui duas turbinas, consumo de Y libras/hora e capacidade para Z passageiros. Peso, tamanho, cor, preço, funcionalidades, velocidade, agilidade e forma são exemplos de atributos.

CAPÍTULO 6 – CONSCIÊNCIA SITUACIONAL | 141

Benefício, como vimos, é o valor que o atributo representa para uma pessoa. Freqüento o restaurante El Cid porque lembro da comida de minha mãe, que é espanhola. Além do mais, posso apreciar a paisagem enquanto faço a refeição e ainda ouvir músicas daquele país. Desejo adquirir a aeronave UU porque ela apresenta melhor relação entre consumo e passageiros transportados, proporcionando-me economia.

Os atributos de um produto ou serviço devem ser profundamente conhecidos, pois a partir deles surgem os benefícios, valorizados conforme as preferências individuais da outra parte. As pessoas não se interessam pelos atributos, mas pelos benefícios que o atributos proporcionam.

Conhecer o **valor** do que vai ser negociado, então, é I-M-P-R-E-S-C-I-N-D-Í-V-E-L, pois transmite firmeza a nossos argumentos e permite que estabeleçamos limites maiores e mais realistas. Pense por um instante: como se sentiria se tivesse que negociar a obtenção de verba para um projeto, sem nunca ter visto a planilha de custos? Você sentiria segurança em suas palavras? Se lhe oferecessem X reais por um produto, como saber se o valor acordado é justo ou suficiente? Você venderia sua casa sem saber o preço de mercado? Segundo o SEBRAE, muitos micro-empresários encerram suas atividades antes mesmo de seu negócio completar um ano. Sabe por quê? Entre outras razões, eles não têm a menor idéia de como definir o preço de seus produtos ou serviços, amargando prejuízos que acabam por inviabilizar o empreendimento.

O valor não diz respeito apenas a questões monetárias. Também leva em conta a utilidade e o sentimento que uma pessoa tem pelo objeto negociado. A negociação envolvendo a aquisição de um imóvel pode considerar valores muito acima do mercado, principalmente se o proprietário não está interessado em vendê-lo, por questões sentimentais como, digamos, ter ganhado a propriedade como herança de família ou estar vinculado a lembranças do passado.

Um projeto pode envolver negociações sobre vários objetos. Nesse caso, o conhecimento do assunto principal do projeto é essencial, pois facilita a composição de argumentos. Se uma empresa de produtos avícolas quiser implantar uma cooperativa de criação de aves ao seu redor, o responsável pelo projeto deverá conhecer muito bem esse tipo de empreendimento. Assim, estará mais capacitado para saber o que pedir, a quem pedir, quanto pedir, o que dar em troca, com quem se aliar... Estará mais bem preparado para negociar.

142 | Negociadores da Sociedade do Conhecimento

6.3.2. Número de Questões

Quando uma pessoa comercializa qualquer bem ou serviço, normalmente direciona sua atenção somente para o valor da transação. Seu sentimento de vitória ou derrota é determinado apenas pelo resultado financeiro, apesar de muitas vezes haver discutido também assuntos como prazo de entrega, forma de pagamento e garantia.

Na verdade, cada um desses assuntos constitui uma **questão** e reflete um interesse específico. Negociadores experientes pensam em todos seus interesses e, conseqüentemente, nas possíveis questões que possam surgir ao longo da negociação. Cada uma delas deve ser valorizada, perseguida e, em última instância, utilizada como moeda de troca.

Quanto maior o número de questões, mais complexa é a negociação, por haver uma quantidade maior de possíveis resultados, conforme veremos no Capítulo 8 (RAIFFA, 2002). Maior combinação de resultados abre espaço para mais negociação. Contratos de aquisição de aeronaves contemplam dezenas, centenas e até milhares de componentes, fornecidos por diferentes empresas, com tempo de vida útil diferenciado, garantias específicas e manutenção própria. Imagine quantas diferentes combinações podem ser feitas, antes de chegar a um acordo.

6.3.3. Interdependência de Interesses

Muitas negociações entram em um clima competitivo porque as partes se comunicam mal. Algumas pessoas expressam idéias de forma prolixa, com pouca assertividade ou sem a devida fundamentação. Outras não prestam atenção no que ouvem, não têm paciência ou não se preocupam em esclarecer palavras e expressões ambíguas. O resultado é refletido em posições polarizadas, geralmente com forte carga emocional.

Nesse clima, não há como saber se existem interesses mútuos, somente descobertos com o estabelecimento de um diálogo aberto entre os negociadores. Portanto, antes de considerar que seus interesses são conflitantes com os da outra parte, converse, investigue desejos e necessidades, entenda por que ela se posiciona dessa ou daquela maneira. Lembre-se do exemplo da viúva que queria preservar a imagem do ex-marido.

Procure sempre o maior número possível de interesses comuns (URY, 1993), pois esse comportamento aumenta a probabilidade de se estabelecer um clima de cooperação, uma vez que nessas condições os atores sociais tendem a ser mais compreensivos e tolerantes, além de poderem usar o poder para se ajudarem na busca de objetivos

CAPÍTULO 6 – CONSCIÊNCIA SITUACIONAL | 143

convergentes. Mesmo uma situação de vendas pode se tornar colaborativa, especialmente quando as partes se tornam parceiras e vislumbram a possibilidade de ganhos mútuos.

Por mais que nos esforcemos, no entanto, em alguns casos não conseguiremos descobrir interesses comuns, seja pelas circunstâncias da negociação ou por nos depararmos com pessoas que são competitivas por natureza. Essas sempre tentarão levar vantagem, independente de negociarem com um sócio, amigo ou parente. Elas evitam responder perguntas, usam o poder para impor sua vontade, não compartilham informações e querem sempre estar no domínio da situação. Nesses casos, não restará outra alternativa a não ser adotar uma postura competitiva ou evasiva.

6.3.4. Definição de Limites

Para saber o que pode ser negociado, devemos ter uma boa idéia das **opções** disponíveis para cada questão. Se queremos que um produto seja entregue em X semanas, mas o vendedor diz ser possível somente em Y, temos duas opções para a questão "prazo de entrega": X ou Y. Se queremos pagar em prestações e nos dizem que é possível dividir em N1, N2 e N3 vezes, temos três opções de pagamento.

O estabelecimento de limites pode ocorrer de duas maneiras diferentes. No primeiro caso, o negociador define um limite para cada questão, como um prazo de entrega não-superior a 3 dias, um número mínimo de pagamentos restrito em 5 prestações ou um limite de gastos em X reais.

Na segunda situação, os limites são gerais. Ter consciência sobre limite de autoridade, por exemplo, fornece segurança no uso de argumentos e evita o estabelecimento de compromissos para os quais não estamos autorizados. Entre os limites gerais, os que exercem a mais significativa influência, no resultado de uma negociação, talvez sejam os **recursos críticos**: tempo, energia, dinheiro e reservas emocionais (CAMP, 2004), merecendo algumas observações.

Comecemos com o fator tempo: "Quando os Estados Unidos negociaram com os Norte-Vietmamitas as condições para interromper a guerra do Vietnã, o encontro ocorreu em Paris e o primeiro movimento da negociação foi feito pelos vietnamitas, ao alugarem uma casa por um período de dois anos" (RAIFFA, 2002). Vimos que a parte que negocia sob pressão do tempo, com prazos e limites estabelecidos, encontra-se em desvantagem. Se os dois lados estão pressionados, o que aparentar maior dependência do tempo leva a pior, pois a outra parte pode se valer dessa condição e usar táticas como

144 | NEGOCIADORES DA SOCIEDADE DO CONHECIMENTO

cancelar reuniões e prolongar discussões, como forma de pressão. Confira o vencimento de contratos, validade de produtos ou início e término de eventos. Verifique como o tempo afeta os interesses atrelados à negociação.

Energia é um fator que acompanha o tempo. Gastamos tempo e energia ao estudar um problema, contatar pessoas, pensar em estratégias, andar ou fazer força. A energia empregada em qualquer situação pode ou não compensar o esforço despendido. Antes de negociar, devemos avaliar se a energia a ser investida compensa o resultado. Quantos contatos teremos que fazer? Qual vai ser o desgaste sofrido em nossa imagem, relacionamentos ou reputação? Gastar energia, percorrendo cinco estabelecimentos comerciais para comprar um lápis não vale a pena, mas e se for para adquirir uma lancha? Negociar duramente com o cônjuge sobre a decoração da casa talvez não compense o desgaste no relacionamento.

Limitações nos recursos financeiros também repercutem no resultado, pois reduzem opções disponíveis. Se eu não possuir recursos financeiros suficientes para desenvolver um protótipo solicitado pela outra parte, estarei limitado. Se não puder depositar a caução exigida, contratar os profissionais necessários para o empreendimento ou manter meu capital de giro, terei limitações financeiras.

Reservas emocionais são muito mais significativas que as demais. Quanto vale sua qualidade de vida? Quanto está disposto a receber pelo seu estresse, pelo aborrecimento causado por uma discussão, pela ansiedade em querer resolver o problema ou fechar o acordo...!? Talvez o desgaste emocional não valha a pena ou seja insuportável. Você estaria disposto a negociar com um cliente emocionalmente instável, arrogante, criador de caso e mal-educado, para ganhar apenas alguns trocados? A recompensa teria que ser muito boa, a ponto de valer a pena, como a possibilidade de ele trazer mais clientes ou de fazer uma compra maior, no futuro, não é mesmo? Na próxima negociação, identifique seus limites e mantenha-se dentro deles.

6.3.5. Barreiras à Negociação

Barreiras são levantadas intencionalmente, como tática de negociação, ou circunstancialmente, por fatores decorrentes de limitações legítimas das partes. Considere sempre as duas possibilidades.

Algumas barreiras intencionais estão relacionadas com os recursos críticos discutidos anteriormente. Em relação ao tempo, por exemplo, a outra parte pode usar táticas

CAPÍTULO 6 – CONSCIÊNCIA SITUACIONAL | 145

como adiar reuniões, atrasar encontros, prolongar a negociação, retardar processos ou qualquer outra manobra que provoque perda de tempo. Negociadores que impõem barreiras relacionadas ao consumo de energia nos fazem viajar sem necessidade, criam regras de última hora que impliquem retrabalho ou revelam informações que nos obrigam a preparar novamente a negociação. No tocante ao dinheiro, instituições públicas costumam estabelecer um determinado valor patrimonial como critério para que empresas se habilitem a participar de uma licitação.

O aspecto emocional é um pouco mais complicado, pois faz com que criemos barreiras para nós mesmos, além das levantadas pela outra parte. Como vimos anteriormente, quando um dos lados se envolve emocionalmente, deixa de tomar decisões racionais, passando a alinhar o comportamento e a percepção com seu estado de espírito.

Mas conforme comentado, não podemos pensar apenas no aspecto negativo. Em ambientes colaborativos, devemos considerar a possibilidade de que atrasos e retrabalho não sejam provocados intencionalmente, e que a outra parte esteja, realmente, no limite de seus recursos financeiros.

Emoções geradas por necessidades psicológicas talvez não possam ser consideradas intencionais. Muitas vezes estão incorporadas à própria personalidade, como ocorre com indivíduos competitivos ou que abdicam facilmente de negociar. Geralmente, essas pessoas não têm consciência dos motivos psicológicos que as levam a agir dessa ou daquela maneira. De modo geral, pessoas querem se sentir seguras, reconhecidas, aceitas e estimuladas, criando barreiras quando têm que sair de sua zona de conforto, ao correrem o risco de ter sua reputação abalada, ou ao serem rejeitadas, ofendidas ou ignoradas. Para lidar com as emoções, use os conhecimentos do Capítulo 2.

A falta de confiança também é uma barreira, responsável por impedir um grande número de negociações. Em busca dela, pessoas e instituições exigem referências, indicações, comprovação de experiência ou tentam estreitar o relacionamento, a fim de conhecer melhor a outra parte. Como posso negociar a venda de um treinamento se o outro lado, o comprador, não sabe quem sou, o que eu sei, o que me proponho a fazer ou se vou cumprir o prometido?

A campeã de todas as barreiras, no entanto, é a comunicação. Uma idéia expressa de forma incompleta ou com palavras ambíguas pode levar a outra parte a adotar uma posição defensiva. As pessoas evitam sair de sua zona de conforto e acabam erguendo grandes barreiras à sua volta, rejeitando propostas que não se encaixem em seus

146 | NEGOCIADORES DA SOCIEDADE DO CONHECIMENTO

modelos mentais ou cujos benefícios não estejam aparentes. Falhas na comunicação também geram sentimentos negativos, fazendo com que tenhamos dificuldade para estabelecer uma separação entre pessoas, emoções e o problema a ser resolvido.

Os Capítulos 1, 2 e 3 ensinam habilidades essenciais a um negociador. Se quiser verdadeiramente aprender ferramentas que o ajudem a superar barreiras emocionais e de comunicação, retorne e leia-os novamente, praticando seus princípios sempre que interagir com outra pessoa.

6.3.6. Alternativas

Negociação também pode ser entendida como um instrumento para buscar soluções melhores do que a situação atual. Suponha que o preço de um produto Alfa seja R$ 1.000,00 e que você vai negociar para obter um desconto. Se não conseguir, não terá alternativa. Imagine, agora, que antes de iniciar a negociação, você procura outro fornecedor, que lhe oferece o produto Alfa2 por R$ 800,00. Nesse novo cenário, com o produto Alfa2 já garantido, você vai negociar com o fornecedor de Alfa para melhorar sua situação atual. Alfa2 será a alternativa. Quanto melhor a alternativa, maior a confiança em um bom resultado, proporcionada pela segurança de poder seguir para outras opções caso a negociação não se concretize da forma como imagina.

A revelação de nossas alternativas à outra parte deve ser feita somente se elas forem boas o suficiente para influenciá-la a fechar o acordo dentro de nossas condições. Caso contrário, será melhor escondê-las, pois revelarão a fragilidade de nossas posições e uma possível dependência em relação ao oponente.

Por exemplo, caso Fernanda decida comprar um relógio, ela certamente pesquisará o preço de vários modelos em diferentes lojas. Suponha que Fernanda entre em uma joalheria e encontre o relógio que está procurando por R$ 400,00. Ela poderá revelar o valor de sua alternativa, caso tenha encontrado um relógio igual por um valor menor; isso dará um sinal claro ao vendedor que se o preço não for baixado a venda não será realizada. Mas se Fernanda blefar e o vendedor for irredutível ao seu apelo para baixar o preço, ela se verá em uma situação desconfortável se quiser mesmo comprar o relógio. Falaremos mais sobre alternativas no Capítulo 8, ao abordarmos os conceitos básicos de negociações.

6.3.7. Importância do Resultado

Quanto mais importante é o resultado de uma negociação, mais as pessoas se empenham e se dispõem a competir ou a negociar duramente na tentativa de chegar a um acordo. Inversamente, quando o resultado não é importante, tendem a abandonar ou a evitar a negociação, ou mesmo a ceder a todas as reivindicações da outra parte, seja para preservar relacionamentos ou simplesmente para não ter aborrecimentos.

A importância do resultado pode ser avaliada em função do retorno monetário conquistado, da satisfação emocional obtida, do tempo e da energia economizados ou do poder adquirido com a transação. Sempre estará relacionada com as questões a serem discutidas, afinal de contas, você se sentiria mais motivado para negociar por uma comissão de dez reais ou de dez mil reais? Se empenharia mais por um resultado sobre o qual tenha nutrido um forte sentimento ou por um que o deixe indiferente? Preferiria negociar para economizar 10 minutos, ou 10 dias? Daria mais importância para conquistar um cargo que lhe desse o controle sobre 10 pessoas ou sobre 100?

A motivação para negociar é importante, mas quando ela se torna muito intensa gera ansiedade, prejudicando a capacidade de raciocínio. Para controlá-la, diminua suas expectativas, crie alternativas, prepare-se para aceitar um não.

6.4. CONHECIMENTO DO CONTEXTO

O contexto está relacionado com as condições do ambiente em que ocorre a negociação. Ele pode ser modificado pelas partes ou explorado, a fim de buscar resultados mais favoráveis aos nossos interesses. Envolve o sistema normativo, os valores culturais, o local da negociação, as condicionantes históricas e os relacionamentos.

6.4.1. Sistema Normativo

Quais são as normas do ambiente sob o qual as negociações deverão ser conduzidas? A Organização das Nações Unidas possui um conjunto de normas, o mercado de ações, outro, assim como ocorre nas relações sindicais, nas juntas de conciliação ou no comércio nacional e internacional. Toda negociação está sujeita a normas, sejam elas leis, códigos, decretos, portarias, contratos ou regras internas. O ajuste de nossos argumentos e comportamentos às normas vigentes, além de nos proporcionar uma forte capacidade persuasiva, permite que nos mantenhamos dentro da lei.

148 | NEGOCIADORES DA SOCIEDADE DO CONHECIMENTO

Não precisamos ser advogados para nos tornarmos negociadores, mas devemos ter uma clara noção de nossos direitos e deveres, além de conhecer a implicação ética e legal de nossos atos. Já pensou, comprar um lote de toca-fitas e depois descobrir que faz parte de uma carga roubada? Vender a um preço abaixo do mercado e ser intimado porque praticou *dumping*[2]?

Além disso, temos também que nos preocupar com a legitimidade do processo de negociação. Ao negociar com um órgão público ou durante a resolução de um conflito, as partes podem alegar que em dado momento não foram consultadas, não tiveram tempo de se preparar, a lei não foi seguida ou que houve favorecimento. Essas acusações provocam atrasos no processo de negociação, podendo até inviabilizá-lo, e devem ser consideradas ao preparar a agenda e conduzir as conversações.

6.4.2. Valores Culturais

O estudo dos valores culturais é particularmente importante para os negociadores da Sociedade do Conhecimento. Como vivem em um ambiente globalizado, sem fronteiras ou divisas, devem desenvolver habilidades para lidar com os mais diversos públicos, compreendendo seus costumes, tradições e particularidades da forma como enfrentam negociações.

Brasileiros, por exemplo, negociam de maneira diferente quando comparados a norte-americanos ou japoneses. Em uma pesquisa, Carvalhal (2002) verificou que brasileiros valorizam o conhecimento do tema a ser negociado, em primeiro lugar, seguido da capacidade de raciocínio rápido sob pressão e incerteza. Essa característica de pensar rapidamente reflete nossa tradição em sermos criativos e improvisadores. O improviso é um traço cultural importante e deve ser preservado, pois nos traz vantagens competitivas em certos momentos, mas se torna inconveniente quando é necessário adotar uma postura disciplinada e seguir regras e planejamentos. Ser improvisador é excelente em situações inesperadas, mas é uma péssima qualidade se utilizada com freqüência e exclusividade, principalmente quando se deseja atingir objetivos de médio e longo prazos. O "jeitinho", portanto, é a maior virtude e, ao mesmo tempo, o maior defeito do brasileiro. Norte-americanos valorizam mais a capacidade de plane-

---

[2] Venda de produtos por preço igual ou menor ao custo, com o objetivo de incentivar o consumo, favorecendo monopólios e cartéis (NEVES, 1991).

CAPÍTULO 6 – CONSCIÊNCIA SITUACIONAL | 149

jamento e a preparação, em segundo lugar vem o conhecimento do tema sobre o assunto que estão negociando e somente em terceiro posicionam a capacidade de raciocinar rapidamente.

Existem também outros traços culturais, cujo conhecimento e respeito facilitam o relacionamento. Norte-americanos mantém uma certa distância entre as pessoas, gostam de espaço, já os habitantes do Oriente Médio mantém uma distância bem menor, muitas vezes encostando em seus semelhantes e tocando-os. Brasileiros adotam uma posição intermediária. Algumas culturas valorizam o relacionamento, sendo calorosas e receptivas, outras dão mais valor à eficiência e ao respeito... a lista é interminável. Ao ter que se deslocar de sua região para negociar, procure saber como a outra parte se comporta, seus valores e forma de agir. Isso evita mal-entendidos.

Conhecer as tradições e gostos populares também ajuda no estabelecimento de empatia com a outra parte. Se eu, paulista, tiver que negociar com um gaúcho, certamente causarei uma boa impressão se aceitar fazer parte de uma roda de chimarrão. Se eu for a outro país e me oferecerem uma comida típica, seria de bom tom prová-la. Se eu já houver estudado os costumes e tradições previamente, terei bastante assunto para conversar com meu anfitrião. Lembre-se da importância dos vínculos de relacionamento.

6.4.3. Local da Negociação

Ao selecionar o ambiente onde vão ser conduzidas as negociações ou as conversas preliminares, deve-se considerar a facilidade de acesso, o nível de sigilo desejado, os recursos de apoio que se pretendam utilizar (mesa, projetor multimídia, quadro branco etc), o número de pessoas envolvidas, a duração estimada do encontro e o clima que se deseja dar ao evento. Em relação à escolha do local, existem, basicamente, três opções: em território amigo, em local neutro ou no "campo do adversário".

Negociar em nossas instalações tem como vantagens a possibilidade de se realizarem interrupções estratégicas, de convocar especialistas próprios para contribuir nas discussões, de dominar a arrumação do ambiente e de ter acesso a recursos de apoio como projetores multimídia, caneta, papel, bebidas etc.

150 | NEGOCIADORES DA SOCIEDADE DO CONHECIMENTO

Quando a negociação é conduzida em local neutro, nenhum dos negociadores leva a vantagem de "jogar em casa" e ambos têm que trazer seus próprios especialistas e material de que possam precisar. Se preverem um longo tempo de conversações, o local deve permitir acesso a sanitários, bebidas, café, telefones e, às vezes, à Internet. Se o objetivo é estabelecer um ambiente informal, podem ser escolhidos ambientes descontraídos, como um campo de golfe, bar ou restaurante.

Em um local escolhido pela outra parte, podemos nos sentir perturbados com a falta de familiaridade do ambiente, não teremos controle sobre a logística, mas em compensação poderemos adiar resultados, afirmando ser necessário realizar consultas a pessoas em nossa sede.

Na Sociedade do Conhecimento, existe, ainda, uma outra maneira de negociar: por vídeo ou tele-conferência. As partes permanecem em seus locais de origem e se comunicam por intermédio de um vídeo ou por telefone. O vídeo tem a característica de se poderem observar as reações da outra parte. O telefone é mais distante, dependendo muito mais do tom e inflexão de voz. Em ambos os casos, as partes estão em seus próprios ambientes, podendo recorrer a toda ordem de recursos e artifícios para defender seus interesses.

6.4.4. Condicionantes

6.4.4.1. REPETITIVIDADE DA NEGOCIAÇÃO

Se você for uma pessoa-física e tiver que negociar um bem ou serviço com alguém que nunca viu na vida e com o qual não tenha que se relacionar outras vezes, como na comercialização de um carro ou imóvel com um estranho, sua reputação e credibilidade não terão muita influência no resultado da transação. Mas e se você for um corretor de imóveis, um vendedor de jornais e revistas ou um representante comercial? Ao negociar um acordo pela segunda vez, a outra parte terá um histórico de relacionamento. Ela saberá as táticas e estratégias empregadas por você, além de seus pontos fortes e fracos. Você não desejará ser conhecido como "blefador", previsível, alguém que não cumpre suas promessas ou cria inimizade com a outra parte. O relacionamento entre as partes deverá ser trabalhado, de maneira que elas se respeitem e a convivência possa ser o mais harmoniosa possível. As táticas e estratégias empregadas deverão ser coerentes com negociações anteriores. Sua reputação estará em jogo.

6.4.4.2. Obrigatoriedade de Alcançar um Acordo

Quando negociamos um bem e chegamos à conclusão de que o acordo não nos interessa, simplesmente desistimos, rompemos as conversações e partimos para uma alternativa. Quando, porém, existe a obrigatoriedade de se chegar a um acordo, como ao discutir o aumento salarial de professores da rede pública de ensino ou de policiais militares, não há como desistir da negociação. Em determinado momento, tem-se que tomar uma decisão que atenda às partes, pelo menos parcialmente. É possível prorrogar as conversas, mas as conseqüências devem ser bem pensadas, pois um dos lados pode inserir novos elementos ao problema, como greves ou operações-padrão. Uma greve de professores traz como conseqüência o desgaste da imagem do administrador público responsável por conceder o aumento; a insatisfação de policiais militares pode afetar a segurança pública. O adiamento de negociações deste tipo, portanto, agrava a situação inicial, pois passa a incorporar outros fatores que não estavam presentes no início das conversações.

Negociações nas quais há a obrigatoriedade de se chegar a um acordo, normalmente são encontradas em ambientes onde as partes têm que se relacionar por força de leis e contratos. A melhor postura a ser adotada é a colaborativa, na qual se procura compreender os interesses e as limitações de ambos os lados. Comportamentos competitivos, neste caso, desgastam o relacionamento e provocam o acirramento de ânimos, promovendo um clima pesado e desgastante (RAIFFA, 2002).

6.4.4.3. Efeitos Relacionados

Em alguns casos, o resultado de uma negociação abrirá precedentes que outras partes poderão utilizar, principalmente se forem afetadas pelo resultado (RAIFFA, 2002) Um soldado, por exemplo, ao negociar com seu chefe se poderá faltar na sexta-feira, véspera do Carnaval, para viajar com sua família, se conseguir ter sua solicitação atendida estará abrindo caminho para que outros soldados também façam o mesmo pedido. Concessões feitas por uma empresa a um fornecedor também serão reivindicadas por outros fornecedores ou prestadores de serviço, se tornadas públicas.

Negociações também podem ter seus efeitos relacionados com assuntos de outra natureza. Suponha que uma empresa de ônibus tenha problemas com seus mecânicos, que reivindicam a contratação de mais funcionários devido ao excesso de trabalho na oficina de manutenção. Ao negociar as possíveis soluções, pode ser revelado que

152 | NEGOCIADORES DA SOCIEDADE DO CONHECIMENTO

muitos motoristas não relatam as panes encontradas nos veículos pelos quais são responsáveis, fazendo com que os problemas se acumulem e sobrecarreguem a equipe de mecânicos quando as viaturas são encaminhadas para a oficina. Para resolver a questão da manutenção, portanto, talvez seja necessário negociar com os motoristas procedimentos diferentes dos adotados atualmente. O resultado da conversa com os motoristas influenciará na negociação com os mecânicos.

6.4.4.4. USO DE SANÇÕES

O uso de sanções merece destaque, em relação às outras formas de exercer influência, porque é um dos mais empregados quando se tem poder. Em ambientes administrativos, negociações entre chefes e subordinados ocorrem sob a ameaça constante do uso de sanções. Um diretor que se dispõe a negociar com seus gerentes a implantação de certos procedimentos na empresa, pode até abrir espaço para que seus subordinados expressem seus pontos de vista, mas os argumentos e conduta não poderão ultrapassar certos limites, pois o diretor será capaz de, a qualquer momento, utilizar seu poder para impor sanções e fazer valer sua vontade. O mesmo ocorre nas negociações entre pais e filhos ou em casos nos quais o assunto negociado é regido por leis.

É possível introduzir sanções em outros ambientes, como na comercialização de bens e serviços. Uma das partes pode ameaçar se retirar da negociação, interromper o suprimento de matéria-prima ou negar o acesso a ambientes. Essas condições estarão presentes quando houver desequilíbrio de poder entre as partes, quando uma não conhecer o poder da outra ou não quiser se submeter a ele. A que se julgar mais poderosa estará mais inclinada a adotar sanções.

A possibilidade do uso de sanções faz com que a parte mais fraca ceda ou tenha que manobrar para equilibrar o poder ou utilizar argumentos mais fortes para defender seus interesses. Esse balanceamento geralmente ocorre com a aquisição de fontes de poder pessoal, político ou psicológico, discutidas no Capítulo 4, dependendo do número de partes envolvidas.

6.4.5. Número de Partes Envolvidas

Suponha que Alberto, nosso vendedor de agrotóxicos, tenha o monopólio de comercialização dos produtos que oferece, em determinada região do interior do Mato

Grosso. Sua margem de lucro será grande. Claro que ele deverá atender às necessidades de seus clientes. O mais provável, porém, é que os clientes se sujeitem às suas condições, pois não têm mais ninguém a quem recorrer. Agora, imagine que entre um concorrente no mercado, com preços melhores e produtos de excelente qualidade. O aparecimento de outro ator social insere certa pressão psicológica na negociação, obrigando Alberto a rever sua estratégia de vendas para manter seus clientes. Quanto mais escasso e de maior valor econômico for o produto negociado, maior a pressão psicológica exercida quando outros atores são inseridos no contexto (RAIFFA, 2002).

Muitas vezes, essa informação é fictícia, inserida no contexto exatamente como forma de pressão. Quantos de nós já não ouvimos a expressão: "é o último e não vou poder segurar por muito tempo". Indiretamente, o outro lado está nos dizendo que alguém pode comprar esse último exemplar de "qualquer-coisa" e se não levarmos agora, podemos ficar sem.

Incluímos intencionalmente outras partes, em uma negociação, quando queremos estabelecer alianças e alterar o equilíbrio de poder. No âmbito internacional, o Brasil se associou a outras nações em desenvolvimento, a fim de ganhar força na defesa de interesses contra países mais ricos. No caso de um empresário, buscar parcerias que aumentem seus canais logísticos ou de divulgação pode resultar em maior poder de vendas. Se o representante dos empregados de uma fábrica, ao negociar com o patrão, observa que este adota táticas protelatórias, "empurrando com a barriga" a questão salarial, o representante pode considerar a possibilidade de envolver a imprensa ou seu sindicato de classe, como forma de pressão.

Outras partes também podem ser incluídas quando desejamos encontrar alternativas. Procure se lembrar de atores sociais que possam ser contatados caso falhem as negociações. Pense em seus interesses e fontes de poder. Se for o caso, contate esses atores antes da negociação principal. Isso o ajudará a estabelecer limites realistas e a negociar com mais confiança.

As partes devem ser identificadas por pessoas e não por instituições. Uma empresa ou associação é um ator social, mas os objetivos desse ator são perseguidos por pessoas. Se um prefeito for contrário a determinado projeto, essa posição será a adotada pelo município. Se o prefeito mudar, a posição do município acompanhará o pensamento do novo ocupante do cargo.

É possível que o ambiente de negociação já contemple, por si só, muitos atores sociais, como é o caso da Organização das Nações Unidas, o Congresso Nacional, o conselho de acionistas de empresas e certas atividades do Poder Executivo. Nessas circunstâncias, a complexidade da negociação será inerente e parte natural do contexto. Talvez seja necessário negociar com mais de uma pessoa ao mesmo tempo, em conjunto ou em separado; ou atender simultaneamente a interesses que se entrelaçam ou conflitam entre si.

Vamos ilustrar. Na Figura 26, as partes "A", "B" e "D" estão negociando oficialmente entre si, mas "A" está negociando paralelamente com "C", que pode ser outro fornecedor, vendedor ou uma aliança estratégica. "A" também está negociando com "D", em separado, sem a participação de "B". Essas negociações paralelas dão a "A" maiores opções e talvez melhores alternativas em relação a "B" e "D".

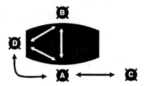

Figura 26 - Diversas partes envolvidas.

Se "B" tivesse consciência situacional das negociações paralelas conduzidas por "A", poderia também iniciar seus próprios contatos, a fim de não ser surpreendido, posteriormente, com um "acordo surpresa" entre "A" e "D", por exemplo.

Negociaçõs multilaterais também possibilitam uma combinação de ambientes colaborativos e competitivos. "A" e "D" podem estabelecer um relacionamento tão próximo, que passem a negociar entre si dentro de um clima colaborativo, enquanto conduzem a negociação oficial com "B" sob um ambiente competitivo.

6.5. Riscos e Conseqüências

Pensaremos em risco como a probabilidade de que uma circunstância adversa se concretize. Envolve, portanto, **incerteza** – uma vez que não sabemos se a ameaça vai ocorrer –, e **conseqüências**, advindas dos problemas que possam surgir. Ao assinar um contrato de fornecimento de produtos ou de prestação de serviços, por exemplo, deve-se considerar a possibilidade de a outra parte deixar de cumprir o acordo. Caso não cumpra, também tem-se que pensar no possível prejuízo. Se uma sociedade for desfeita, deve-se pensar em como será realizada a divisão do patrimônio. Não é possível entrar em uma negociação sem conhecer os riscos associados ao insucesso das conversações. Nesse sentido, o risco também pode se tornar uma barreira.

A forma como o risco é percebido depende do modelo mental de cada um, de maneira que quanto maior a consciência situacional, maiores serão as condições de avaliar a probabilidade de ocorrência de um evento negativo e as perdas associadas. Entre duas pessoas chamadas para participar de um empreendimento, se uma delas tiver informações que lhe assegurem que existe uma grande probabilidade de o negócio não dar certo, ela perceberá um risco muito maior na sua decisão do que a pessoa que não tem a mesma informação disponível.

A análise dos riscos envolvidos em uma negociação permite que ajustemos nossas ações de forma a aumentar a possibilidade de sucesso. Três passos são necessários (MANKTELOW, 2006).

6.5.1. Identifique as Possíveis Ameaças

Procure pensar a longo prazo. Imagine os possíveis problemas que possam surgir e se antecipe a eles. Quanto mais experiência você tiver no assunto que está sendo negociado, maior será sua capacidade de prever riscos e conseqüências, pois terá passado por muitas situações que não desejará repetir no futuro. Se você for inexperiente, procure assessoria profissional, consulte amigos, parentes ou colegas de trabalho; discuta o assunto com outras pessoas, a fim de aprender com a experiência deles.

A seguir, listamos algumas ameaças a que estamos sujeitos, em uma negociação. Elas não esgotam o tema, servem apenas como ponto de partida para que cada negociador desenvolva a sua própria lista. Optamos por dividir as ameaças em grupos:

- **Humanas** – incluem o arrependimento (e conseqüente cancelamento de contratos), a deterioração de relacionamentos (com a possível dissolução da sociedade), traição etc.

- **Operacionais** – abrangem o cancelamento de atividades, descontinuidade de fabricação, acidentes, mudanças de cargos, bloqueio de acesso a pessoas e recursos, perda de fontes de poder, incompatibilidade entre o acordado e o fornecido etc.

- **Técnicas** – novas descobertas tecnológicas, falhas técnicas, surgimento de novos vírus etc.

156 | Negociadores da Sociedade do Conhecimento

- **Reputação** – perda de confiança, deterioração da imagem etc.

- **Financeiras** – taxas de juros, endividamento, desemprego, falência etc.

- **Naturais** – desastres naturais, acidentes, doenças, falecimento etc.

- **Políticas** – alterações na política econômica, variações cambiais, mudanças na opinião pública, influência externa, políticas governamentais etc.

Dependendo do contexto, as ameaças acima podem transformar uma negociação bem sucedida em um grande fracasso, sujeitando o negociador a ouvir comentários do tipo: "Por que você não pensou nisso antes?".

6.5.2. Estime o Risco

Uma vez identificada uma ameaça, o próximo passo consiste em avaliar a possibilidade de que a ameaça se torne realidade e medir o seu impacto. Conforme comentado, o empenho com que um negociador deve se lançar a essa tarefa depende de importância e da complexidade da negociação. Ninguém vai calcular a probabilidade de riscos na compra de um carro. Para comprar um imóvel, no entanto, talvez valha a pena fazer uma estimativa, mesmo que mentalmente. Mas para adquirir um lote de aeronaves, na ordem de alguns milhões de dólares, esse procedimento passa a ser importante.

A seguir, estime o valor monetário que seria perdido se aquela ameaça se concretizasse. Quanto vai perder se a outra parte infringir o acordo? Qual o custo de uma descontinuidade no suprimento do produto contratado? O risco pode ser calculado pela seguinte fórmula:

Risco = Probabilidade de um Evento Ocorrer X Custo do Evento.

Se uma empresa tiver que decidir entre comprar um lote de maquinário de grande porte do fornecedor "A" por R$ 800.000,00, com probabilidade de 50% de que o pedido não seja entregue até uma determinada data limite; e do fornecedor "B" por R$ 1.200.000,00, com probabilidade de 5% de que o pedido não seja honrado até a mesma data limite, de quem ela deve comprar, considerando que todas as outras variáveis são iguais?

RiscoA = 0,5 X 800.000,00 = 400.000,00.

RiscoB = 0,05 X 1.200.000,00 = 60.000,00.

A empresa deveria adquirir o maquinário do fornecedor "B", apesar de ser o mais caro, se ela quisesse minimizar seu risco. Mas vamos supor que, ao invés de 50%, a probabilidade de o pedido não ser entregue por "A" fosse de 10%. O novo risco seria 0,1 X 800.000,00 = 80.000,00. A diferença entre os dois é bem menor, mas ainda favorece "B", qual fornecedor seria escolhido? O resultado depende da forma como os riscos são gerenciados.

6.5.3. Gerencie o Risco

Depois de avaliar o risco, o que fazer com essa informação? Primeiro, decidir se ainda queremos negociar. Muitas terras públicas de Brasília foram invadidas por grileiros, que as lotearam e montaram condomínios particulares. Diversos terrenos foram colocados à venda pelos primeiros invasores. Os compradores tinham que decidir entre comprar o terreno – aceitando o risco de perdê-lo em uma ação na justiça – ou desistir da transação. Muitos desistiram, mas outros perseveraram, por quê? O risco nem sempre deve ser evitado em uma negociação. No mundo dos negócios, ele normalmente também esta associado a grandes ganhos. Os compradores desses terrenos se deram bem, pois ganharam o direito de posse, depois de indenizar a União com um valor bem abaixo do mercado. Tudo depende do grau de aversão ao risco, ou seja, quanto risco uma pessoa está disposta a suportar, em decorrência de sua decisão (RAIFFA, 2002).

Segundo, pode-se considerar o risco como uma das questões a serem tratadas. Se decidimos investir no desenvolvimento de uma nova tecnologia e vislumbramos o risco de não obtermos o retorno esperado, podemos colocar essa dúvida na mesa de negociação, discutindo formas de minimizar um possível prejuízo. Quando consideramos os riscos, passamos a nos preocupar com a discussão de cláusulas contratuais que incluam apólices de seguros e garantias de execução.

6.6. Aplicando a Consciência Situacional

A doutora Pamela Chasek (2001), consultora norte-americana para o Programa de Meio Ambiente das Nações Unidas, escreveu um interessante artigo sobre os problemas enfrentados por equipes de negociação de países em desenvolvimento, junto à ONU. Sua narrativa auxilia nosso estudo, ao revelar a importância da consciência situacional em negociações multilaterais, em um cenário típico da Sociedade do Conhecimento.

158 | NEGOCIADORES DA SOCIEDADE DO CONHECIMENTO

Entre os diversos problemas relatados no início de seu trabalho, Pamela revela que muitos países "não possuem capacidade e recursos adequados para expor sua vontade política e perseguir seus próprios interesses em negociações internacionais. Não são capazes de executar estratégias de planejamento, a fim de conseguir seus objetivos: muitos não detém sequer a capacidade de formular estratégias". Como esses países não possuem planejamento e organização interna para enfrentar negociações complexas, deixam de dar a devida importância aos representantes que escolhem para defender seus interesses e acabam lançando mão de três tipos de delegados:

- os que são pegos de surpresa, para substituir o titular, sem conhecimento no assunto e sem experiência em negociação;

- especialistas que conhecem profundamente o assunto mas não têm experiência em negociação; ou

- exímios negociadores que não conhecem o assunto e não estão ambientados com o histórico das conversações.

Todos os três casos são prejudiciais aos interesses do país que eles representam, vejamos por quê.

Os que não têm experiência em negociação e não conhecem o assunto, não sabem comunicar oportunamente suas posições – eles nem mesmo têm posições definidas. Não conhecem os interlocutores dos outros países, ficando isolados durante as reuniões e sem um histórico de relacionamento que lhes indique em quem confiar ou se apoiar; não conhecem as questões em pauta e os consequentes interesses, prioridades, limites ou barreiras; não fazem a menor idéia do contexto, principalmente no tocante aos efeitos relacionados com o assunto que está sendo negociado; e não têm a menor noção dos riscos a que estão sujeitos, como consequência de suas decisões. Como uma pessoa dessas pode obter algum tipo de resultado positivo?

Especialistas que conhecem profundamente o assunto mas não têm experiência em negociação também não apresentam bons resultados. Nas palavras de Pâmela (2001) "Mesmo que o delegado seja um perito na área, sua contribuição nas negociações é praticamente nula. Suas intervenções são a maior parte das vezes ignoradas, porque são apresentadas numa linguagem não apropriada, mesmo que o conteúdo [seja mais pertinente e de aplicação mais prática] do que o de outros delegados [...]. Com freqüência, eles perdem o significado sutil dos debates políticos e não entendem as regras de procedimento, o papel das diversas regiões, dos grupos de interesse, e o mais

CAPÍTULO 6 – CONSCIÊNCIA SITUACIONAL | 159

amplo contexto internacional, no âmbito das quais se desenrolam as negociações". A ausência de habilidades interpessoais, de comunicação, de análise do equilíbrio do poder e a falta de persuasão emocional o deixarão em desvantagem perante os demais participantes.

Os delegados experientes em negociação, mas sem consciência situacional, também não terão um bom desempenho, pois mesmo que tenham excelentes habilidades, não conhecerão as partes, o objeto negociado, o contexto e os riscos a que estarão sujeitos. "Podem marcar presença, mas muito raramente produzem um impacto nas negociações. No tempo em que tomam conhecimento das negociações, a sessão já terminou. A única vantagem, todavia, provém de esses delegados terem experiência em diplomacia multilateral e, por isso, capazes de intervir em matéria de procedimentos de natureza comportamental." (PÂMELA, 2001)

O interessante é que os mesmos problemas são enfrentados em muitas negociações corporativas, principalmente na administração pública. Quando um órgão governamental decide implantar um projeto, envolvendo a participação de diversos ministérios, em cada reunião aparece um representante diferente. Isso exige uma recapitulação do que já foi definido, renegociação de posições e interesses, reordenamento de prioridades, retrabalho e tantos outros rês...

Pâmela sugere que as organizações mantenham pelo menos um boletim informativo atualizado sobre o histórico das negociações. Eu sugiro que esse boletim seja um resumo sobre as partes, o objeto da negociação, o contexto, os possíveis riscos e, principalmente, apresente o propósito e os objetivos a serem alcançados. Essas informações proporcionarão consciência situacional a qualquer pessoa que seja inserida no meio de uma negociação em andamento.

Caso o negociador não possua um boletim no qual se apoiar, como adquirir consciência situacional? Lidar com excesso de informação não é simples, mas também não é coisa do outro mundo. Pilotar aviões também não é simples, mas pilotos adotam algumas ferramentas para auxiliá-los a se lembrarem do que deve ser feito em cada etapa de vôo. Um desses recursos é a lista de verificação. Todos os procedimentos estão registrados, o piloto tem apenas que ler a lista e executar as ações descritas.

Como o negociador brasileiro não gosta de planejar, sugiro, então, que pelo menos adote a lista de verificação para reforçar seu conhecimento sobre o tema a ser negociado. Siga os passos descritos e elabore mentalmente o que deve ser feito. A probabilidade de esquecer alguma coisa será menor. Para situações mais complexas, escreva. Faça um planejamento formal.

O Anexo 1 apresenta uma lista de verificação com vários itens que o auxiliarão a adquirir consciência situacional, elaborar estratégias e preparar-se para um contato de negociação. Se usar a lista com empenho, com o tempo estará dominando o assunto. Boa sorte e bom vôo!

6.7. Lições Aprendidas

Lição 1 - PREPARE-SE, ADQUIRINDO CONSCIÊNCIA SITUACIONAL.

Lição 2 - ESTABELEÇA E PRIORIZE SEUS OBJETIVOS.

Lição 3 - SEMPRE QUE POSSÍVEL, NEGOCIE COM QUEM TEM MAIOR PODER DE DECISÃO.

Lição 4 - ESTABELEÇA UM PROPÓSITO COMUM E MOBILIZADOR.

Lição 5 - ESTRUTURE O PROBLEMA PARA ATENDER O INTERESSE DAS PARTES.

Lição 6 - CONHEÇA AS PARTES ENVOLVIDAS.

Lição 7 - CONHEÇA AS QUESTÕES.

Lição 8 - CONHEÇA O CONTEXTO.

Lição 9 - ANALISE OS RISCOS E AS CONSEQÜÊNCIAS.

Lição 10 - PROCURE O MAIOR NÚMERO POSSÍVEL DE INTERESSES CO-MUNS.

CAPÍTULO 7

Estratégias de Negociação

"Meu pai me disse: você nunca deve tentar ficar com todo o lucro de um acordo. Deixe a outra parte obter também algum ganho, pois se a sua reputação for a de sempre ficar com tudo, você não terá muitos acordos."

J. Paul Getty

Como devemos nos comportar em uma negociação? Quando ser duros, ceder ou colaborar com a outra pessoa? Estaremos preparados para responder a essas perguntas depois de formar uma certa consciência situacional, a partir da qual tenhamos condições de traçar objetivos e levantar informações suficientes para tomar decisões de maneira lógica e racional.

Uma vez estabelecido um objetivo, devemos pensar sobre a melhor forma de alcançá-lo. Essa é a **estratégia**: uma linha de conduta que orienta nossas as ações e comportamentos, levando-se também em consideração as ações e comportamentos de outros atores sociais e suas respectivas conseqüências.

Basearemos essa linha de conduta em cinco estilos de comportamento, estabelecidos de acordo com o grau de assertividade (firmeza ao falar) ou de cooperatividade com que perseguimos nossos objetivos.

A Figura 27 ilustra esses estilos, que refletem a forma como as pessoas lidam com situações de conflito. Foram propostos por Hall (1971) e depois adaptados por dois psicólogos norte-americanos: Kenneth Thomas e Ralph Kilmann (1974).

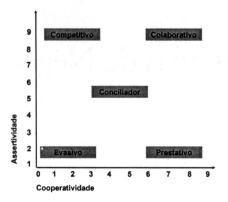

Figura 27 - Estilos para lidar com situações de conflito (THOMAS; KILMANN, 1974).

A **assertividade**, no eixo y, está vinculada ao metaprograma **Resposta Emocional**[1], que representa a forma como um indivíduo responde aos problemas com que se depara (PACHECO, 2001). Ele pode ter uma atitude passiva ou assertiva. O **passivo** procura evitar situações de estresse, confronto, ameaça e perigo. Sua preocupação está na acomodação, na harmonia e na busca por tornar as coisas agradáveis para todos. No extremo, empenha-se tão pouco para conseguir o que quer, que acaba abrindo mão de seus interesses em benefício de terceiros, deixando transparecer fraqueza, apatia ou insegurança. O **assertivo** vai ao encontro de situações estressantes. Parece gostar de confrontos, desafios, estresse, pressão e aventura. Responde instintivamente no sentido de não perder desafios. Quando agem com excesso, podem ser violentos e perder o controle, gerando um padrão destrutivo e transmitindo a impressão de despotismo, arrogância ou desequilíbrio.

A **cooperatividade**, por sua vez, no eixo x, está relacionada ao metaprograma **Foco de Atenção** (PACHECO, 2001). As pessoas que têm o foco de atenção **em si** mesmas

---

[1] Para manter a coerência com o uso de metaprogramas no estudo dos comportamentos, adaptamos as características de assertividade e de cooperatividade de Kenneth Thomas e Ralph Kilmann (1974) aos metaprogramas, com características equivalentes, estudados por Pacheco (2001).

CAPÍTULO 7 – ESTRATÉGIAS DE NEGOCIAÇÃO | 163

não se preocupam em como seus atos vão atingir os outros, nem se interessam por sentimentos alheios. Parecem estar dentro de si a maior parte do tempo. Elas sabem o que os outros dizem mas não prestam atenção em como dizem. Estão atentas somente ao conteúdo. Não acompanham o tom de voz, a linguagem corporal e nível de vínculo de relacionamento. Não percebem insinuações. Fora da faixa produtiva, são vistas como egoístas e suas atitudes, freqüentemente, interpretadas como ditatoriais. Indivíduos que têm o foco de atenção **nas outras pessoas**, por outro lado, consideram os sentimentos delas mais importantes do que os seus. Têm reações reflexas em relação ao comportamento de seus interlocutores, espelhando gestos, respondendo intuitivamente a expressões faciais e alterações no tom de voz. Avaliam a qualidade da comunicação baseados nas respostas que, inconscientemente, observam na outra pessoa. Abrem mão de seus interesses em detrimento dos da outra parte. Ser muito cooperativo faz o indivíduo pensar tanto nos outros, que acaba esquecendo de si mesmo, dando a impressão de ser submisso.

7.1. Estilos para Lidar com Conflitos

Quando as características de assertividade e cooperatividade se entrelaçam, surgem os estilos para lidar com situações de conflito. Todos nós manifestamos comportamentos que se encaixam em mais de um estilo, mas tendemos a usar um ou outro como predominante. Da mesma forma como ocorre com os metaprogramas.

Devemos lembrar que as pessoas que se encontram na faixa produtiva – dos metaprogramas que caracterizam a assertividade e a cooperatividade – têm mais facilidade para escolher e empregar o estilo adequado às circunstâncias de uma negociação, pois a forma como terão que se comportar estará dentro de suas zonas de conforto. As que estão fora dessa faixa produtiva terão mais dificuldade. Por mais que desejarem empregar um estilo diferente, seu estilo predominante sempre sobressairá em relação aos demais ou, o estilo inibido, nunca conseguirá ser utilizado. Para se tornarem mais flexíveis, essas pessoas têm que expandir sua zona de conforto. Isso é feito ao adquirirem novas crenças. Vejamos, então, os estilos.

7.1.1. Competitivo

O indivíduo competitivo persegue seus próprios interesses às custas de outras pessoas (Figura 28). Por possuir um estilo forte, usa qualquer forma de poder ou mecanismo de influência que lhe pareça apropriado para se impor sobre a outra parte, como habilidades para argumentar, hierarquia ou sanções. Costuma manter-se firme em seus direitos, defende a posição que acredite ser correta e tenta vencer a todo custo.

O estilo competitivo é largamente empregado no ambiente comercial, muitas vezes travestido com uma roupagem colaborativa. Recomenda-se o uso desse estilo em **emergências**, quando ações rápidas e decisivas sejam vitais; em questões onde **linhas de ação impopulares** necessitem ser implementadas – exemplo: corte de despesas, aplicação de regras duras ou manutenção da disciplina; em **questões vitais** para o bem-estar da empresa, quando se tem poder e a convicção de estar certo; ou para **proteger-se** de pessoas competitivas.

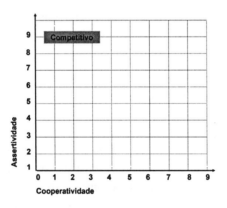

Figura 28 - Estilo competitivo (THOMAS; KILMANN, 1974).

7.1.2. Prestativo

Pessoas prestativas apresentam características opostas às competitivas. Costumam negligenciar seus próprios interesses para satisfazer os de outra pessoa, em uma atitude de auto-sacrifício, generosidade despretensiosa ou de caridade. Freqüentemente obedecem ordens, mesmo contrariadas, ou cedem a opiniões alheias (Figura 29).

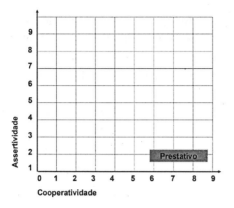

Figura 29 - Estilo prestativo (THOMAS; KILMANN, 1974).

O uso desse estilo é recomendado quando **percebemos que estamos errados** e queremos estabelecer condições para ouvir um ponto de vista diferente; para **aprendermos com outras pessoas e para mostrar que somos razoáveis e compreensivos**. O estilo também é sugerido quando o assunto é muito **mais importante para a outra pessoa**, assim podemos satisfazer as necessidades dela como gesto de boa vontade para manter um relacionamento cooperativo. Dentro de um jogo de interesses, o estilo serve para **adquirir créditos sociais** importantes a serem usados como moeda de troca, em questões futuras, ou quando uma **competição prolongada possa prejudicar uma causa**. Use-o, também, quando **preservar a harmonia** e **evitar que rupturas** sejam mais importantes do que ganhar a disputa. Líderes devem empregá-lo para **ajudar no desenvolvimento de subordinados**, deixando-os experimentar e aprender a partir de seus próprios erros.

7.1.3. Evasivo

O indivíduo evasivo não persegue seus interesses nem atende aos da outra pessoa, e geralmente é incapaz de gerenciar conflitos (Figura 30). Os evasivos, diplomaticamente, esquivam-se de problemas; adiam assuntos até uma melhor oportunidade; ou simplesmente retiram-se de uma situação ameaçadora.

A diferença básica entre este estilo e o anterior é que, enquanto o evasivo desiste de um conflito por motivos pessoais, como não querer se aborrecer, o prestativo o evita para atender aos interesses da outra parte, para auxiliá-la de alguma forma.

Esse estilo deve ser aplicando quando um **assunto for trivial**, de **importância passageira** ou outras **questões mais importantes** estiverem em jogo, de maneira que não valha a pena entrar em conflito. Também é empregado quando o indivíduo perceber que não possui **nenhuma chance de satisfazer seus interesses** – exemplo: quando se tem pouco poder ou se está frustrado por algo que seria muito difícil modificar (políticas nacionais, personalidade de outra pessoa etc.). É recomendado quando o perigo potencial de enfrentar um **conflito sobrepujar os benefícios** de sua solução; para **acalmar pessoas**, reduzindo tensões a um nível produtivo, mantendo, ainda, a perspectiva e a calma; quando **outras pessoas possam resolver o conflito** de maneira mais eficiente; e quando a **questão pareça estar fora do escopo** do assunto tratado.

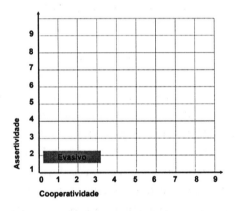

Figura 30 - Estilo evasivo (THOMAS; KILMANN, 1974).

7.1.4. Colaborativo

O indivíduo colaborativo é um solucionador de problemas (Figura 31). Procura sempre trabalhar com outras pessoas na busca de soluções que satisfaçam os interesses de ambas as partes. Mergulha profundamente nas questões, a fim de identificar interesses ocultos e encontrar alternativas.

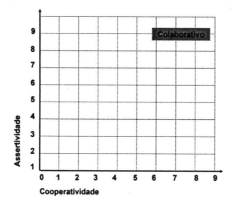

Figura 31 - Estilo colaborativo (THOMAS; KILMANN, 1974).

Recomenda-se a adoção do estilo colaborativo para resolver questões que envolvam a distribuição de recursos; na busca de soluções criativas para conflitos interpessoais; a fim de encontrar uma **solução integradora** quando os interesses de ambas as partes são muito importantes para deles se abrir mão; quando o **objetivo é aprender**, explorando discordâncias para testar hipóteses e entender o ponto de vista de outras pessoas; para **combinar idéias** de diferentes pessoas com diferentes perspectivas do problema; para **ganhar comprometimento** de outras pessoas por meio da incorporação de todos os interesses envolvidos, em uma decisão consensual; e para **trabalhar com emoções** que estejam interferindo com um relacionamento pessoal.

7.1.5. Conciliador

O objetivo do conciliador é encontrar uma solução, mutuamente aceitável, que satisfaça parcialmente ambas as partes. É um meio-termo entre o competidor e o prestativo (Figura 32). O conciliador desiste mais freqüentemente do que o competitivo, mas menos do que o prestativo. Além do mais, gerencia problemas de forma mais direta que o evasivo, mas não os explora tanto quanto o colaborativo. Conciliadores dividem a diferença, trocam concessões ou procuram rapidamente um meio-termo.

As características conciliadoras são úteis quando os **objetivos são moderadamente importantes**, não valendo o esforço de rupturas potenciais ou estilos mais assertivos; quando dois oponentes de poder equivalente estão fortemente **comprometidos com objetivos mútuos e excludentes** – como em uma negociação entre sindicato e empregadores; para encontrar **acordos temporários** relacionados a assuntos complexos; para **chegar a rápidas soluções sob a pressão do tempo**; ou como um **estilo reserva** quando o colaborativo ou o competitivo não obtêm sucesso.

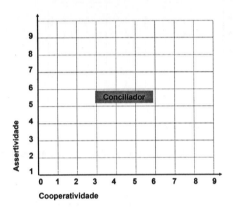

Figura 32 - Estilo conciliador (THOMAS; KILMANN, 1974).

7.2. Definição da Estratégia de Negociação

Os perfis para lidar com conflitos servem como base para a definir as estratégias de negociação (SHELL, 2001). A escolha do comportamento a ser adotado vai depender de várias informações levantadas ao se tomar consciência situacional do ambiente aonde ocorrerá a negociação. Quatro fatores, no entanto, assumem papel de destaque na escolha da estratégia:

- importância do resultado;
- poder de influência;
- qualidade de relacionamento; e
- interdependência de interesses.

No gráfico da Figura 33, observe que o eixo vertical considera a importância do resultado e o poder de influência, enquanto o eixo horizontal leva em conta a qualidade de relacionamento e a interdependência de interesses. Para definir a estratégia, avalie cada tópico e trace uma reta perpendicular ao eixo correspondente. O resultado determinará a estratégia que deverá ser empregada na negociação.

CAPÍTULO 7 – ESTRATÉGIAS DE NEGOCIAÇÃO | 169

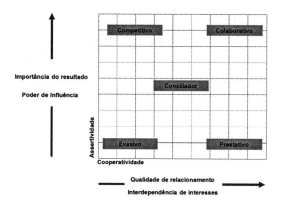

Figura 33 - Matriz de decisão para a escolha da estratégia (SANER, 2002).

Por exemplo, considere a situação em que você deseja ir ao cinema e sua (seu) companheira(o) ao teatro. A peça ficará em cartaz apenas dois dias e essa será a única oportunidade de sua (seu) companheira(o) assisti-la.

Acompanhe a construção da estratégia na Figura 34. Suponha que:

- para você, o fato de não assistir o filme hoje não é importante, pois poderá vê-lo em outra oportunidade (Reta 1 – importância do resultado);

- o poder de influência entre você e sua (seu) companheira (o) é equilibrado (Reta 2 – Poder de influência);

- você se importa com a manutenção do relacionamento com a outra parte (Reta 3 – qualidade do relacionamento); e

- o interesse maior de ambos é compartilhar momentos juntos (Reta 4 – interdependência de interesses).

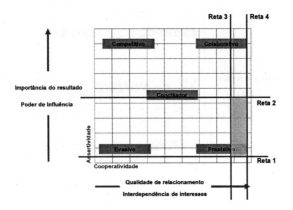

Figura 34 - Exemplo para a escolha da estratégia.

Colocando o resultado no gráfico, teremos a situação da Figura 34. A estratégia ideal a ser utilizada por você, nesse caso, será a prestatividade, ou seja, vai procurar atender aos interesses da outra parte.

Esse exemplo foi simples e ilustra uma decisão tomada inconscientemente, em nossa vida. Para situações mais complexas, torna-se necessário uma reflexão mais criteriosa quanto à estratégia a ser adotada. Exercite a definição de estratégias baseadas no perfil para lidar com conflitos, a partir das seguintes situações: casal se divorciando e discutindo a separação de bens, gerentes envolvidos na definição do planejamento estratégico de uma empresa e um fornecedor de medicamentos negociando com o proprietário de uma farmácia.

7.3. Ambientes de Negociação

Desde o início, temos citado os dois principais comportamentos adotados em uma negociação: o colaborativo e o competitivo. O **prestativo** e o **evasivo** não foram comentados porque, ao empregá-los, praticamente estamos abdicando de negociar e isso não traria grande aprendizado. A estratégia **conciliadora** será vista em breve.

Ao descrever os estilos para lidar com situações de conflitos, vimos como uma pessoa competitiva se comporta. Esse comportamento favorece o aparecimento de um ambiente **competitivo**, que costuma ser cheio de truques, argumentos ardilosos, blefes e atitudes pouco éticas. O ambiente é carregado de emoções geradas principalmente pela contrariedade de interesses. É propício para conversas improdutivas, discussões, ataques pessoais, colocações irritantes, indiretas ou ironias, causando estresse e ressentimentos. Interesses são atacados, questionados, distorcidos e desconsiderados, a fim de abalar as posições que sustentam ou serem usados contra quem os revelam. As partes não hesitam em usar o poder para impor sua vontade.

No ambiente **colaborativo**, as partes procuram revelar abertamente seus interesses, buscando um clima de criatividade que permita a geração do maior número possível de opções e alternativas. As alianças são formadas para beneficiar todos os envolvidos. O poder é utilizado para permitir ou forçar o diálogo. A clareza é fortemente estimulada, assim como a audição ativa. Procura-se exercer influência de maneira lógica e racional, evitando emoções extremas. Apesar do clima cooperativo, cada parte se empenha com energia, até o fim, para que todos ou grande parte de seus interesses sejam atendidos.

Ao adotar o comportamento **conciliador**, mesclam-se as características dos cenários colaborativo e competitivo. Cada parte deseja resolver o seu problema e se concentra em seus próprios interesses, mas não faz muita força para alcançá-los, preferindo abrir mão de parte deles a se engajar com energia na negociação. Nem todos os interesses são revelados, um truquezinho ou outro é colocado, cada um puxa a brasa para sua sardinha e assim chegam a um acordo.

7.4. Implementação das Estratégias de Negociação

Escolhemos a estratégia, e daí? Como aplicá-la? Se estamos seguindo as lições aprendidas até o momento, estabelecemos objetivos, formamos uma consciência situacional e escolhemos a estratégia a ser adotada na negociação. Falta agora traçar o plano de ação. Uma ferramenta bastante útil e prática para essa atividade é a análise de forças (LEWIN, 1951).

Consideramos **forças** como todos os elementos materiais, sociais e psicológicos que influenciam no alcance de um objetivo. Essa influência pode ser positiva, atuando a favor de nossas pretensões, ou negativa, agindo no sentido contrário. Nem sempre é fácil identificá-las ou lembrar-nos de considerá-las. Elas incluem elementos tangíveis, como recursos materiais e financeiros; e intangíveis, como emoções, apoio, riscos, argumentos e personalidade das partes envolvidas. Qualquer informação levantada na aquisição de consciência situacional pode ser considerada durante a análise das forças.

Além de identificar as forças, devemos avaliar seu impacto na perseguição de nossos objetivos. Esse procedimento aumenta a consciência situacional e nos ajuda a colocar em prática a estratégia adotada. A análise de forças é realizada em seis passos.

7.4.1. Passo 1 – Estabeleça Objetivos

Em uma folha de papel ou planilha, defina o objetivo que deseja atingir. Escolha apenas um e anote-o na parte de cima da folha (Figura 35). A análise de forças pode ser feita com o propósito (recomendável) e para cada objetivo a ser atingido.

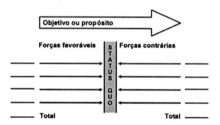

Figura 35 - Diagrama de análise de forças.

7.4.2. Passo 2 – Liste Prós e Contras

Abaixo do objetivo, liste todas as forças que atuem a favor e contra o alcance do objetivo, facilitando ou dificultando sua conquista. Utilize a técnica de tempestade de idéias do Capítulo 10. As forças favoráveis devem ser colocadas à esquerda, formando uma coluna, e as contrárias, à direita. Inclua todas as forças de que puder lembrar, tangíveis e intangíveis. Observe a Figura 36.

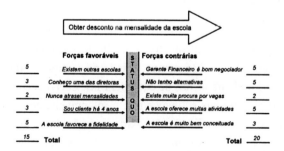

Figura 36 - Exemplo de uso de diagrama de análise de forças.

A Figura 36 ilustra uma análise de forças para se obter desconto na mensalidade escolar. Na coluna da esquerda foram colocadas forças que podem servir de argumento para se solicitar o desconto, como o fato da pessoa ser cliente há 4 anos e de nunca haver atrasado as mensalidades. Colocam-se também forças passíveis de serem exploradas para se gerar poder de influência. A existência de outras escolas, por exemplo, é favorável porque essas escolas podem ser contatadas e servir como alternativa à negociação principal. Na coluna da direita, foram colocadas as forças que podem ser usadas como argumento da outra parte ou servir para aumentar seu poder de influência.

7.4.3. Passo 3 – Sintetize e Pontue as Forças

Com todas as forças colocadas, sintetize as que se repetem ou estão expressas de forma diferente mas representam a mesma coisa. A seguir, atribua a cada força uma pontuação de 1 a 5, no qual 1 significa um impacto baixo ou fraco, tanto a favor como contra, e 5 é o maior ou mais forte. Para auxiliar na percepção, desenhe setas para cada força, cujo tamanho represente a pontuação atribuída. As setas que seguem na mesma direção do objetivo são as que contribuem para alcançá-lo.

7.4.4. Passo 4 – Obtenha o Total de Pontos

Some os pontos atribuídos às forças favoráveis e contrárias, anotando-os separadamente, no final de cada coluna. Agora reflita: o resultado é o esperado? Seu coração, mente e intuição concordam? Se não estão de acordo, revise as forças listadas. Há alguma faltando? As forças menos importantes têm maior pontuação que as mais importantes? Os pontos são realísticos? Resista à tentação de fabricar resultados, ao representar a situação ideal e não a real. Seu diagrama de análise de forças deve estar o mais próximo possível da realidade. Se não se sentir confortável com o diagrama, modifique a composição de forças e a pontuação, e veja o que acontece.

Verificando a Figura 36, a pessoa que realizou a análise de forças julgou que as forças contrárias eram superiores (20 pontos) às favoráveis (15 pontos). O que fazer?

7.4.5. Passo 5 – Crie o Plano de Ação

Agora temos uma boa noção das forças que contribuem ou dificultam a perseguição de nossos objetivos. Podemos desenvolver ações para incrementar as forças favoráveis de menor pontuação e diminuir as forças contrárias com mais pontos. O que pode ser feito? Alianças? Contatos para esclarecer pontos de vista diferentes? Maior esforço de vendas? Treinamento ou recursos adicionais? Criação de antecedentes? Aquisição de maior consciência situacional? Ajuste de argumentos? Reveja as forças e decida que ações poderiam ser tomadas para auxiliá-lo a alcançar seu objetivo. As ações devem ser coerentes com o comportamento estratégico escolhido.

Se escolhemos um comportamento competitivo, muitas ações devem ser conduzidas em sigilo, estaremos preocupados em adquirir poder, criar alternativas, além de conhecer muito bem o oponente, as questões e o contexto. Nossos contatos serão muito mais bem preparados e direcionados para estabelecer alianças. Os argumentos devem ser fortes e resistentes a ataques da outra parte. Haverá espaço para o uso de táticas de influência descritas no Anexo 2.

Se a escolha recai sobre um comportamento colaborativo, as ações serão ostensivas, voltadas para encontrar soluções e compartilhar conhecimento. Os contatos serão francos e abertos, com estímulo à criatividade e à troca de informações.

Tomando novamente como referência a Figura 36, um bom plano seria procurar outras escolas, negociar um preço com elas e depois marcar um encontro com a diretora conhecida, solicitando-lhe o desconto. Seria interessante não falar com o gerente financeiro, que é um bom negociador.

7.4.6. Passo 6 – Analise o Plano de Ação

Supondo que essas ações sejam tomadas, como seria a nova distribuição de forças e sua respectiva pontuação? Analise cada uma delas, assumindo que as ações deram certo e retorne ao passo 3, sintetizando e pontuando novamente as forças anotadas, prosseguindo pelos passos seguintes. Como vê o novo resultado? Quando estiver satisfeito com o processo de análise, coloque em prática, vá à luta.

7.5. Lições Aprendidas

Lição 1 - DEFINA A ESTRATÉGIA.

Lição 2 - CONDICIONE SUAS AÇÕES À ESTRATÉGIA ESCOLHIDA.

Lição 3 - IDENTIFIQUE E DIGA QUE RECONHECEU TÁTICAS DE INFLU-
ÊNCIA.

Lição 4 - FAÇA UMA ANÁLISE DE FORÇAS.

Lição 5 - CRIE UM PLANO DE AÇÃO.

CAPÍTULO 8

Conceitos Básicos de Negociações

"Nos negócios, você não obtém o que merece, apenas o que negocia."

Chester L. Karrass

8.1. NEGOCIAÇÕES DISTRIBUTIVAS

Vimos que negociações nas quais o valor de um determinado bem é dividido entre duas ou mais partes, de forma que se uma ganha as outras necessariamente perdem, denominam-se negociações distributivas, também conhecidas como ganha-perde ou de disputa de valor (RAIFFA, 2002).

Nas negociações distributivas, existe apenas uma questão em pauta. Como não é possível propor trocas, o clima predominante é de competição. Ela pode ser conduzida como um jogo, no qual as partes fazem propostas de abertura que vão sendo modificadas até que ocorra o fechamento do acordo, ou empregada de forma direta. Neste caso, uma das partes faz uma única e definitiva proposta, sem direito a barganha. Em alguns ambientes espera-se que haja a barganha, enquanto em outros, fixa-se a proposta. Dance conforme a música.

Negociações distributivas exigem preparação cuidadosa e o estabelecimento de limites, a fim de evitar que as emoções prevaleçam na hora de fechar o acordo. Se formos os compradores, por exemplo, devemos fixar um preço máximo acima do qual não

178 | Negociadores da Sociedade do Conhecimento

desejaremos comprar o produto. Esse ponto é denominado *valor-reserva*, *condição básica* ou **valor-limite** (VL). Na posição de vendedores, o VL é o menor valor abaixo do qual não aceitaremos negociar (RAIFFA, 2002).

O VL é determinado pelas condições do mercado. Você não pagaria R$ 100,00 por um produto normalmente vendido a R$ 50,00. Mas como saber, exatamente, qual deve ser o seu valor-limite? A resposta está nas alternativas.

O BATNA (*Best Alternative To Negotiated Agreement*) ou melhor alternativa para um acordo negociado (FISHER, 1981), é a **alternativa** que melhor atende a seus interesses, caso a negociação principal não seja concluída. Por exemplo, quando vai comprar um carro, você verifica vários modelos, diversas combinações de acessórios, carros novos e usados. Suponha que tenha optado por um carro usado, modelo ZZZ, avaliado no mercado em torno de R$ 24.500,00. Depois de entrar em contato com diversos vendedores, obtém a seguinte cotação de preços:

Vendedor	Valor
AA	R$ 24.000,00
BB	R$ 24.300,00
Mercado	R$ 24.500,00
CC	R$ 25.000,00

Imagine agora que, ao contatar um quarto vendedor, você encontre um veículo exatamente igual aos cotados anteriormente e resolva abrir uma negociação. Seu valor-limite será de R$ 24.000,00, correspondente ao menor preço praticado por AA, ou seja, você não aceitará pagar nem um centavo além desse valor. Se o vendedor não aceitar, tubo bem, você comprará o carro do vendedor AA. Tecnicamente, o VL e a BATNA são conceitos diferentes (WU, 1966), mas na prática você estabelece o valor-limite em função de suas alternativas. Se o VL não puder ser alcançado, a negociação será interrompida, partindo-se então para a BATNA.

O próximo passo consiste em estipular uma **abertura**, valor utilizado para começar a negociação, cujo montante dependerá de uma série de fatores e resultará em várias conseqüências estudadas mais à frente.

A faixa compreendida entre a abertura e o valor-limite constitui a **meta** a ser alcançada. Para um vendedor com valor-limite de R$ 1.000,00 e abertura de R$ 1.500,00, a meta seria formada pelo intervalo entre esses dois valores. Metas também podem ser definidas por um valor pontual específico, a ser idealmente conquistado dentro dessa faixa, como por exemplo R$ 1.200,00. Apesar de metas pontuais serem úteis para direcionar ações, essa prática induz a pessoa a querer atingir esse valor a todo custo, levando-a a deixar de fechar negócio por, digamos, R$ 1.100,00, apesar desse montante estar ainda acima de seu VL.

8.1.1. Zona de Negociação

A zona compreendida entre os valores-limites do comprador e do vendedor é denominada **zona de negociação** ou ZOPA (Zona de Possível Acordo). Em algum ponto dessa zona ocorrerá o acordo entre as partes, de forma que aquele que fechar a transação mais distante de seu valor-limite conquistará o maior **excedente** (RAIFFA, 2002).

No exemplo ilustrado pela Figura 37, o valor-limite do vendedor é de R$ 100.000,00 e sua abertura é de R$ 120.000,00. O comprador, por sua vez, estabeleceu um valor-limite de R$ 110.000,00 e uma abertura de R$ 90.000,00. Ao iniciar a negociação, o vendedor diz que vende o produto por R$ 120.000,00, mas o comprador responde que só paga R$ 90.000,00. Se os dois negociadores forem experientes, a transação ocorrerá entre R$ 100.000,00 e R$ 110.000,00, na zona de negociação. Por outro lado, se o comprador não tiver definido seu valor-limite, nem estabelecido uma abertura, poderá pagar até mesmo os R$ 120.000,00 pedidos no lance inicial. Isso ocorre freqüentemente no comércio brasileiro. Muitos estabelecimentos comerciais esperam que o cliente peça um desconto, embutindo uma certa margem de negociação em seus preços. Se o cliente não pedir, a margem vira lucro extra.

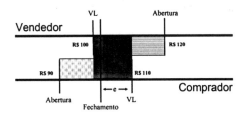

Figura 37 - Zona de negociação.

Na Figura 37, observa-se que o excedente (e) é maior para o comprador do que para o vendedor. Isso quer dizer que dos R$ 10.000,00 disponíveis na faixa de negociação (R$ 110.000,00 – R$ 100.000,00 = R$ 10.000,00), o comprador levou a melhor. Esse é o valor disputado entre as partes e o que caracteriza uma negociação distributiva: se um lado ganha, o outro perde.

No jogo de barganha, cada parte tenta mascarar seu valor-limite, de maneira que o outro lado pense que ele é maior (no caso do vendedor) ou menor (no caso do comprador) do que realmente é (Figura 38).

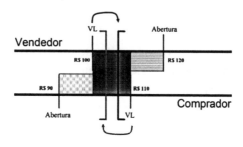

Figura 38 - Projeção dos valores-limite.

Para mascarar valores-limite, as partes usam diversos argumentos para sustentar suas respectivas posições, ao mesmo tempo em que diminuem o impacto e desmerecem os argumentos utilizados pelo outro lado. Em um cenário tipicamente competitivo, cada centavo cedido pode requerer muita discussão, pressão e paciência.

Se a ZOPA for muito estreita, esse jogo pode levar muito tempo, até que as partes cheguem próximas aos seus valores-limite e o acordo seja fechado. Nesse cenário, como saber se o outro lado está chegando realmente ao seu valor-limite ou simplesmente jogando duro e obtendo maior excedente? Pois é, não se sabe. Por isso as negociações distributivas são caracterizadas por um alto grau de **incerteza**.

Mas talvez a ZOPA não exista, se o valor-limite do vendedor for mais alto que o do comprador (Figura 39). Neste caso, não se trata do VL "projetado", mas do verdadeiro valor-limite, além do qual nenhum dos dois lados estará disposto a negociar.

CAPÍTULO 8 – CONCEITOS BÁSICOS DE NEGOCIAÇÕES | 181

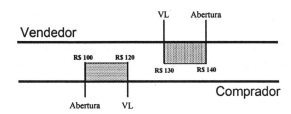

Figura 39 - Zona de negociação negativa.

Pode ocorrer também que uma das duas partes não tenha se preparado para a negociação e que a meta do vendedor, por exemplo, seja menor do que a do comprador. Nesse caso, a negociação vai favorecer quem der o primeiro lance, pois a outra parte vai poder ajustar seus limites de negociação e fechar um acordo em situação bem favorável à esperada. Deve-se considerar, no entanto, se há expectativa de relacionamento futuro com a outra parte, pois se a manobra for revelada, a parte prejudicada poderá sentir-se enganada, gerando sentimentos negativos.

A Figura 40 ilustra uma negociação desse tipo. Se o vendedor for o primeiro a se pronunciar, pedindo os R$ 120,00, o comprador terá como opção:

- reajustar seu valor-limite para, digamos, R$ 110,00, já que o valor de abertura do vendedor está totalmente fora do que havia sido planejado;
- fechar o acordo imediatamente; ou
- oferecer um valor maior, corrigindo um possível engano da outra parte.

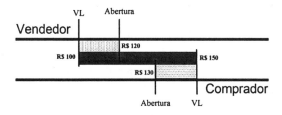

Figura 40 - Zona de negociação ampla.

182 | NEGOCIADORES DA SOCIEDADE DO CONHECIMENTO

8.1.2. Abertura

O lance de abertura tem o poder de alterar a percepção da outra parte, **ancorando** psicologicamente uma posição, se vier acompanhado de argumentos convincentes que sustentem o motivo pelo qual o valor proposto deva ser mantido. Por exemplo, ao comprar um carro, posso iniciar a conversa propondo pagar um preço de R$ 23.000,00, sustentado pelo argumento de que apesar do valor de mercado, pela tabela FIPE, ser de R$ 24.000,00, o veículo tem alguns arranhões e o pára-choque está um pouco amassado. Além do mais, o motor já está bastante rodado em relação a outros automóveis do mesmo ano e nenhuma concessionária pagaria mais do que R$ 22.000,00 nele; de modo que R$ 23.000,00 é definitivamente um preço justo. Algumas dessas informações podem não ser verdadeiras, mas se o vendedor não estiver bem preparado, será influenciado pelos argumentos que justificam a abertura do comprador e tenderá a fechar a transação em um valor próximo a ela.

A ancoragem também faz com que a outra parte continue a negociação com base no primeiro valor proposto. Utilizando ainda o exemplo do carro: depois que eu desse o primeiro lance de R$ 23.000,00, se o vendedor desejasse vender o automóvel por R$ 24.000,00 (o preço de tabela) e imaginasse que o negócio seria fechado em um valor entre as duas ofertas iniciais, ele teria que pedir R$ 25.000,00 como lance inicial, fazendo as devidas justificativas, a fim de que o preço final ficasse em R$ 24.000,00 (o ponto intermediário entre os lances de abertura).

Dar um lance muito forte é útil para criar uma realidade que possa enganar a outra parte, fazendo-a repensar sua posição e permitindo que você obtenha ganhos acima do esperado. Por outro lado, essa tática pode jogar tudo a perder, se a outra parte estiver bem preparada e considerar que você a está explorando ou não a está levando a sério.

Fazer uma abertura fraca também é desvantajoso, uma vez que sua proposta pode ficar muito distante do valor-limite da outra parte, fazendo-o perder espaço importante na negociação. Acertar a dosagem ideal de uma abertura exige muita preparação e um pouco de sorte.

Na dúvida, sempre peça alto, quando vender, ou ofereça baixo, ao comprar. Isso lhe dará flexibilidade e certa margem de manobra. Além do mais, as concessões realizadas criarão um clima em que o outro lado pensará que saiu ganhando. Adicionalmente, não aceite nunca a primeira oferta, principalmente quando você não tiver se preparado adequadamete para a negociação.

Se estivermos seguros sobre o valor do que está sendo negociado, certos sobre nossos interesses e desejarmos adotar uma postura justa, sem margem para barganhar, podemos estabelecer o valor considerado justo e manter a posição até o final, como se a abertura fosse o nosso valor-limite. Com o tempo, essa atitude passará a fazer parte de nosso histórico e reputação, e respeitada pelas outras partes. No entanto, em determinadas situações, quando as partes não se conhecerem e a cultura da barganha for muito forte, sofreremos forte pressão para que esse valor inicial seja revisto, além de sermos considerados como pessoas muito duronas e inflexíveis.

Outra opção é ficar em silêncio, inicialmente, mantendo uma conversa amigável, sorrisos, espera... qualquer recurso que faça a outra parte abrir a negociação, principalmente se temos a expectativa de que o lance inicial nos favoreça. Essa é uma tática muito popular na Ásia (SANER, 2002). O conceito que está por trás dessa artimanha é a possibilidade de ter acesso a informações valiosas, antes do início dos trabalhos, permitindo-lhe conduzir seus movimentos em direção a um alvo mais preciso. Além disso, obriga o outro a se comprometer com determinados limites, estabelecidos por seus próprios lances iniciais.

Os primeiros segundos, depois que um lance de abertura é realizado, também constituem uma excelente oportunidade para captar as expressões não-verbais da outra parte. Elas poderão revelar surpresa, desapontamento ou alegria, fornecendo pistas importantes para ajustar as táticas a serem adotadas. Negociadores experientes evitam revelar suas emoções nessa hora, dissimulando sua linguagem não-verbal com brincadeiras, ironia ou mantendo-se sérios.

8.1.3. Valor-Limite

Como estabelecer um valor-limite? O VL de um produto novo ou serviço deve incluir o custo básico, somado a uma margem de lucro mínima que o vendedor esteja disposto a ganhar com a transação. Se for um produto usado, serão considerados o valor de mercado, tempo de uso, raridade, estado geral etc.

Como calcular a margem de lucro mínima? Como chegar a um valor justo? Primeiro, existe a lei da oferta e da procura. Se cobrarmos um preço muito mais alto do que o mercado, nosso produto ou serviço será menos procurado, mas o lucro será maior; se o preço for muito baixo, teremos mais procura, mas lucro menor.

184 | NEGOCIADORES DA SOCIEDADE DO CONHECIMENTO

Segundo, depende da qualidade. Quanto maior a quantidade de valor agregado ao produto, maior deve ser o preço. Isso inclui acessórios, funcionalidades, acabamento, atendimento, conhecimento empregado na prestação do serviço ou na elaboração do produto etc. Um produto ou serviço pode ser comercializado a valores bem acima do mercado; se a outra parte perceber que a qualidade compensa, estará disposta a pagar mais por ele.

Terceiro, depende do que a outra parte vai fazer com o produto ou serviço. Ao revendê-lo a terceiros ou utilizá-lo, ela vai ter muita ou pouca margem lucro? Se nossa margem for pequena, mas a dela for muito grande, estaremos sendo explorados e trabalhando para enriquecê-la e isso não é justo. Se for para uma causa social, talvez possamos diminuir nossa margem de lucro.

Quarto, depende das necessidades da outra parte. Neste ponto há que se tomar cuidado. Pessoas que têm pressa, por exemplo, estão dispostas a pagar mais ou ter sua margem de lucro reduzida. Podemos usar as necessidades da outra parte para ajustar a margem de lucro, trocando dinheiro por tempo, mas quando usamos esse artifício para explorá-la, aumentando demasiadamente nosso ganho, entramos em uma discussão sobre o que é considerado ético e justo em uma transação, assunto que veremos no Capítulo 10.

8.1.4. Padrões de Concessões

Depois da abertura, a negociação pode prosseguir de diversas maneiras diferentes, dependendo da natureza do que estiver sendo negociado, o montante envolvido e características pessoais dos negociadores.

Cada parte pode adotar diferentes padrões de comportamento, mesmo chegando a resultados idênticos, como ilustrado pela Tabela 3.

Tabela 3. Padrões de comportamento

Concessões	Negociador					
	1	2	3	4	5	6
Concessão 1	0	500	100	60	200	50
Concessão 2	0	0	100	70	150	0
Concessão 3	0	0	100	90	100	430
Concessão 4	0	0	100	120	40	0
Concessão 5	500	0	100	160	10	20
Total	500	500	500	500	500	500

Fonte: Adaptado de Saner (2002).

Observe que o negociador 1 (coluna) adota uma postura durona, pois não concede nada nas primeiras interações da barganha, mas libera R$ 500,00 no final. O segundo procede de forma contrária, libera tudo que pode no início e não faz mais nenhuma concessão até a conclusão dos trabalhos. O terceiro utiliza a tática do salame, liberando pequenas concessões ao longo das rodadas de negociação, quando for inevitável, para aplacar a outra parte durante algum tempo. A perda é relativamente pequena, e o negociador ganha um bom tempo para pôr em prática outras manobras táticas. O quarto negociador adota uma postura não-recomendada, pois vai aumentando suas concessões com o desenrolar da negociação, criando expectativas incoerentes na outra pessoa. O quinto sinaliza claramente aonde quer chegar, uma vez que vai diminuindo progressivamente suas concessões, mostrando coerência em suas ações. O sexto adota um comportamento aleatório, confundindo a outra parte.

O comportamento ideal a ser adotado vai depender de nossa personalidade. O fato é que devemos fazer concessões que sejam proporcionais às da outra parte. Não podemos, por exemplo, conceder R$ 500,00 enquanto o outro concede apenas R$ 10,00. Procure, também, não fazer concessões unilaterais, onde você concede um valor X e o outro não lhe dá nada. Busque sempre o equilíbrio, tentando otimizar seus resultados e negociar o mais longe possível de seu VL.

A Figura 41 mostra um padrão de concessões no qual as duas partes agem como o negociador 5 da Tabela 3. Depois da abertura, o vendedor faz o primeiro lance (V1), o comprador responde com C2, o vendedor com V3 e assim sucessivamente até que o vendedor fecha o negócio ao oferecer V9. Note como as concessões de um lado foram proporcionais às da outra parte.

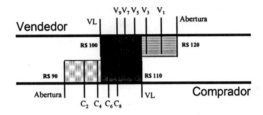

Figura 41 - Padrão de concessões.

Em qualquer momento da negociação, uma das partes pode fazer a seguinte proposta: "Nem pra mim nem pra você, vamos repartir". O primeiro que sugerir essa tática certamente será o mais beneficiado com o valor médio, e a outra parte não deve ficar constrangida em recusar essa oferta se os seus interesses não forem atendidos.

Toda concessão deve ser valorizada, apoiada por argumentos fortes que a justifiquem. Ao reduzir o valor de R$ 2.600,00 para R$ 2.500,00, por exemplo, um bom negociador encontra um motivo convincente para mostrar porque está diminuindo sua proposta, caso contrário soa falso, fácil demais e a outra parte vai saber que é possível obter mais concessões. Do lado do comprador, o raciocínio é o mesmo.

8.1.5. Leilões

Leilões possuem a particularidade de se assemelharem a uma negociação distributiva, na qual existem várias partes negociando com apenas uma do outro lado. Imagine um órgão público atuando como comprador, durante uma licitação, recebendo propostas de diversos fornecedores; ou uma imobiliária oferecendo uma casa, para a qual existem vários compradores. Nas duas situações, as partes envolvidas terão seus valores-limite e poderão apresentar lances de abertura. A partir de então, surgem algumas diferenças. Nas licitações por convite, por exemplo, cada fornecedor pode dar apenas um lance. O mais baixo é o vencedor. Já nos pregões eletrônicos, os vendedores são capazes de competir entre si, fazendo concessões até que se chegue ao menor preço[1].

---

[1] Para obter informações mais detalhadas sobre licitações, consultar a Lei 8.666.

Raiffa (2002) simulou ambientes de leilões, por meio de exercícios aplicados a estudantes, em sala de aula. Em seus estudos, o autor recomenda que se estabeleça um valor-limite na fase de preparação, antes de iniciar o leilão, enquanto se está com a mente tranqüila. Durante o pregão, muitas vezes as partes são envolvidas emocionalmente pelo clima competitivo e se esquecem de seus limites, assumindo compromissos dos quais podem se arrepender mais tarde, além de comprometer sua lucratividade.

O lance inicial deve considerar a possibilidade de que seja alcançado alguma margem de lucro extra, além daquela já embutida no valor-limite, mas quanto seria esse excedente? Naturalmente isso depende da informação que se tem das outras partes envolvidas e do quando elas e nós próprios estivermos interessados no objeto negociado. Raiffa demonstra, por meio de análises probabilísticas, que quanto mais próximo do valor-limite (VL) estiver a abertura (ou oferta), maior a probabilidade de ganhar e menor a margem de lucro. Ao mesmo tempo, quanto mais distante do VL, menor a probabilidade de ganhar e maior o lucro.

Como recomendação final, ele sugere que quando um leilão for conduzido com um lance único, o proponente deve dar seu lance com valor igual ao de seu valor-limite, mas quando houver a possibilidade de oferecer outros lances, como em um pregão, que se estabeleça um valor de abertura um pouco superior ao valor-limite (no caso de um vendedor), dando espaço para alguma negociação até se atingir o VL.

8.2. Negociações Integrativas

A negociação distributiva é essencialmente aplicada na compra e venda de bens, onde um determinado valor deve ser dividido entre as partes. Se uma parte ganha, a outra perde. Vamos retomar esse conceito, já conhecido, e a partir dele passar para a negociação integrativa.

A Figura 42 representa a comercialização de uma casa. Os valores estão em milhares de reais. O vendedor estabeleceu um valor-limite de R$ 100.000,00 e uma abertura de R$ 120.000,00. O comprador, por sua vez, decidiu que seu valor-limite seria de R$ 110.000,00 e faria uma abertura de R$ 90.000,00.

Conforme estudamos, a zona de possível acordo está compreendida entre os valores-limite das partes, neste caso na faixa de R$ 100.000,00 a R$ 110.000,00. A amplitude ou intervalo total dos valores utilizados na negociação variará entre R$ 90.000,00 (abertura do comprador) e R$ 120.000,00 (abertura do vendedor).

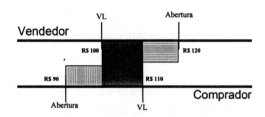

Figura 42 - Diagrama de comercialização do imóvel.

Observe agora as retas acrescentadas acima e abaixo do diagrama de comercialização do imóvel, na Figura 43. A linha superior (reta v) possui quatro valores, que chamaremos de Unidades de Referência (UR). O vendedor ganhará 300 UR se conseguir fechar um acordo por R$ 120.000,00, sua proposta de abertura; e obterá 100 UR se vender a casa por R$ 100.000,00, seu valor-limite.

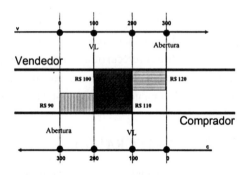

Figura 43 - Retas de referência do diagrama de comercialização do imóvel.

Na parte inferior, existe a mesma linha de referência, do ponto de vista do comprador (reta c): ele ganhará 300 UR se comprar a casa por R$ 90.000,00, sua proposta de abertura; e 100 UR, se a adquirir por R$ 110.000,00, seu valor-limite. Note que quanto menor o valor pago pelo imóvel, maior a UR obtida pelo comprador.

Se ajustarmos as duas retas v e c em um gráfico cartesiano, colocando a do vendedor (v) no eixo vertical e a do comprador (c), no eixo horizontal, teremos uma situação ilustrada pela Figura 44.

Capítulo 8 – Conceitos Básicos de Negociações | 189

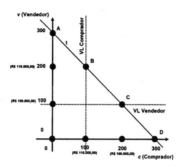

Figura 44 - Gráfico de negociação distributiva.

Os pontos A e D equivalem ao maior lucro que cada uma das partes poderia ganhar, correspondendo aos valores de abertura do vendedor e do comprador, respectivamente. Existem 300 UR em jogo, se um ganhar tudo, o outro ficará com zero. Se traçarmos um reta entre esses dois pontos, teremos a reta A-D. Naturalmente, não seria possível fechar o acordo em um desses extremos, pois estariam além dos valores-limite das duas partes, posicionados em 100 UR. Traçando uma linha pontilhada nos VL, obtemos os pontos B e C. Como nenhum dos dois lados desejará negociar abaixo de seu valor-limite, a transação ocorrerá, portanto, sobre a reta A-D, mais especificamente entre os pontos B e C, correspondendo à zona de negociação mostrada nas Figuras 42 e 43, compare as ilustrações. Repare que se o imóvel for vendido por R$ 110.000,00, o comprador ganha 100 UR e o vendedor, 200 UR (ponto B); se, por outro lado, a venda for fechada em R$ 100.000,00, o comprador ganha 200 UR e o vendedor, 100 UR (ponto C); ou seja: quando um ganha o outro perde.

Para passar de uma negociação distributiva para uma integrativa, é necessário acrescentar elementos que possam criar valor e servir como moeda de troca, de maneira a aumentar o bolo e que, ao invés de existir apenas 300 UR a serem divididos entre as partes, esse montante seja elevado para 400 ou mais UR. Mas como?

Vamos supor que o vendedor se mantém firme em pedir R$ 110.000,00 no imóvel porque tem que pagar os impostos e, além do mais, investiu um bom dinheiro em seu sistema de irrigação do jardim e gostaria de recuperar pelo menos parte desse montante, durante a venda da propriedade.

O comprador, por sua vez, insiste em pagar apenas R$ 100.000,00, pois vai gastar dinheiro com pintura do imóvel e reforma da garagem.

190 | Negociadores da Sociedade do Conhecimento

Se os interesses de ambas as partes não forem revelados, há um impasse, mas se forem colocados na mesa de negociações, é possível que uma das partes tenha condições de atender ao interesse da outra, a um custo relativamente baixo e assim ter mais lucro na transação.

Por exemplo, depois de uma conversa franca, podem ser levantadas cinco questões principais, a serem resolvidas antes de fechar o negócio:

- Questão 1 – O valor do imóvel;

- Questão 2 – A reforma da garagem;

- Questão 3 – Os impostos;

- Questão 4 – Sistema de irrigação; e

- Questão 5 – A pintura da casa.

Depois de mais algumas discussões, os dois se separam, prometendo pensar sobre o assunto. No dia seguinte, ao se encontrarem e conversarem sobre como resolver o problema, chegam às seguintes opções (Tabela 4):

Tabela 4. Resumo de pontos

Opção por questão	Vendedor (UR)	Comprador (UR)
Questão 1 – Valor do imóvel		
R$ 90.000,00	0	300
R$ 100.000,00	100	200
R$ 101.000,00	110	190
R$ 102.000,00	120	180
R$ 103.000,00	130	170
R$ 104.000,00	140	160
R$ 105.000,00	150	150
R$ 106.000,00	160	140
R$ 107.000,00	170	130
R$ 108.000,00	180	120
R$ 109.000,00	190	110
R$ 110.000,00	200	100
R$ 120.000,00	300	0

CAPÍTULO 8 – CONCEITOS BÁSICOS DE NEGOCIAÇÕES | 191

Tabela 4. Resumo de pontos (continuação)

Opção por questão	Vendedor (UR)	Comprador (UR)
Questão 2 – Reforma da garagem		
Casa entregue sem reforma	20	0
Casa entregue com reforma parcial	10	10
Casa entregue com reforma	0	40
Questão 3 – Os impostos		
Impostos pagos	0	10
Impostos não pagos	5	0
Questão 4 – Sistema de irrigação		
Sistema de irrigação incluído	10	0
Sistema de irrigação não-incluído	0	5
Questão 5 – A pintura da casa		
Casa entregue com pintura	0	5
Casa entregue sem pintura	5	0
Total	350	370

Na primeira coluna da Tabela 4, observe que para cada questão os negociadores estabeleceram duas ou mais opções. O imóvel (Questão 1), por exemplo, pode ser vendido por 11 valores diferentes[2], dentro da zona de possível acordo (R$ 100.000,00 a R$ 110.000,00). Para a questão da reforma da garagem (Questão 2), existem 3 opções: é realizada a reforma completa, parcial ou nenhuma reforma.

Desenvolver opções para cada questão permite que geremos muito mais valor para as partes, aumentando a possibilidade de alcançar um acordo. Essa técnica é mais produtiva do que simplesmente negociar a inclusão ou não de uma questão. Por exemplo, o vendedor poderia dizer que paga os impostos e pinta a casa somente se o comprador aceitar o imóvel sem a reforma da garagem e com o sistema de irrigação. Observe como isso limita a negociação, pois ou se aceita a reforma total da garagem

---

[2] Naturalmente, qualquer valor entre R$ 90.000,00 e R$ 120.000,00 poderia ser utilizado. Resumimos em 11 valores para fins didáticos.

ou não. Ao criar opções, é possível obter soluções intermediárias, mais criativas e que atendam melhor aos interesses das partes. No caso da garagem, é possível realizar uma reforma parcial, entre outras soluções.

Transformando em unidades de referência (UR) o valor que as partes atribuem a cada opção, obtém-se as duas colunas da direita, na Tabela 4. A quantidade de UR conquistadas é um valor inteiramente subjetivo, que serve para traduzir em números o quão importante cada parte considera determinado item, em função das circunstâncias. Note como o vendedor e o comprador valorizam de forma diferente a questão 2, sobre reforma da garagem. Ela é muito mais importante para o comprador por circunstâncias como, digamos, ter que recorrer a um empréstimo extra se a casa for entregue sem reforma, causando inconveniente muito maior do que ao vendedor.

Se o vendedor conseguir fechar o negócio com todos seus interesses atendidos, terá ganho mais 50 UR na transação, além dos pontos obtidos com o valor da venda. Caso os interesses do comprador sejam atendidos em sua totalidade, este ganhará mais 70 UR. Colocando em um gráfico, teríamos a situação da Figura 45.

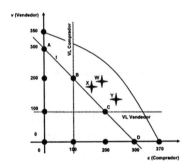

Figura 45 - Gráfico de negociação integrativa.

Neste novo cenário, as partes terão muito mais opções disponíveis, formadas pelas diversas combinações possíveis entre seus interesses. Por exemplo, do ponto de vista do vendedor, este poderia fechar o negócio por R$ 105.000,00 (150 UR), não reformar a garagem (20 UR), incluir o sistema de irrigação (10 UR), pagar os impostos (0 UR) e realizar a pintura (0 UR). Seu ganho total seria 170 UR. Nessas condições, o comprador teria conseguido (165 UR). A combinação é representada pela estrela X, na Figura 45 e resumida na Tabela 5.

CAPÍTULO 8 – CONCEITOS BÁSICOS DE NEGOCIAÇÕES | 193

Tabela 5. Resumos de pontos da primeira combinação

Ponto X	Vendedor	Comprador
Venda do imóvel (R$ 105.000,00)	150	150
Sem reforma da garagem	20	0
Impostos pagos	0	10
Sistema de irrigação incluído	10	0
Com pintura	0	5
Total	170	165

Outra combinação, avaliada pelo vendedor, seria: fechar a transação por R$ 101.000,00 (110 UR), reformar a garagem (0 UR), não pagar imposto (5 UR), incluir o sistema de irrigação (10 UR) e não pintar (5 UR), totalizando 130 UR. O comprador obteria 230 UR, resultando na estrela Y, na Figura 45 e resumida na Tabela 6.

Tabela 6. Resumos de pontos da segunda combinação

Ponto Y	Vendedor	Comprador
Venda do imóvel (R$ 101.000,00)	110	190
Com reforma da garagem	0	40
Impostos não pagos	5	0
Sistema de irrigação incluído	10	0
Sem pintura	5	0
Total	130	230

Existem muitas combinações de resultados a serem exploradas, antes de chegar a um acordo favorável a ambas as partes; mais precisamente, no caso exemplificado, existiriam 264 combinações, valor obtido por meio da multiplicação de todas as opções disponíveis. O pagamento de impostos, por exemplo, possui duas opções: o vendedor paga o imposto ou não paga; o sistema de irrigação tem duas opções e assim por diante. A Tabela 7 ilustra a situação:

194 | Negociadores da Sociedade do Conhecimento

Tabela 7. Total de combinações

Resultado da questão	Opções
Valor de venda	11
Reforma da garagem	3
Pagamento do imposto	2
Sistema de irrigação	2
Pintura da casa	2
Total de combinações (11 x 3 x 2 x 2 x 2)	264

Uma combinação que maximizaria o resultado para as duas partes seria a apresentada na Tabela 8. Neste caso, a soma das UR conquistadas por ambos os lados é de 360 (170 + 190), 60 a mais que os 300 considerados no início da negociação.

Tabela 8. Resumos de pontos

Ponto W	Vendedor	Comprador
Venda do imóvel (R$ 107.000,00)	170	130
Sem reforma da garagem	0	40
Impostos pagos	0	10
Sistema de irrigação não-incluído	0	5
Entregue com pintura	0	5
Total	170	190

Seria impraticável analisar todas as combinações possíveis em uma negociação, mas o exemplo acima nos ensina que há espaço para explorar exaustivamente as opções disponíveis, antes de tomar uma decisão. O ideal é que se lancem diversas propostas e, entre elas, escolha-se a que melhor atenda aos interesses mútuos.

Isso pode ser feito em etapas. Por exemplo, pode-se apresentar uma proposta como a do ponto X (acompanhe no gráfico da Figura 45). Depois de diversas discussões, suponha que se chegue à opção do ponto Y. O comprador certamente a terá proposto, mas o vendedor não a aceitaria, uma vez que o coloca em situação pior do que a obtida

CAPÍTULO 8 – CONCEITOS BÁSICOS DE NEGOCIAÇÕES | 195

com a alternativa X. Depois de algumas deliberações, suponha que se chegue à opção W. Essa certamente será a adotada pelas duas partes, pois melhora a situação de ambas.

Se, no entanto, a situação representada pelo ponto C for proposta inicialmente pelo comprador e aceita pelo vendedor como uma das soluções viáveis (ver Figura 45), a partir dela será possível migrar para a situação Y, por melhorar a posição de ambas as partes, mas dificilmente se aceitarão as posições Y ou W, que apesar de serem mais equilibradas para os dois lados, pioram a situação do comprador. Isso demonstra a importância de se verificar várias alternativas antes de ocorrer o comprometimento com uma delas, pois depois que uma posição for "ancorada" na mente dos negociadores, ela servirá como referência ao se considerarem outras soluções.

Explorar combinações de resultados é mais proveitoso quando os reais interesses são revelados, pois assim torna-se mais fácil descobrir objetivos comuns por trás de posições aparentemente antagônicas, além de possibilitar a criação de valores que aumentem o montante negociado.

Por que estabelecer valores? Para ter uma idéia da importância relativa de cada questão e permitir o estabelecimento de relações de custo-benefício. Os valores podem ser estabelecidos em forma de pontos, em moeda corrente ou por qualquer outro meio que nos permita estabelecer comparações. Lembre-se: "o importante não é o plano, mas o planejamento". O tempo dedicado a essa atividade lhe dará uma grande consciência situacional e o deixará mais seguro na hora de trocar a opção "a" da questão 1 pela opção "b" da questão 2. Sem esse estudo, sua negociação será intuitiva e sujeita a resultados ineficientes.

Adianta fazer isso sozinho, sem a outra parte também se preparar? Adianta. Estudos mostram (RAIFFA, 2002) que em ambientes colaborativos quando um dos lados se prepara, ambos conseguem um resultado melhor na negociação. Além do mais, se existir plena confiança entre as partes você pode até sugerir o uso de um determinado método e atuar como facilitador. Em ambientes competitivos, não preciso nem comentar a importância de sua preparação, não é mesmo?

Se você não quiser realizar essa análise, por ser muito complexa para o problema a ser resolvido ou por não ter informações suficientes, defina pelo menos as questões, as respectivas opções e os limites gerais. Você certamente terá limitações na disponibilidade de recursos e precisa ter uma idéia de quanto está disposto a ceder ou até aonde pode chegar, durante a negociação.

8.3. Lições Aprendidas

Lição 1 - ESTABELEÇA SEUS LIMITES.

Lição 2 - TENHA ALTERNATIVAS, A FIM DE DIMINUIR SUA DEPENDÊNCIA EM RELAÇÃO À OUTRA PARTE.

Lição 3 - ESCOLHA UMA ABERTURA ADEQUADA. NA DÚVIDA, PEÇA ALTO OU OFEREÇA BAIXO.

Lição 4 - CRIE E ANALISE DIVERSAS OPÇÕES, ANTES DE SE COMPROMETER COM UMA DELAS.

Lição 5 - CRIE O MAIR NÚMERO POSSÍVEL DE OPÇÕES.

Lição 6 - DEFINA AS QUESTÕES.

CAPÍTULO 9

O Processo de Negociação

"Um bom acordo é um estado de espírito."

Lee Iacocca

Os resultados obtidos pelos negociadores da Sociedade do Conhecimento dependem do emprego de um conjunto de habilidades e técnicas, traduzido em ações, cuja sequência e momento de aplicação devem ser cuidadosamente observados. Ilustremos a importância do seqüenciamento. Em uma negociação, o ideal é primeiro ouvirmos os interesses da outra parte para depois fazermos a proposta baseada nesses interesses. Se invertermos essa sequência, corremos o risco da outra parte rejeitar a proposta, sob o argumento, justamente, de que não atende aos seus interesses.

O aprendizado sobre que ações executar, em que sequência e em que momento, é fruto da experiência acumulada e de extensas pesquisas na área de negociação. Os negociadores da Sociedade do Conhecimento não podem desperdiçar essa bagagem. Seria como ter que inventar novamente a roda. Essa dinâmica em que ocorre uma negociação pode ser representada por um modelo, que chamaremos de **Modelo PCCA**

(**Preparação**, **Condução do Contato** e **Avaliação**)[1], dividido em três etapas, conforme ilustrado pela Figura 46.

Figura 46 - Processo de negociação.

9.1. PREPARAÇÃO

Como candidatos a negociadores da Sociedade do Conhecimento, sabemos que quanto maior a consciência situacional adquirida antes e durante a negociação, maior a probabilidade de sucesso. Também vimos que, para negociar, de alguma forma devemos entrar em contato com a outra parte. Cada contato deve ser utilizado para aumentar ou atualizar a consciência situacional, de modo que ao tomar a decisão de fechar ou não o negócio, estejamos baseados na maior quantidade possível de informações, diminuindo ao máximo a incerteza.

Para sermos efetivos na construção da consciência situacional, todo contato deve ser preparado, entendendo por **contato** uma reunião, um telefonema, uma mensagem eletrônica ou qualquer outra forma de interagir com a outra parte.

Durante a preparação, o principal é ter em mente aonde queremos chegar, pensar no propósito, conforme colocado no Capítulo 6. A atenção no propósito, especialmente quando o definimos de forma abrangente, nos prepara emocionalmente, pois

---

[1] Wanderley (1998) apresenta um modelo bastante semelhante, separando processo de negociação em 7 etapas: preparação, abertura, exploração, apresentação, clarificação, ação final e controle e avaliação. No Modelo PCCA, procurei adaptar cada etapa proposta por Wanderley aos conceitos que apresentei anteriormente e incluí mais uma: a de encerramento.

CAPÍTULO 9 – O PROCESSO DE NEGOCIAÇÃO | 199

ampliamos o horizonte de tempo e passamos a considerar o contato como parte de algo maior. Pensamos algo como – *Se não conseguir o que quero agora, nesse contato, não tem problema, conseguirei mais tarde, de outra maneira.*

Não é um alívio saber que as coisas não têm que ser resolvidas de imediato? Você pode argumentar que em muitas situações somos limitados por fatores alheios à nossa vontade, mas pense em quantas vezes somos pressionados por restrições que impomos a nós mesmos ou expectativas geradas por nossa mente?

Na seqüência, repasse sua consciência situacional. Relembre o que já sabe sobre a outra parte, as questões, o contexto e os riscos da negociação. Isso evita que cometa falhas. Além do mais, as informações que ainda não possua e que deseje levantar podem se transformar em objetivos a serem alcançados pelo contato.

Esses objetivos, juntamente com outros que se façam necessários, devem ser estabelecidos com base na estratégia de negociação. O que deseja: dar ou obter uma informação específica? Criar um determinado clima? Fazer uma proposta? Estabelecer ou manter uma aproximação com a outra parte? Definir o texto de um documento? Negociar apenas a questão X? Independente do objetivo, ele deve ser perseguido de acordo com um dos ambientes de negociação escolhido.

O estabelecimento de objetivos nos proporciona... objetividade. Faz com que os contatos sejam mais produtivos. Naturalmente, esse conselho é mais útil para as pessoas excessivamente detalhistas, que costumam falar sobre um universo de assuntos e acabam se perdendo no meio do caminho; ou aquelas muito voltadas para as relações interpessoais, que começam a bater papo, emendam os assuntos e voltam para casa sem resolver o que se haviam proposto.

Para os indivíduos fortemente assertivos, por outro lado, lembrem-se que entre os objetivos de um contato sempre deve estar presente a manutenção de boas relações interpessoais. Invistam seu tempo no relacionamento com a outra parte. Por mais que possam considerar esse objetivo uma perda de tempo, ele é a chave para resolver a maior parte das pequenas negociações de suas vidas.

O Anexo 1 apresenta uma lista de verificação de contatos. Siga a mesma orientação dada quando falamos de consciência situacional: repasse a lista mentalmente ou anote sua preparação. O importante é que todos os itens sejam lembrados.

200 | Negociadores da Sociedade do Conhecimento

9.2. Condução do Contato

Um contato pode ter até seis etapas, escolhidas e exploradas conforme os objetivos a serem atingidos. Contatos para obter informações, por exemplo, usam as etapas de introdução, exploração e encerramento; os destinados a passar informação empregam as de introdução, exposição e encerramento; enquanto os destinados a discutir as propostas de negociação fazem uso de todas as seis.

9.2.1. Introdução

Na maioria dos contatos, a introdução vai se restringir a um simples:

– *E aí, beleza?*

– *Tudo certo, o que é que manda?*

Em determinadas situações, no entanto, a introdução se torna bem mais complexa, como no primeiro contato entre as partes, seja ele realizado por escrito, por telefone ou pessoalmente, ou quando ainda não existe um vínculo de relacionamento.

No primeiro contato, temos que chamar a atenção da outra parte para o assunto que desejamos tratar, levando em conta que os momentos iniciais são decisivos para que sejamos ouvidos e para estabelecer o clima predominante ao longo do contato. Primeiramente, devemos saber qual o tempo disponível, e então sermos concisos, objetivos e agradáveis para revelar quem somos e o que queremos.

Em um primeiro contato por escrito, como uma mensagem eletrônica, o título deve ser atraente o suficiente para estimular o destinatário a ler o restante da mensagem, antes de desejar enviá-la para a lixeira. O corpo do texto deve ser conciso, gramaticamente correto, educado e revelar como um ou mais interesses do destinatário possam ser satisfeitos, por mais que o assunto a ser tratado seja desagradável. O objetivo é criar um clima de boa vontade para facilitar futuros contatos.

Tratando-se do meio telefônico, é primordial sabermos o tempo disponível e se não estamos sendo inconvenientes naquele momento. Isso vale para qualquer contato telefônico, independente de ser ou não o primeiro. Depois vêm as mesmas orientações dadas anteriormente.

O contato pessoal é um pouco mais complexo. Se o encontro não foi precedido de contatos escritos ou telefônicos, valem as mesmas recomendações anteriores: seja conciso, objetivo e agradável para revelar quem é e o que quer. Se a outra parte se interessar, passe para as próximas etapas.

Caso o encontro tenha sido preparado anteriormente, por meio de troca de mensagens ou contatos telefônicos, haverá uma expectativa em relação ao assunto a ser tratado, ao perfil das partes e à forma como a reunião será conduzida. Nesse caso, a Introdução será mais demorada, utilizada para conversar sobre amenidades, coisas pessoais ou qualquer outro assunto que sirva para quebrar o gelo inicial e estabelecer um vínculo positivo de relacionamento. Haverá a preocupação de que as partes possam se ambientar ao local em que o encontro está sendo realizado, à programação ou agenda de atividades a ser seguida, e a realizar um retrospecto do que foi tratado até então ou do motivo que levou as partes a se encontrarem.

Prepare-se de forma especial para o primeiro encontro pois, como vimos, os instantes iniciais costumam ser críticos para a formação da primeira impressão entre os negociadores, aquela que constituirá a base de seus modelos mentais. Em alguns lugares, esta etapa é a mais longa, pois as partes tentam se conhecer em detalhes para criar um vínculo forte de relacionamento, já que o resultado da negociação pode ser decorrente da confiança estabelecida entre os negociadores.

A **confiança** é refletida pelo histórico de uma pessoa, estando relacionada com seu comportamento e competência técnica. Se já tivermos nos relacionado com a outra parte, será mais fácil avaliar o nível de confiança que podemos depositar nela, pois saberemos como é sua postura ética, sua adesão a compromissos e se o seu conhecimento técnico é compatível com o que lhe é exigido. Outra forma de adquirir confiança é por meio da consulta a instituições policiais, de proteção ao crédito, verificação de referências de trabalhos anteriores ou por indicações de outras pessoas.

Sem conhecer o indivíduo ou ter como adquirir informações a respeito dele, é necessário tempo para que a confiança se estabeleça, pois teremos que nos sentir seguros de que o comportamento e o conhecimento técnico demonstrados inicialmente são realmente o que parecem ser. Isso nos leva a ter que pedir referências, garantias ou dedicar mais tempo para criar vínculos mais fortes de relacionamento.

O **dilema do prisioneiro** é um caso simulado bastante útil para ilustrar a importância que a confiança entre as partes representa em uma negociação, consistindo em uma situação em que dois comparsas, A e B, são pegos cometendo um crime (RAIFFA, 2002).

Levados à delegacia e colocados em celas separadas, o delegado lhes diz que a polícia possui evidências suficientes para mantê-los presos por um ano, mas não o bastante para uma condenação maior. Ele então lhes propõe um trato: se um dos dois confessar e concordar em depor contra seu cúmplice, ficará livre por ter colaborado e o outro irá para a cadeia por cinco anos, mas se ambos confessarem o crime, cada um sofrerá pena de três anos. As decisões são simultâneas e um não tem conhecimento sobre a escolha do outro. A Figura 47 mostra as diversas possibilidades.

Para ambos, o melhor resultado é trair e seu parceiro ficar calado, pois o traidor ficaria livre. Se os dois se traíssem, pegariam três anos, mas isso seria melhor do que se calar e correr o risco de pegar cinco anos de prisão. Seguindo esse raciocínio, o prisioneiro se sai melhor traindo, independente do pensamento do parceiro. Provavelmente, ambos chegarão a essa conclusão: a escolha racional será trair. Essa lógica vai proporcionar três anos de cadeia a cada um. Se ambos cooperassem um com o outro e ficassem em silêncio, no entanto, haveria um ganho maior para todos, mas a otimização dos resultados não é o que acontece, pois falta um elemento fundamental: a confiança.

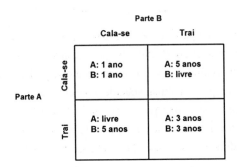

Figura 47 - Dilema do Prisioneiro.

Transportando esse exemplo para um ambiente de negociação e os anos de cadeia em ganhos financeiros, conforme ilustrado na Figura 48, vemos que se houver confiança e ambos colaborarem, como se espera de uma situação colaborativa, as duas partes terão um lucro igual e razoável. Se um dos dois resolver competir e o outro não, o ganho do competitivo será muito maior do que o do "ingênuo". Se ambos adotarem uma posição competitiva, no entanto, entrarão em choque e o ganho de cada um será menor.

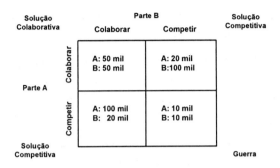

Figura 48 - Dilema do Prisioneiro aplicado em uma negociação integrativa.

O que aprendemos dessa situação? Se desejarmos entrar em uma negociação integrativa, adotando um ambiente colaborativo, devemos antes estabelecer um clima de confiança entre as partes.

9.2.2. Exploração

Essa etapa é utilizada quando desejamos levantar informações da outra parte, para alimentar nossa consciência situacional, como ocorre no início de uma negociação complexa, quando os primeiros contatos são realizados única e exclusivamente com o objetivo de adquirir o máximo possível de informações.

Inicialmente, cada lado possui uma visão particularizada do problema e apenas uma idéia das posições e interesses da outra parte. É possível que nosso modelo mental e expectativas sejam bem diferentes dos da pessoa com quem iremos negociar, uma vez que foi povoado com informações transmitidas por terceiros ou imaginados a partir de um contexto. No primeiro contato, portanto, devemos compartilhar pontos de vista sobre o problema ou desafio a ser enfrentado. Se uma parte quer resolver apenas o problema "A" e a outra somente o problema "B", é mais difícil chegar a um acordo. Mas se as duas estiverem dispostas a resolver "A" e "B" ou conversarem a ponto de descobrirem que estão tratando do mesmo problema, a possibilidade de sucesso é maior.

Durante a primeira conversa, observemos o temperamento da outra parte, seus valores, linguagem, habilidades de comunicação e poder de influência. Com essas informações, ajustamos nossa própria linguagem e comportamento, a fim de interagirmos mais facilmente com o modelo mental dela e sermos mais bem compreendidos, sem criar rejeições desnecessárias.

Durante negociações prolongadas, em uma fase mais avançada, a etapa exploratória de um contato pode ser utilizada somente para confirmar ou atualizar nossa consciência situacional, perguntando à outra parte se as informações obtidas correspondem à realidade ou se continuam válidas, antes de passarmos para a etapa seguinte.

As principais ferramentas empregadas são as perguntas, a linguagem colaborativa e a preparatória, além da audição ativa, observando-se tanto o que é expresso oralmente como o que é transmitido por meio da linguagem não-verbal.

A etapa de Exploração não deve ser conduzida como se fosse um interrogatório, pois isso pode constranger ou despertar a desconfiança da outra parte. Inicialmente, faça perguntas abertas, questione sobre um assunto de cada vez e procure empregar a audição ativa para certificar-se de que compreendeu o que foi dito, antes de passar para o assunto seguinte. Crie um clima leve e descontraído.

O desejo de obter informações não é exclusividade de nossa parte. O outro lado também vai querer saber algumas coisas a nosso respeito. Talvez para obter certo conhecimento devamos ter também que revelar informações, mas esse jogo deve ocorrer dentro de uma determinada lógica.

Para compreender melhor a idéia, utilizaremos o modelo proposto por Fritzen (1992), denominado Janela de Johari, segundo o qual, o conhecimento compartilhado entre duas partes é representado em uma matriz, conforme a Figura 49.

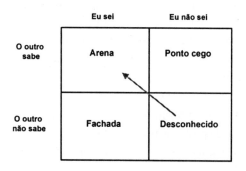

Figura 49 - Janela de Johari (FRITZEN, 1992).

Na coluna da esquerda são representadas as coisas que eu sei, na da direita, as que eu não sei. Da mesma forma, na primeira linha estão os assuntos que a outra parte sabe, e na segunda, as que não sabe. Da combinação entre esses campos, o autor propõe quatro ambientes: a **Arena**, constituída pelas informações que as duas partes compartilham sobre o assunto; o **Ponto Cego**, formado pelas informações que a outra parte sabe, mas nós desconhecemos; a **Fachada**, composta pelas informações que sabemos sobre a situação mas que o outro não tem acesso; e o **Desconhecido**, reunindo informações que nenhuma das partes têm ciência.

O objetivo é fazer com que as informações desconhecidas passem para a Arena e sejam dominadas por ambas as partes. Para tanto, é necessário que façamos perguntas ao nosso interlocutor, a fim de diminuir o ponto cego e, gradativamente, também fornecer informações, para que o outro lado possa verificar nossa disposição em colaborar e continue nos oferecendo seu conhecimento (Figura 50).

O compartilhamento de informações permite que tanto nós como a outra parte descubramos coisas novas, pelo cruzamento de informações, diminuindo o desconhecido. O cuidado a ser tomado, neste caso, é o de não revelar informações ingenuamente, sem a contrapartida do outro lado. Se isso ocorrer, devemos nos colocar em alerta, pois podemos estar sendo manipulados. O ideal é que tanto a obtenção como o fornecimento de informações ocorra de forma progressiva e proporcional.

Figura 50 - Janela de Johari – troca de informações (FRITZEN, 1992).

A coleta de informações é essencial para diminuir nosso ponto cego (PC) (Figura 51). Em um clima competitivo, lembre-se: informação é poder. Nossa atitude deve ser a de um questionador, fazendo o maior número possível de perguntas e tendo em mente que nossas respostas devem ser proporcionais à qualidade e abrangência das informações que o outro lado nos fornece. Se for necessário revelar informação para que o outro lado nos forneça as suas, revelemos, mas sempre de forma proporcional.

Uma atitude inaceitável seria a ilustrada pela Figura 52, onde muito mais informações são reveladas do que recebidas. Isso pode ser desastroso se estivermos negociando com alguém que finge colaborar, mas que na verdade age como um competidor (lembre-se do dilema do prisioneiro). Para reverter a situação, responda uma pergunta com outra pergunta, a fim de estimular a outra parte também a falar.

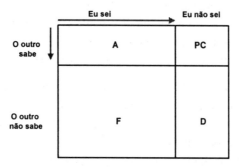

Figura 51 - Aumento do ponto cego (PC).

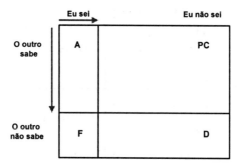

Figura 52 - Diminuição da fachada (F).

Caso a confiança não seja um fator evidente na negociação e as partes não tenham já um relacionamento mais estreito entre si, pode-se adotar uma postura de liberação gradual de informações. Desde, é claro, que haja a intenção de adotar uma estratégia colaborativa, caso contrário, se o ambiente for competitivo, toda informação deve ser vendida a peso de ouro.

Podemos, também, fazer perguntas sobre fatos já conhecidos por nós, obtidos a partir de outras fontes, como se não os soubéssemos, a fim de verificar a confiabilidade da pessoa com quem estamos negociando. Esse recurso, no entanto, não pode ser utilizado com freqüência e deve ser sutil.

Independentemente da confiança, pode ser que tenhamos apenas uma única oportunidade para apresentar nossa idéia, produto ou serviço – um único tiro para matar o leão – e não vamos querer desperdiçá-la com propostas que não sejam do interesse da pessoa com quem desejamos negociar. Devemos, portanto, estar seguros de que montamos uma boa consciência situacional, levantando as informações suficientes e corretas, antes de dar o próximo passo.

9.2.3. Exposição

Não adianta estabelecer objetivos e saber claramente o que queremos se não comunicamos isso a ninguém. Não podemos esperar que as pessoas leiam a nossa mente. Toda negociação tem que ter uma **proposta**. A outra parte tem que ser informada do que esperamos obter dela.

A proposta sintetiza o resultado da maioria das habilidades abordadas até o momento. Deve conter o valor de abertura e sintetizar os nossos interesses, apresentados de maneira a também atender, tanto quanto possível, os interesses da outra parte; deve ser sustentada por argumentos fortes; ser comunicada de maneira clara e com linguagem colaborativa; apresentar benefícios; estar direcionada para o órgão sensorial do receptor e ajustada conforme o modelo mental dele.

Qualquer vendedor, ao receber a visita de um cliente ou contatá-lo, em algum momento deve pedir a venda. Um executivo, ao negociar em um ambiente corporativo, deve deixar claro o que deseja. Um conciliador, ao resolver um conflito, deve fazer com que os conflitantes revelem o comportamento esperado da outra parte.

Nem sempre teremos tempo de preparar a proposta. Muitas vezes ela deverá ser feita ou ajustada no calor das discussões. Nessas circunstâncias, quanto maior a consciência situacional adquirida, maior a probabilidade de fecharmos um bom negócio, pois teremos em mente informações atualizadas sobre limitações, interesses, valores e implicações da proposta.

208 | Negociadores da Sòciedade do Conhecimento

O momento de apresentação da proposta deve ser cuidadosamente preparado. A outra parte deve estar com sua atenção voltada para nós e disposta a ouvir. Se para apresentar a proposta necessitarmos de X minutos, mas dispusermos de menos tempo, cabe a nós julgarmos se aproveitamos a oportunidade ou marcamos outra hora. A decisão vai depender do equilíbrio de poder e de uma séria de outras circuntâncias, determinadas conforme nossa consciência situacional. De qualquer forma, nunca devemos apresentar uma proposta sem que a outra parte esteja com a atenção voltada para ouvi-la.

A apresentação da proposta termina quando temos certeza de que a outra parte compreendeu o assunto principal que queremos transmitir e os argumentos utilizados como sustentação. A partir de então, devemos nos comportar como em um jogo de xadrez, esperando a outra parte se manifestar.

9.2.4. Debate

Neste momento, as emoções ficam à flor da pele, pois é quando as expectativas geradas nas etapas anteriores são confirmadas ou demolidas. Se a outra parte for uma boa negociadora, vai ter esperado calmamente que tenhamos apresentado nossa proposta para fazer as considerações dela e mostrar também sua proposta.

O Pêndulo Emocional deve ser largamente empregado, assim como a audição ativa, as linguagens colaborativa e preparatória, as perguntas e as técnicas para exercer influência. O maior recurso que podemos mobilizar a nosso favor, no entanto, é a capacidade de controlar as emoções. Temos que nos preparar para receber uma resposta negativa e resistir às possíveis pressões de nossa mente para externar sentimentos negativos em relação, principalmente, à outra pessoa.

Como essa etapa pode se tornar um grande caldeirão borbulhante de emoções, ela pode ser evitada. Isso é conseguido quando apresentamos uma proposta e damos à outra parte a oportunidade de levá-la para casa, analisá-la e apresentar uma contra-proposta na reunião seguinte, quando então é nossa vez de analisar e dar um retorno. O tempo esfria as emoções, mas nem sempre vai ser possível agir dessa forma. Em algum momento vamos ter que debater opiniões divergentes. Determinados ambientes formais estabelecem regras para o debate, segundo as quais as partes se manifestam uma de cada vez, dentro de certo período de tempo e de acordo com uma agenda pré-estabelecida.

CAPÍTULO 9 – O PROCESSO DE NEGOCIAÇÃO | 209

Supondo que não haja regras nem agendas previamente acordadas, como ocorre na maioria das negociações de que participamos, siga mentalmente o Modelo PCCA e use todas as dicas e ferramentas apresentadas na primeira parte deste livro para orientar seu comportamento. *

Leve em conta, também, que a rapidez com que formulamos os argumentos ou contra-argumentos depende da qualidade de nossa consciência situacional. Por isso continue questionando, perguntando e indagando. Procure identificar, especialmente, quais os reais interesses que sustentam as propostas, as posições ou as rejeições da outra parte, pois eles serão a base para que se promovam ajustes nas propostas iniciais ou se criem opções.

Isso mesmo, busque a criação de muitas opções, pois elas facilitam o Debate. Ao invés de contrapor e rejeitar propostas, acrescente outras, assim haverá mais opções disponíveis no momento em que as partes tiverem que tomar uma decisão.

Uma técnica básica para encontrar o maior número possível de combinações, atendendo, simultaneamente, ao máximo de interesses de ambas as partes, consiste em fazer perguntas do tipo: *"Se eu ceder nisso, você cede naquilo?" "Se eu fizer isso, você faz aquilo?"*. Esse procedimento evita que ancoremos nossa percepção em um opção específica ou que nos comprometamos com uma posição que se revele desvantajosa no futuro.

Dentro de um contexto competitivo, é na etapa do Debate que ocorre a barganha, quando são solicitadas e feitas as concessões necessárias para se chegar a um acordo. É quando, também, nossos argumentos são atacados, se já não tiverem sido bombardeados nas fases anteriores, intencionalmente, como estratégia de desestabilização emocional promovida pela outra parte ou pelo afloramento natural das emoções.

Se até este momento as partes ainda não estiverem cooperando, utilize a a técnica do olho-por-olho, pesquisada e proposta por Axelrod (1984). Em duzentas simulações feitas por computador, a técnica mostrou ser a mais eficiente para lidar com o problema da falta de cooperatividade. A técnica consiste de seis passos:

- Comece cooperando;
- Nunca interrompa primeiro a cooperação;
- Revide com rapidez;
- Coopere se o outro cooperar;

210 | Negociadores da Sociedade do Conhecimento

- Seja claro e previsível, não use truques; e

- Deixe claro quando for injustiçado.

Segundo Shell (2001), "essa abordagem amigável, embora um tanto ingênua, demoliu um número considerável de rivais muito mais sofisticadas". Apesar de eficaz, essa técnica deve ser utilizada com cautela, pois se a necessidade de empregá-la for muito freqüente, isso revela que a negociação, na realidade, tende a conduzir-se para uma situação competitiva. Nesse momento surgem os conflitos.

A partir do momento em que duas partes têm que interagir é criada uma oportunidade potencial de conflito, já que dificilmente dois lados combinam pensamentos, gostos e interesses de forma que, ao desejarem o mesmo recurso ou o acesso ao mesmo ambiente, cheguem naturalmente a uma solução. Um casal discutindo se passará as férias na casa dos parentes do marido ou dos da esposa, por exemplo, disputa os recursos *dinheiro das férias* e *tempo* que deverão ser distribuídos de modo a atender aos interesses de uma das partes ou de ambos. Um empregado pedindo aumento ao seu patrão disputa também recursos financeiros. O Brasil, reclamando dos subsídios agrícolas impostos pelos Estados Unidos, disputa o acesso ao mercado americano.

Em muitos casos, o conflito é "virtual", criado por interpretações equivocadas de uma das partes sobre coisas que o outro lado disse, fez ou deixou de fazer e dizer. A comunicação é uma das maiores fontes de conflitos, pois expressões dúbias, colocações infelizes ou significados mal compreendidos podem fazer com que a outra parte entenda o que foi dito como agressão, quando na verdade não passou de pura falta de habilidade de um ou de ambos interlocutores. Veja, por exemplo, matéria publicada pela agência de notícias France Press, em abril de 2006:

"DAMASCO, 22 Abr (AFP) - O líder do movimento islamita palestino Hamas, Khaled Mechaal, disse neste sábado que foram mal interpretadas suas recentes declarações - responsáveis pelo aumento do clima de tensão entre seu grupo e o Fatah do presidente da Autoridade Palestina Mahmud Abbas. E pediu unidade. 'Alguns não entenderam minhas declarações de sexta-feira e as usaram para causar tensão no cenário palestino', declarou Mechaal durante entrevista à imprensa em Damasco, na presença de representantes de dez facções palestinas e do ministro das Relações Exteriores palestino, Mahmud Zahar."

A falta de definição de responsabilidades também é outra grande fonte de conflitos. Imagine que você é co-piloto de um grande avião comercial, recém incorporado à atividade aérea, depois de ter sido suspenso por tomar os controles de um comandante, no vôo anterior, durante uma situação de emergência. O comandante inicia os procedimentos de descida para pousar no aeroporto de Fortaleza – CE. Você, o co-piloto, sabe que existe uma montanha à sua frente e avisa o piloto, que nada faz. A colisão pode ocorrer a qualquer momento. Qual sua reação? Toma o controle do avião e desvia do perigo, correndo o risco de levar mais uma suspensão? Grita com o comandante? Essa situação ocorreu de verdade e o resultado foi o choque de um Boeing 727 na Serra de Paracatuba, na madrugada de 08 de junho de 1982, matando todos os passageiros e tripulantes (RICARDO, 2003). A partir de acidentes como esse, acrescentou-se mais um conjunto de procedimentos a ser seguido por tripulantes de aeronaves, onde o nível de responsabilidade desce a detalhes cada vez menores, a fim de evitar conflitos em situações críticas como a relatada.

Os conflitos ocorrem, geralmente, devido às seguintes questões:

- disputa pelo controle de recursos ou pelo acesso a ambientes;
- diferenças em valores, crenças, preferências, desejos ou caprichos;
- diferenças na interpretação de fatos, informações, eventos etc;
- natureza do relacionamento entre as partes; e
- falta de definição de responsabilidades.

As questões acima podem parecer de simples resolução, mas como vimos anteriormente, o fator emocional pode se tornar um grande complicador, gerando discussões acaloradas, brigas ou a desistência de um direito legítimo, conforme a personalidade de cada um.

9.2.5. Decisão

A decisão será abordada em um Capítulo à parte, por conter um grande número de elementos que devem ser considerados pelo negociador.

9.2.6. Encerramento

O Encerramento é especialmente importante quando desejamos dar continuidade ao relacionamento. Independentemente da estratégia adotada, devemos sempre buscar um clima de otimismo e acreditar que os problemas e impasses enfrentados podem ser e serão superados.

NEGOCIADORES DA SOCIEDADE DO CONHECIMENTO

Evite que as partes levem consigo emoções negativas, ao se separarem, pois esses sentimentos podem se transformar na semente de alianças com terceiros e agendas ocultas. Pergunte o que a outra parte achou da reunião. Abra espaço para que as insatisfações se manifestem, use a ferramenta do Pêndulo Emocional. Lembre-se de que as emoções, na maioria dos casos, sobrepõem a razão. Certa vez participei de uma reunião em que os interesses de duas das quatro instituições que participavam do evento foram totalmente desconsiderados, sem direito a qualquer manifestação de desagrado. Essa situação gerou uma forte aliança entre as duas partes que se sentiram rejeitadas, levando-as a se prepararem durante oito meses, até que surgisse o momento de reverter o quadro gerado inicialmente. E de fato reverteram.

Uma vez verificada a necessidade de realizar vários encontros ou de manter um relacionamento prolongado para se chegar a um acordo, devemos propor a definição de um cronograma de atividades para orientar os trabalhos. Se isso não for possível, devemos pelo menos marcar qual, quando e onde será a próxima ação. Isso permite que as partes ajustem suas expectativas de como o relacionamento entre elas será conduzido. Evita, também, que sejamos "enrolados", com frases do tipo:

– *Quando der, eu entro em contato; ou*

– *Assim que analisarmos a proposta, nossa secretária o avisará.*

Ao invés de cair nessa situação, combine o dia e horário em que o próximo contato poderá ser estabelecido ou qual será o próximo passo.

– *Se não se importa, preferiria marcar quando teremos outra reunião para discutir o assunto; ou*

– *Posso então lhe ligar no dia tal, às X horas?*

Negociações formais e complexas exigem que todo encontro seja registrado, principalmente quando as reuniões se estendem durante um longo período de tempo. Um registro dos contatos, das informações transmitidas e das decisões tomadas auxilia a relembrar o que foi acordado anteriormente, resguarda as partes envolvidas de problemas legais e facilita as situações em que ocorre a troca da equipe de negociação.

9.3. AVALIAÇÃO

Depois de todo contato, avalie seu resultado e desempenho, analisando informações, comportamentos e se os objetivos foram alcançados. Isso lhe permite verificar se deve corrigir ou manter sua estratégia para o próximo contato ou mesmo reavaliar seus objetivos.

O constante uso da avaliação permite que o negociador da Sociedade do Conhecimento melhore seu desempenho em negociações futuras. Cada caso é um caso, mas o acúmulo de experiência permite que obtenhamos resultados cada vez melhores, que as ferramentas sejam aplicadas com mais segurança e que novas crenças construtivas sejam incorporadas à nossa maneira de ser.

9.4. Lições Aprendidas

Lição 1 - NEGOCIE DE ACORDO COM O MODELO PCCA: Preparação, Condução do Contato (Introdução, Exploração, Exposição, Debate, Decisão e Encerramento) e Avaliação.

Lição 2 - TÉCNICA PARA OBTER COOPERAÇÃO: comece cooperando, nunca interrompa primeiro a cooperação, revide com rapidez, coopere se o outro cooperar, seja claro e previsível, não use truques e deixe claro quando for injustiçado.

Lição 3 - SEJA RECÍPROCO E EXIJA RECIPROCIDADE NA TROCA DE INFORMAÇÕES.

Lição 4 - SE A OUTRA PARTE PERGUNTAR MUITO, RESPONDA COM OUTRA PERGUNTA.

Lição 5 - DEFINA O PROBLEMA EM CONJUNTO COM A OUTRA PARTE.

Lição 6 - APRESENTE UMA PROPOSTA, ESCLARECENDO-A E SUSTENTANDO-A COM ARGUMENTOS FORTES.

Lição 7 - GERE OPÇÕES QUE CRIEM VALOR E ATENDAM A AMBAS AS PARTES.

Lição 8 - ELIMINE OU REDUZA EMOÇÕES NEGATIVAS, ANTES DE ENCERRAR A NEGOCIAÇÃO.

Lição 9 - DEFINA QUAIS SERÃO OS PRÓXIMOS PASSOS DA NEGOCIAÇÃO.

CAPÍTULO 10

Comportamento em Negociações

"Tente não ser uma pessoa de sucesso, e sim uma pessoa de valores."

Albert Einstein

10.1. RELACIONAMENTO

O relacionamento que os negociadores da Sociedade do Conhecimento devem buscar, durante uma negociação, deve ser baseado em respeito e, conforme ressaltado ao longo de todo o livro: credibilidade. Muitos negociadores nos fazem pensar que são amigos, companheiros, sensíveis e preocupados com nossos desejos. Muitas vezes fazem elogios, mostram-se extremamente interessados em nosso trabalho, passatempos e família, procuram chamar-nos pelo nome e falar apenas de coisas que nos interessam. Se forem aproveitadores, fazem isso apenas para que nos sintamos confortáveis em sua presença, para que os julguemos confiáveis e passemos a revelar-lhes informações sensíveis, como restrições de tempo, de energia, de dinheiro ou de nosso estado emocional. Conta-se que um certo executivo mantinha na sala de sua secretária um quadro, onde ele aparecia pescando. Seu objetivo era diferenciar as pessoas que tinham propósitos sérios, das escoladas na arte da manipulação. Toda vez que alguém entrava na sala e começava a falar de pescaria, o executivo logo sabia que se tratava de um enrolador, querendo puxar conversa sobre um pretenso passatempo comum entre os dois e assim ganhar sua confiança.

216 | NEGOCIADORES DA SOCIEDADE DO CONHECIMENTO

Como fazer para cultivar bons relacionamentos? Busque respeito e credibilidade. Obtemos respeito e credibilidade ao sermos bons e educados, tratarmos outras pessoas com paciência, real admiração, sem inveja, com humildade, respeito e honestidade, preocupados verdadeiramente com os sentimentos e interesses delas, sem julgar ou criticar, comprometendo-nos com o que dissermos, sendo generosos, sem abrir mão dos nossos interesses. É difícil? Sim, mas nada que não consiga ser posto em prática se houver realmente vontade para sermos melhores como pessoas e como negociadores.

Mas atenção: ser bom e generoso não quer dizer ser ingênuo; ser educado não impede o ser valente; ser humilde não é ser submisso; ser respeitoso não implica deixar de se fazer respeitar; ser honesto não impede o ser astuto; preocupar-se com os sentimentos e interesses dos outros não é renegar aos nossos sentimentos e interesses.

O "gabarito" das interações entre pessoas é resumido pela Regra de Ouro, ensinada em livros e treinamentos de auto-ajuda, auto-motivação, relações humanas, comunicação interpessoal e liderança. O trecho em destaque é baseado no Capítulo 13 da Primeira Carta de Paulo aos Coríntios. A melhor referência que já existiu, em todos os tempos, sobre relações humanas.

Regra de ouro

Seja bom e educado, paciente, generoso e honesto, admire o trabalho dos outros, aja com humildade e respeito com seus semelhantes, perdoe ao próximo, preocupe-se com os sentimentos e interesses alheios, comprometa-se com o que disser, não sinta inveja e nunca, nunca julgue ou critique os outros.

10.2. PACIÊNCIA

Um negociador da Sociedade do Conhecimento deve ser paciente. Ao fazer um movimento, espere a outra parte se pronunciar, isso vale para argumentações, propostas ou contatos. Muitas pessoas fazem uma proposta de abertura e, antes mesmo que a outra parte se pronuncie, retificam a proposta inicial. Certa vez um vendedor ofereceu-me um produto por R$ 1.000,00, e eu estava disposto a comprá-lo, pois era o mais barato que eu havia encontrado, mas antes de qualquer ação de minha parte ele disse que poderia deixá-lo por R$ 900,00. Ele pechinchou com ele mesmo.

Um negociador certa vez foi contatado por uma grande estatal brasileira. Ele recebeu um telefonema, no qual lhe era pedido que se dirigisse à sede da estatal para

CAPÍTULO 10 – COMPORTAMENTO EM NEGOCIAÇÕES | 217

tratar de um assunto de seu interesse. Ele chegou no horário marcado e ficou esperando várias horas até que alguém o chamasse. Podia ter ido embora, já que não sabia do que se tratava e estava perdendo horas preciosas de seu tempo, mas pacientemente aguardou. Finalmente, foi atendido por um alto executivo, que o contratou para chefiar a equipe de negociação para privatizar a estatal. O executivo disse que estava procurando alguém que tivesse paciência para suportar a pressão política e o jogo de interesses envolvidos em uma negociação desse porte, e o negociador havia passado no teste.

Pessoas que marcam um prazo para obter determinada resposta mas, ao invés de aguardar, ligam constantemente, com as mais variadas desculpas, ou estão usando o artifício de pressionar a outra parte ou se encontram dominadas pela ansiedade, demonstrando sua necessidade em relação à negociação. Ao nos empenharmos no exercício da paciência, controlamos nossa ansiedade e emoções.

Devemos ter paciência, também, para suportar a pressão de um ambiente competitivo, em que os negociadores exploram todos os limites: tempo, emoção e energia, a fim de conseguir chegar o mais próximo possível no valor-limite da outra parte. Siga o conselho de Jean de la Fontaine: *"Paciência e tempo dão mais resultado que força e raiva"*.

10.3. DISCRIÇÃO

Como negociador, fale somente o necessário. Pessoas falam demais para mostrar que têm conhecimento, poder, prestígio ou influência, satisfazendo, assim, suas necessidades psicológicas. Outras são indiscretas porque ficam incomodadas com o silêncio. Por algum motivo, sentem-se constrangidas quando não há assunto e acabam comentando coisas que não deveriam com a outra parte. Há, ainda, os que estão insatisfeitos com o ator social a quem representam e desabafam com qualquer um que lhes dê atenção e entenda suas necessidades.

A discrição é especialmente delicada em negociações complexas, que envolvem a articulação entre diversos atores sociais e o estabelecimento de alianças. Com alguns desses atores talvez haja a predominância de um ambiente colaborativo, enquanto para outros, o competitivo. Uma conversa mal conduzida ou um ato falho podem revelar detalhes comprometedores para a negociação.

Reuniões de negócios marcadas em locais públicos, regadas a vinho e cerveja, são situações ideais para que se cometa a indiscrição. Sob o efeito do álcool, as pessoas

218 | NEGOCIADORES DA SOCIEDADE DO CONHECIMENTO

baixam seus mecanismos de defesa e, ao se sentirem "seguras", revelam seus mais íntimos segredos.

O hábito de ser discreto faz com que falemos apenas o necessário, qualidade indispensável para ambientes competitivos. Devemos prestar atenção nas perguntas que nos fazem e responder somente o que é pedido, a fim de não dar "munição" ao oponente.

10.4. FLEXIBILIDADE

Consideraremos **flexibilidade** como a capacidade de adaptar estratégias, objetivos, ações e recursos, conforme as necessidades do ambiente de negociação, a fim de atingir um propósito desejado. Segundo Wanderley (1998), a "flexibilidade é um dos principais atributos de um negociador". Devido à sua importância, vamos investir um pouco mais de tempo para compreender essa qualidade.

A flexibilidade está presente desde o nível **estratégico**. Ao estabelecermos um propósito, traçamos estratégias para alcançá-lo, a partir das quais são definidos objetivos, que resultam em ações e na alocação de recursos. Um negociador deve estar pronto para rever todo ou parte desse encadeamento de níveis de planejamento, ao se deparar com barreiras que o impeçam de alcançar o propósito inicial.

Quanto mais alto o nível de planejamento, maior o impacto de uma mudança. Alterações na estratégia mobilizam muito mais recursos do que a mudança na data de uma reunião. Alterar o posicionamento do Brasil em relação à ALCA causa muito mais impacto do que mudar o objetivo a ser alcançado em relação a um tema específico de comércio internacional.

Um negociador da Sociedade do Conhecimento deve ter sua consciência situacional permanentemente atualizada para detectar indícios de que seu propósito ou objetivos correm o risco de não serem alcançados. Deve estar pronto para rever alianças, estabelecer novos contatos, além de alterar, criar ou cancelar objetivos. Conforme dito anteriormente, se nos concentrarmos no propósito e nos permitirmos modificar os demais níveis de planejamento, como objetivos e metas, ganharemos uma grande flexibilidade estratégica.

Durante a apresentação de propostas e argumentos à outra parte, temos que usar a audição ativa para perceber sinais, mesmo que sutis, de insatisfação, discordância ou falta de entendimento sobre o que estamos falando. Essa percepção será extremamente prejudicada se não estivermos emocionalmente equilibrados. Para sermos flexíveis, temos que estar com a mente aberta, sem pensamentos que nos induzam a sentimentos negativos ou incomodados com questões emocionais. Ao detectar uma barreira, a flexibilidade se manifesta quando somos capazes de colocar o mesmo argumento de forma diferente, sob outro ponto de vista, usando outro canal sensorial, em um momento mais propício ou mesmo empregando um argumento reserva.

A flexibilidade também está presente quando conseguimos modificar nosso modelo mental para entender um problema sob um ponto de vista diferente. Nós, certamente, não somos donos da verdade e devemos nos permitir mudar a forma de pensar, desde que amparados por fatos ou informações provenientes de fontes confiáveis. Pessoas com padrões rígidos de pensamento têm dificuldade de serem flexíveis, pois não conseguem aceitar outras realidades culturais, sociais ou circunstanciais.

Existem algumas coisas, no entanto, que não admitem flexibilidade, como nossos valores. Ou somos sempre honestos ou definitivamente não somos honestos. Não há meio-termo, como ser desonesto de vez em quando ou de acordo com as circunstâncias. Assim estaremos enganando a nós mesmos. Nosso comportamento deve ser coerente com nossos valores. Devemos assumir o que realmente somos, caso contrário, os valores percebidos pelas pessoas serão diferentes daqueles que imaginamos ter e esse é um dos primeiros passos para perder a credibilidade.

10.5. Trabalhando com Interesses

Os interesses essenciais para o resultado da negociação e que não revelem nossas fraquezas devem ser colocados de imediato. Se outro lado for um negociador experiente vai saber logo o que fazer com essa informação, formulando opções que atendam ao que é pedido.

– *Para eu apoiá-lo, precisaria que fizesse P, Q e R.*

– *Gostaria de um sistema de informação que atendesse aos requisitos S, T, U.*

– *Estou interessado em um móvel que combine com V, faça-me sentir X e não custe mais do que Z (seu valor de abertura).*

Interesses sensíveis, no entanto, como os que contêm limitações de tempo, dinheiro ou alternativas, devem ser revelados somente se indispensáveis para o fechamento da negociação e se existir confiança entre as partes.

220 | Negociadores da Sociedade do Conhecimento

Quando questionamos alguém sobre informações sensíveis, as perguntas podem ser interpretadas como ameaçadoras e gerar respostas não-condizentes com a realidade, omitindo-se fatos ou erguendo-se bloqueios e mecanismos de defesa. A outra pessoa ainda não sabe as nossas intenções, de modo que permanecerá na defensiva até que sinta confiança em nós. Portanto, antes de realizar questionamentos desse tipo, devemos estabelecer um vínculo mínimo de relacionamento, pelo menos o suficiente para que nossas intenções sejam conhecidas e isso leva tempo.

Interesses são levantados ao formular perguntas com as palavras mágicas: que, como, por que, onde, quem e quando.

– Por que determinada posição está sendo adotada?

– Por que você quer comprar o material X?

– Onde vai utilizar o material X?

– Com o que está preocupado?

– Por que está com medo?

– Qual sua expectativa?

Ao fazer uma pergunta, devemos observar como a outra parte percebe nossos questionamentos. Ela se mostra evasiva? Responde nossas perguntas com outras perguntas? Como está sua linguagem não-verbal? Se ela devolver as perguntas estará evitando nossos questionamentos ou procurando descobrir o que pretendemos fazer com aquela informação solicitada. Se ela não responder, pode ser que não tenha entendido a pergunta ou esteja fugindo do assunto. Em todos os casos, sua linguagem não-verbal pode demonstrar nervosismo, insegurança, serenidade, firmeza... Temos que identificar o motivo do comportamento observado e agir de acordo com a situação, conforme abordado na Parte I.

Em negociações conduzidas por representantes, em nome de outros atores sociais, identifique e diferencie as necessidades da parte representada e as do representante. Às vezes, teremos que considerar ambas, separadamente, a fim de que a negociação seja concretizada.

10.6. Agenda

Ao iniciar uma negociação sob a expectativa de que as conversações se prolonguem por um longo período de tempo, recomenda-se que as partes estabeleçam uma

CAPÍTULO 10 – COMPORTAMENTO EM NEGOCIAÇÕES | 221

visão comum da situação. Isso evita conflitos desnecessários ou falsas expectativas sobre a forma como os trabalhos serão conduzidos ou os critérios utilizados para se chegar a um acordo. Sugere-se que as partes tenham em mente ou conversem sobre os seguintes assuntos, adaptados de acordo com as circunstâncias:

- objetivo da negociação;

- duração da negociação;

- local do contato (território amigo, neutro ou da outra parte);

- participantes;

- autoridade dos participantes para decidir sobre os assuntos tratados;

- lista das questões a serem discutidas;

- forma como a negociação será conduzida (discussão aberta, alocação de tempos a cada parte, ferramentas ou métodos de resolução de problemas...);

- método com base no qual as decisões serão tomadas (consenso, votação, ferramentas de apoio à decisão...);

- critérios para a tomada de decisões; e

- próximas ações e respectivo cronograma de atividades.

Agendas formais podem ser estabelecidas por intermédio de uma reunião inicial, na qual cada parte apresenta seus interesses e a partir deles se definem as questões a serem negociadas. O ideal é que nesse primeiro encontro as partes se sintam livres para propor o que quiserem, sem discutir o mérito de seus interesses, deixando as discussões para uma etapa posterior.

Quando prevalece o ambiente não-colaborativo, no qual uma das partes manobra para incluir na agenda apenas os assuntos que a favoreçam, a própria elaboração desse documento se torna uma negociação.

Quando as partes já se conhecem e existe um clima de confiança entre elas, a agenda pode ser estabelecida sem reuniões iniciais, por intermédio de um texto único. Uma das partes prepara a proposta de agenda, em forma de texto, e a envia ao outro lado, que estuda o assunto, adiciona suas sugestões e devolve o novo texto ao emissor. O processo prossegue até que ambos os lados concordem com o documento final.

222 | Negociadores da Sociedade do Conhecimento

10.7. Métodos e Técnicas de Abordagem

Em uma negociação corporativa, quando duas ou mais partes se reúnem para tratar de um assunto complexo ou para o qual não se prepararam, talvez seja preciso utilizar técnicas que auxiliem na aquisição de consciência situacional ou na condução dos trabalhos. Sem um método ou técnica de abordagem, as partes começam a divagar sobre o assunto, defendendo seus interesses sem antes ter uma idéia clara do problema que estão enfrentando, nem por onde começar. Isso prolonga desnecessariamente a negociação, causando perda de energia e desgaste emocional entre os envolvidos.

O uso de técnicas de abordagem também se aplica a negociações de conflitos. As partes estão envolvidas emocionalmente, a tal ponto, que não conseguem ouvir o que as demais falam nem pensar em uma forma de solucionar o impasse.

Há ainda o caso de quando as partes sabem o que querem, mas têm dificuldade para desenvolver uma solução, boa o suficiente, que atenda a todos os interesses ou que possa ser usada como moeda de troca. As técnicas e métodos ajudam a **criar valor**: elaborar soluções que sejam valiosas para uma ou ambas as partes.

Existem técnicas para compreender problemas, como diagramas de causa e efeito; outras para auxiliar a gerar opções, como a tempestade de idéias; além de metodologias para condução dos trabalhos, como o ZOPP[1], usado no desenvolvimento de projetos ou a análise SWOT[2], empregada em planejamento estratégico.

Negociações entre duas partes **podem** contar com ferramentas de apoio, mas negociações entre mais de duas partes, no entanto, **devem** contar com tais auxílios, pois a diversidade de personalidades, modelos mentais e habilidades básicas dificulta a comunicação. Nesse ambiente, as pessoas têm mais dificuldade para adquirir confiança e expressar seus interesses. Além do mais, as informações reveladas ao grupo são rapidamente esquecidas e a atenção de todos acaba se voltando para assuntos que não contribuem para solucionar as questões levantadas. As reuniões se tornam longas, cansativas e improdutivas.

As ferramentas de apoio para negociações com mais de duas partes devem incluir formas de registrar e visualizar o que é dito; métodos que direcionem a atenção de todos para um assunto específico; e o estabelecimento de regras de conduta, tais como pedir

---

[1] *Ziel Orientierte Projekt Planung* – Planejamento de Projetos Orientado por Objetivos

[2] *Strongness, Weakness, Oportunities and Threats* – Forças, Fraquezas, Oportunidades e Ameaças

CAPÍTULO 10 – COMPORTAMENTO EM NEGOCIAÇÕES | 223

a vez antes de falar, estipular tempo para cada parte, ou aguardar ser chamado pelo facilitador ou líder da equipe.

Sempre que possível, as partes devem discutir o método de abordagem, antes da negociação, a fim de permitir uma adequada preparação dos envolvidos e a oportunidade de que todos possam expressar suas opiniões e interesses. A seguir, apresentamos três recursos bastante usados em negociações corporativas. Para empregá-los, deve-se ter em mente as seguintes recomendações:

- Todos os envolvidos devem sugerir alternativas que atendam o máximo possível de interesses mútuos;

- Deve-se direcionar a atenção às questões e ao problema a ser resolvido, não às pessoas (URY, 1993). O mais importante é esforçar-se para manter um ambiente de cordialidade, criatividade e otimismo. Você agora sabe como empregar uma comunicação colaborativa nas negociações, e deve ter em mente que muitas das pessoas com quem se relacionará não possuem esse treinamento, de modo que deve estar preparado para enfrentar muitas expressões irritantes. Procure não prestar atenção nelas, nem julgar comportamentos da outra parte, e concentre-se no problema a ser resolvido.

10.7.1. Tempestade de Idéias (Brainstorming)

A tempestade de idéias, também conhecida como *brainstorming*, é bastante difundida no meio corporativo, mas mal utilizada. A técnica se divide em duas fases distintas: geração e avaliação de idéias. Na fase de geração de idéias, uma das partes assume a coordenação dos trabalhos e coloca uma questão a ser discutida. Todos os presentes propõem suas idéias livremente, sem julgamentos ou críticas às sugestões dadas, por mais ridículas que sejam. Aliás, é até interessante que algumas delas sejam engraçadas, pois um ambiente descontraído estimula a criatividade e, às vezes, uma colocação descabida pode ser o início de uma solução revolucionária. Dessa forma, não critique as idéias colocadas nessa fase, nem com palavras nem com linguagem não-verbal, como caretas ou demonstração de impaciência.

Depois de certo limite de tempo ou quando o processo de geração de idéias não se mostrar mais produtivo, inicie a segunda fase, avaliando as sugestões levantadas anteriormente. Agora sim (e só agora) você deve considerar criticamente as opções, selecionando algumas para a decisão final. Isso não impede que os participantes continuem a dar idéias e a ajustar o que foi levantado anteriormente.

224 | NEGOCIADORES DA SOCIEDADE DO CONHECIMENTO

O comentário sobre sua má utilização ocorre porque muitas pessoas dizem que empregam a tempestade de idéias, mas criticam as sugestões emitidas na primeira fase. Esse comportamento mata o processo, que perde sua principal vantagem: a associação de idéias, mola-mestra da criatividade.

Certa vez, os supervisores de uma empresa de cerâmica começaram a ficar irritados com os empacotadores. Os funcionários perdiam muito tempo para embrulhar os produtos com jornais velhos, pois sempre os liam. Em uma tempestade de idéias entre supervisores e gerentes, para resolver o problema, alguém sugeriu, brincando, que os funcionários trabalhassem com óculos vendados ou que se lhes furassem os olhos. Resultado final: passaram a contratar cegos para a função.

Alguns autores, como Raiffa (2002), propõem que a tempestade de idéias seja precedida por uma etapa na qual as partes registrem isoladamente suas sugestões, para somente então se lançarem no processo coletivo. Segundo pesquisas, esse procedimento aumenta a qualidade das idéias geradas.

Para que as idéias geradas isoladamente ou em conjunto tenham bom potencial de aceitação, é de fundamental importância que, além de se considerarem os próprios interesses, também se levem em conta os interesses da outra parte.

Um erro comum é insistir em apenas uma solução. Devemos propor várias, a fim de abrirmos novas possibilidades, uma das quais talvez seja capaz de satisfazer nossos interesses e os da outra parte (URY, 1993).

10.7.2. Texto Único

O texto único é utilizado para estabelecer agendas de trabalho, contratos, acordos e documentos diversos. De acordo com essa técnica, um dos negociadores gera um texto inicial que tramita entre os demais. Cada um acrescenta suas sugestões e observações, em um processo de revisão, passando para o seguinte ou devolvendo o texto para quem o produziu inicialmente. O processo termina quando se chega a uma versão do documento que atenda a todos os participantes.

A elaboração do texto inicial, ou minuta, exige alguns cuidados. Se o documento em questão for muito extenso, como um manual ou plano de trabalho, o ideal é que as partes discutam a estrutura do documento, ou seja, os itens que constarão do índice, durante a reunião de preparação conjunta, para somente então delegar a alguém a atribuição de redigir a minuta, cujo conteúdo será discutido durante a fase de negociação. Isso evita que o redator insira no documento visões parciais e tendenciosas que ele possui do problema, ancorando a percepção de todos os envolvidos a um modelo mental limitado.

10.7.3. Quadro de Opções

O método sugerido por Raiffa (2002) tem por objetivo dar às partes uma ampla idéia da situação, colocando todas as cartas sobre a mesa, sem truques ou agendas ocultas.

O método consiste em montar um quadro – ou agenda – (Tabela 9), com as questões a serem discutidas. Para cada questão é feita uma tempestade de idéias, a fim de gerar possíveis soluções que atendam às necessidades das partes e sirvam como opções de escolha. Ao final do trabalho, cada questão tem um conjunto de opções, que são estudadas pelas partes, atribuindo-se valores a cada uma e, em etapa posterior, negociadas, conforme mostrado no exemplo da compra da casa, no Capítulo 8.

Tabela 9. Quadro de opções.

1. Questão 1
Opção 1a
Opção 1b
Opção 1n
2. Questão 2
Opção 2a
Opção 2b
3. Questão 3
Opção 3a
Opção 3b
Opção 3n...
4. Questão N
Opção 4a
Opção 4b

Normalmente, ao encararmos uma negociação complexa, temos apenas uma idéia parcial de todas as possibilidades que podem ser negociadas e dificilmente sabemos avaliar o quanto a proposta "A" é melhor do que a "B" ou a "C". Fazemos isso intuitivamente. O método proposto por Raiffa permite que cada parte tenha a oportunidade de preparar-se melhor para a negociação, com a completa visualização do que está em jogo.

À medida que estudamos as questões e conhecemos os interesses que as sustentam, pode ser que mais atores sociais sejam incluídos no problema ou que necessitemos revisar as prioridades atribuídas a elas, aumentando ou suprimindo a quantidade de questões consideradas.

10.7.4. Outras Técnicas

Baseado no status quo: muitas negociações envolvem a revisão e a atualização de acordos anteriores. Use os termos do antigo acordo como ponto de partida para acomodar os novos interesses.

Discussão aberta: por essa técnica, as partes propõem sugestões livremente, analisando e comentando-as à medida que são geradas. O debate pode ser livre ou sujeito a regras que estabelecem o andamento das discussões. Um dos participantes pode apresentar sua idéia, por exemplo, e os demais, a seu turno, durante um certo limite de tempo, tecer suas opiniões a respeito. Depois de todos serem ouvidos, toma-se uma decisão ou passa-se à próxima sugestão.

Trabalho em grupos: a técnica é similar à do *brainstorming*, aplicada a um grupo com número maior de pessoas. Define-se a questão a ser discutida e cada indivíduo produz uma lista com suas propostas, durante certo limite de tempo. Ao final, os participantes são divididos em grupos menores nos quais compartilham suas idéias, discutindo e escolhendo uma ou mais opções consideradas com maior potencial de satisfazer interesses mútuos. Cada grupo, então, apresenta seus resultados a todos os participantes para uma discussão mais ampla, a fim de que seja tomada uma decisão.

Grupos de trabalho: outra técnica, empregada quando existem muitas questões e estas requerem conhecimento específico, consiste em dividir as questões por categorias. Para cada categoria forma-se um grupo composto por especialistas, que se utilizarão das técnicas acima para chegar a uma solução.

Capítulo 10 – Comportamento em Negociações | 227

Acordos modelo: as partes examinam acordos realizados em circunstâncias semelhantes ao do atual problema. Os modelos adotados são então estudados e modificados, a fim de atenderem necessidades atuais específicas.

Agentes externos: as partes podem recorrer a um agente externo que lhes auxilie a desenvolver alternativas para as questões. Essa solução pode ser importante quando não se consegue separar o problema das pessoas. O agente pode assumir o papel de *mediador*, facilitando o acordo entre as partes; *árbitro*, definindo o que cada parte deve fazer; ou *consultor*, trazendo informações técnicas confiáveis para esclarecer posições.

Abordagem do simples para o complexo: Dentre todas as abordagens, a que trata as questões partindo das mais simples para as mais complexas é a mais prática e lógica. Ela fornece uma sensação de cautela e segurança aos participantes, à medida que as questões são resolvidas; proporciona flexibilidade, uma vez que a ordem das questões pode ser modificada; e compromete as partes com as obrigações assumidas ao longo da negociação. Por outro lado, pode ser manipulada pela parte que possuir maior poder, já que o processo é mais facilmente controlado; é vulnerável a sabotadores que não estejam interessados em solucionar o problema; requer paciência; dá a sensação de que nenhum assunto é tão importante a ponto de valer a pena rediscutirem-se questões anteriores e já definidas; e corre-se o risco de que o problema principal seja continuamente "empurrado com a barriga".

Abordagem do complexo para o simples: Outra forma consiste em encarar o problema de maneira contrária à anterior: partindo das questões mais complexas e difíceis para as mais simples. Essa abordagem traz grandes recompensas quando bem sucedida; obriga as partes a revelarem seus principais interesses desde o início; evita que uma das partes manipule a negociação, por meio do estabelecimento de pequenos acordos e adiando eternamente o assunto principal; e, de cara, compromete as partes com a questão mais importante. No entanto, constitui uma abordagem de alto risco, já que se a divergência principal não for resolvida as partes não desejarão mais negociar, nem tentar outras formas de resolver o conflito de interesses.

Enumerar os pontos em comum: Existe, ainda, a possibilidade das partes enumerarem os pontos em comum, de forma genérica, estabelecendo um acordo inicial e a partir dele resolver as divergências, utilizando uma das abordagens anteriores. Essa maneira de tratar o problema estabelece um clima positivo de cooperação entre os envolvidos, e dá margem a que cada parte interprete o acordo conforme seu ponto de vista. Por outro lado, pode ser vago e sujeito a interpretações totalmente opostas; além

228 | Negociadores da Sociedade do Conhecimento

de gerar esperanças enganosas, por se imaginar que o acordo é mais fácil do que realmente é (WEISS; ROSENBERG, 2003).

10.8. Ética em Negociação

O que significa ética? Atualmente, a ética está relacionada com valores e normas adotados por um determinado grupo social, como obrigação moral, responsabilidade e justiça. A ética tem sentido apenas quando pensamos coletivamente.

Cada grupo humano, portanto, terá seus próprios valores éticos. Tomemos como exemplo a comunidade carcerária. O que um criminoso faz não é ético do ponto de vista da sociedade, mas entre os infratores existe um código de conduta que se não for seguido pode levar o indivíduo à morte.

Diversas profissões possuem códigos de ética, criados para definir as condutas que devem ser adotadas por aquele grupo profissional. Não existe um código de ética único para negociadores, mesmo porque seria extremamente difícil de estabelecer, uma vez que utilizamos negociações em vendas, na obtenção de apoio, na aprovação de projetos, na solicitação de aumento salarial e em uma infinidade de outras situações. Cada uma delas inserida em um contexto ou relacionada a um grupo social diferente.

A ética em negociação pode ser apenas sugerida, cabendo a cada um adotar a que seja mais apropriada a seus valores pessoais e ao grupo profissional ao qual pertença, lembrando sempre que nosso comportamento deve gerar credibilidade, qualidade que perece facilmente diante de atitudes que impliquem enganar outras pessoas ou omitir informações importantes.

Para nossos propósitos, consideraremos três linhas de pensamento ético: o utilitarismo, o humanismo e o judaico-cristão. No **utilitarismo**, comportamentos são considerados "certos" ou "errados" em função de suas conseqüências, exigindo que o ator social aja de forma a maximizar a felicidade e a minimizar a dor para o maior número possível de pessoas envolvidas. O problema desta corrente consiste na definição de bem social. O que é bom para alguns pode não ser bom para outros. Pode-se ter uma intenção perfeitamente legítima e boa, que por força das circunstâncias ou por uma fatalidade traga conseqüências negativas. Nessa corrente, o que importa é o resultado.

No **universalismo**, por sua vez, defende-se que o valor moral de um comportamento não depende de suas conseqüências, já que estas nem sempre são facilmente

CAPÍTULO 10 – COMPORTAMENTO EM NEGOCIAÇÕES | 229

identificáveis no momento em que é tomada a decisão de agir. O valor moral, portanto, depende da intenção da pessoa no momento em que decide empreender uma ação, de modo que determinados comportamentos podem ser julgados "certos" ou "errados", independentemente de suas conseqüências.

A linha de pensamento da tradição **judaico-cristã** tem como alicerce a regra segundo a qual devemos tratar os outros da mesma maneira que gostaríamos de ser tratados. Essa linha é encontrada na maior parte das religiões, sob formas variadas. Diante de uma questão ética, cada indivíduo deve identificar os cursos de ação disponíveis e escolher aquele que permita tratar os outros com a mesma dignidade e respeito com que ele esperaria ser tratado.

Especificamente relacionadas com negociações, existem basicamente três grandes linhas de pensamento que exercem influência sobre as questões éticas: a escola do pôquer, os idealistas e os pragmatistas.

A **escola de pôquer** considera que a negociação é um jogo, como o pôquer, no qual os participantes podem mentir, blefar, enganar, esconder informação e praticar qualquer outro tipo de artimanha para levar a melhor, desde que não contrarie a lei.

A escola idealista imagina um mundo em que todas as relações são de confiança, procurando levar todas as negociações para um ambiente colaborativo. As questões éticas devem ser consideradas integralmente, de forma que não é permitido mentir, omitir informações ou enganar a outra parte, mesmo que isso represente prejuízo para nossos interesses.

O pensamento **pragmatista**, por sua vez, entende que o mundo é formado por pessoas confiáveis e não-confiáveis, de modo que a negociação deve ser conduzida de acordo com as condições encontradas. A expressão olho-por-olho, dente-por-dente representa a conduta dominante entre seus seguidores.

Tanto as linhas filosóficas gerais sobre ética como as específicas podem ser consideradas em uma mesa de negociação. O que constitui um comportamento ético para mim, pode não o ser para você ou para outros atores sociais. O importante é que definamos o nosso, de acordo com nossos valores, mas sempre reconhecendo que existem formas diferentes de pensar.

Eu, por exemplo, sigo a linha judaico-cristã, procurando fazer aos outros o que gostaria que me fizessem, sem esquecer que existem algumas situações em que é preciso negociar duro, estabelecer alianças secretas e antecipar-se para não ser enganado.

230 | NEGOCIADORES DA SOCIEDADE DO CONHECIMENTO

As artimanhas utilizadas por negociadores pouco éticos devem ser conhecidas, a fim de evitar que sejamos induzidos ao erro ou atraídos a armadilhas das quais sairemos somente após sofrer alguma perda ou constrangimento. Leia as táticas mais utilizadas em negociações, no Anexo 2.

Vejamos algumas situações em que o pensamento ético adotado leva a diferentes resultados. Suponha que você, com todo seu conhecimento de negociação, vê no jornal o anúncio de um carro e liga para o vendedor, marcando um horário para dar uma olhada no veículo. Ao encontrar-se com o proprietário e ver as condições do automóvel, percebe que seu valor está muito abaixo do mercado. O vendedor claramente não possui nenhum conhecimento de negociação. Além de não haver se preparado, revelou-lhe abertamente seu valor-limite, seus interesses e preocupações. Você pode fechar um excelente negócio, mas sabe que a outra parte vai sofrer um sério prejuízo. Qual sua atitude? Compra assim mesmo? Pechincha ainda mais? Dá um pouco mais ao vendedor, em relação ao que ele está lhe pedindo? Revela o preço do mercado e faz uma distribuição de ganho da forma mais equilibrada possível?

Você entra em uma loja para comprar uma peça de decoração, mas não sabe exatamente qual. O vendedor o aborda e pergunta quanto você está disposto a gastar. Você responde a verdade? Mente acerca de quanto pretende gastar? Muda de assunto para desviar a atenção do vendedor e não responder àquela pergunta que pode revelar seu valor-limite?

Você deseja comprar um terreno e se depara com um hábil negociador. Um corretor de seguros que tenta utilizar táticas não-éticas com você, que procura tirar-lhe todas as informações, esquivando-se de responder às suas perguntas e que o pressiona emocionalmente... Sua destreza o deixa em uma posição em que você tem que falar, de qualquer forma, seu valor-limite. O que você faz? Inventa uma história e mente ou lhe revela a verdade e fica em desvantagem?

As respostas ficam por conta de sua conduta ética. De qualquer forma, um excelente balizador seria avaliar o quanto os interesses da outra parte são considerados. Se você usa técnicas de influência sobre alguém, mas se preocupa em atender os interesses daquela pessoa, ponto pra você. Mas se usa as técnicas aprendidas sem a outra pessoa saber o que está acontecendo, visando única e exclusivamente seus próprios interesses, devo dizer-lhe que é um manipulador.

10.9. Estresse

Em uma situação normal, as vias primária (racional) e secundária (emocional) de nossos circuitos cerebrais convivem harmonicamente, conforme descrito no Capítulo 3. À medida que somos pressionados, o "organismo se prepara para uma crise" (GOLEMAN, 2006), a via secundária assume algumas funções cognitivas, liberando a via racional para pensar com maior agilidade e clareza. É o nível ótimo de atenção.

Se a pressão aumentar, o cérebro delega cada vez mais processos decisórios à via emocional. Passamos a agir automaticamente, os pensamentos ficam mais lentos, "perdemos a capacidade de reter informações na memória, reagir com flexibilidade e criatividade, concentrar a atenção propositadamente e planejar, organizar" e negociar com eficiência (GOLEMAN, 2006).

Esse quadro nos leva à situação ilustrada pela Figura 53, no qual podemos observar que o ideal é manter um certo nível de estresse, suficiente para nos deixar atentos com a situação, mas não a ponto de gerar ansiedade em nossas ações. Lembre-se, a virtude está no equilíbrio.

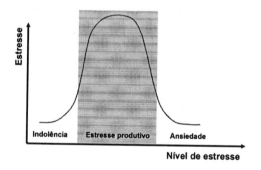

Figura 53 - Curva de estresse (GOLEMAN, 2006).

O estresse é concentrado em momentos específicos da negociação, como no início, quando as partes estão se conhecendo e calculando minuciosamente os passos seguintes; e próximo ao final, no momento em que as opções são postas à mesa e deve-se tomar uma decisão, também conhecido como zona de perigo (Figura 54).

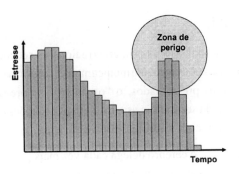

Figura 54 - Concentração de estresse durante a negociação (SANER, 2000).

Na **zona de perigo**, deve-se ter mais cautela com as ações e decisões tomadas, pois nesse momento pode-se colocar tudo a perder. Se o negociador representar outra pessoa, neste ponto deve estabelecer contatos delicados, deixando-a a par da situação, ao mesmo tempo em que provavelmente receberá pressões para obter melhor resultado. O cansaço toma conta do ambiente de negociação, provocando precipitações ou fazendo valer a expressão de que fulano foi "vencido pelo cansaço". Essa situação não impede, porém, que o estresse dos outros seja utilizado em nosso favor, pois aquele pedido que foi rejeitado diversas vezes pode ter uma chance de ser considerado quando se ingressa na zona de perigo, pois talvez a outra parte esteja cansada demais para discutir.

Os erros mais comuns cometidos sob estresse são:

- revelar demais;
- aceitar concessões desnecessárias cedo demais;
- não elaborar agenda e lista de questões satisfatoriamente;
- querer ser apreciado;
- ameaçar retirar-se cedo demais;
- não prever táticas do adversário;
- evitar conflito e confronto quando necessário;
- ficar preso num impasse; e
- não buscar interesses comuns e novas soluções.

CAPÍTULO 10 – COMPORTAMENTO EM NEGOCIAÇÕES | 233

Por ser um assunto tão importante, quem participa de negociações deve estar atento aos primeiros sintomas de estresse, relacionados na Tabela 10.

Tabela 10. Sintomas de estresse

Mentais	Físicos	Emocionais
• Falta de lógica	• Exaustão	• Irritabilidade
• Baixa concentração	• Dor de cabeça	• Explosões emocionais
• Tendência a simplificar	• Suor excessivo	• Impaciência
• Confusão mental	• Cansaço e insônia	• Ansiedade
	• Alterações no apetite	• Pânico
	• Problemas gástricos	• Mecanismos de defesa
	• Diarréia	• Vícios: álcool, nicotina, comida, sexo, drogas.
	• Depressão	

Fonte: (SANER, 2000)

Ao sentir os sintomas, procure interromper a reunião, seja para uma ida ao banheiro ou postergando-a para outro dia. Se os sinais de estresse forem apresentados pela outra pessoa e você ainda tiver boa capacidade de raciocínio, caberá a você decidir se aproveita ou não a situação em benefício próprio.

Participei de diversas reuniões para negociar acordos internos à minha instituição ou entre as Forças Armadas. No início das atividades, cada parte defende vigorosamente seu ponto de vista, procurando fazê-lo prevalecer sobre os demais. À medida que a reunião avança e as partes são tomadas pelo cansaço e pelo estresse, há uma tendência nítida em todos serem mais tolerantes e aprovarem as proposições sem muita reflexão. Esse é o ponto em que o encontro deve ser interrompido, sob pena de serem tomadas decisões das quais os participantes se arrependam mais tarde.

234 | NEGOCIADORES DA SOCIEDADE DO CONHECIMENTO

10.10. LIÇÕES APRENDIDAS

Lição 1 - AJA CONFORME A REGRA DE OURO: seja bom e educado, paciente, honesto, generoso, admire o trabalho dos outros, aja com humildade e respeito com seus semelhantes, perdoe ao próximo, preocupe-se com os sentimentos e interesses alheios, comprometa-se com o que disser, não sinta inveja, nunca, nunca julgue ou critique os outros.

Lição 2 - BUSQUE RESPEITO E CREDIBILIDADE.

Lição 3 - DEFINA A AGENDA DE NEGOCIAÇÃO.

Lição 4 - SEJA FLEXÍVEL EM SUA ESTRATÉGIA, OBJETIVOS E AÇÕES, MAS SEMPRE COERENTE COM SEUS VALORES.

Lição 5 - REVELE OS INTERESSES NÃO-SENSÍVEIS DE IMEDIATO E OS SENSÍVEIS SOMENTE APÓS ESTABELECER CONFIANÇA.

Lição 6 - MÉTODOS E TÉCNICAS DE ABORDAGEM: tempestade de idéias, texto único, quadro de opções, perguntas condicionadas, solução baseada no status quo, discussão aberta, trabalho em grupos, acordos modelo, agentes externos, simples para o complexo, complexo para o simples, e enumeração de pontos em comum.

Lição 7 - ADOTE COMPORTAMENTO ÉTICO.

CAPÍTULO 11

Tomada de Decisão

"Pessoas que não admitem serem parte do problema nunca farão parte da solução."

Kenneth Kaye

Maria, a analítica, é gerente de Marketing de um supermercado. Recentemente ela recebeu a tarefa de trocar todas as estantes da loja onde trabalha, nas quais são expostos os produtos. Maria pesquisou sobre os fabricantes existentes no mercado e selecionou três, dentre os que ofereciam estantes de melhor qualidade. A seguir, verificou os modelos e estabeleceu alguns critérios para tomar sua decisão: preço, durabilidade, facilidade de limpeza e tamanho das prateleiras. Com base nesses critérios, negociou duramente com os três concorrentes, anotou as informações coletadas em uma planilha, submetida ao seu chefe para a decisão final.

Decisões analíticas tentem a ser precisas e completas, mas consomem muito tempo. A vantagem é que o chefe de Maria não precisa ser um especialista em prateleiras para tomar uma decisão baseada no modelo analítico, basta possuir capacidade de raciocínio lógico e escolher a opção que melhor atenda aos critérios estabelecidos.

Alice, a intuitiva, é chefe do setor de recrutamento e seleção. Ela trabalha no setor há muito tempo e acumulou grande experiência na avaliação de candidatos aos

236 | Negociadores da Sociedade do Conhecimento

diversos cargos de sua empresa. Consegue traçar o perfil das pessoas com apenas cinco minutos de entrevista. Ao tomar a decisão de contratar um funcionário, ela se baseia em sua intuição para fazer a escolha.

A tomada de decisão intuitiva utiliza a experiência e a capacidade de julgamento, no lugar da análise. A pessoa emprega a via emocional, optando pela primeira solução que resolva o problema, ao invés de comparar várias alternativas para escolher a melhor. Esse modelo é mais rápido que o anterior. Se o tempo permitir, a pessoa pode reavaliar sua decisão ou até comparar entre duas ou mais opções, mas sempre usando a intuição.

Cada modelo possui vantagens e desvantagens, dependendo da situação. O modelo analítico é indicado para o planejamento de uma negociação complexa ou quando há tempo disponível e existe a possibilidade de captar e processar um grande volume de informações. O modelo intuitivo é mais apropriado para um ambiente instável e de rápidas mudanças, como o encontrado durante o calor de uma discussão, quando o tempo e a incerteza são fatores críticos. Os dois modelos, no entanto, possuem elementos fundamentais.

O primeiro diz respeito à existência de **alternativas**. Se houver apenas um caminho a ser trilhado, não precisaremos decidir nada, devemos apenas seguir por ele. Se entrarmos em uma negociação sem alternativas, seremos *obrigados* a concordar com as condições da outra parte. Se pudermos escolher entre fechar ou não o negócio, isso já será uma alternativa. Suponha que você possui uma fábrica de palitos de fósforos e seja dependente de um único fornecedor de produtos químicos. Se ele resolver aumentar o preço de seus produtos, você será obrigado a aceitar o aumento, sob a pena de interromper a produção por falta de material. Você não terá alternativas.

Uma ou duas alternativas facilitam a tomada de decisão, mas talvez não mostrem a solução ideal. Uma quantidade maior de alternativas, por outro lado, proporciona tranqüilidade até certo ponto, pois permite uma ampla variedade de escolhas, mas se o número de alternativas for muito grande, pode não ser possível analisar as conseqüências – ou resultados – decorrentes de cada uma dessas opções.

A presença de *diferentes* **resultados**, portanto, constitui outro elemento necessário a uma decisão. Se todas as alternativas conduzem ao mesmo destino, não há porque pensar qual deve ser a escolhida, qualquer uma serve. No exemplo da fábrica de palitos de fósforos, se você encontrar outro fornecedor de produtos químicos, mas seus preços forem iguais aos do fornecedor anterior (eles formam um cartel e você não sabe disso),

CAPÍTULO 11 – TOMADA DE DECISÃO | 237

considerando que todas as outras variáveis como tempo de entrega e valor de frete sejam iguais, o resultado de comprar com A ou B será o mesmo, de modo que também não há o que decidir. Isso nos leva a concluir que se faz necessário avaliar as conseqüências de nossas decisões e buscar alternativas que nos levem a resultados diferentes.

As decisões também envolvem **incerteza** quanto ao resultado pela escolha de cada alternativa. Muitas vezes, escolhemos uma linha de ação sem saber exatamente aonde ela vai nos levar. Podemos ter sorte e chegarmos ao nosso destino, ou azar, e encontrarnos em um beco sem saída. Quanto maior a consciência situacional do problema e mais detalhes soubermos sobre as implicações de nossas escolhas, menor será a incerteza associada à decisão (KIRKWOOD, 1996). Voltando aos palitos de fósforo: você pode encontrar outro fornecedor, mas não sabe se ele cumpre seus compromissos ou se os produtos químicos são de boa qualidade. Você deverá fazer uma experiência, a fim de reduzir a incerteza.

Como todas as decisões são tomadas sob algum grau de incerteza, e cada decisão é única, nunca haverá uma solução perfeita para qualquer problema enfrentado durante uma negociação, de modo que não devemos nos recriminar por não conseguirmos encontrar a decisão perfeita. Ao invés disso, devemos adotar a linha de ação que se mostre mais promissora, com um aceitável nível de risco, e executá-la.

O **tempo**, juntamente com a incerteza, é outro elemento que exerce forte pressão sobre a tomada de decisão. Quanto mais tempo tivermos, mais informações conseguiremos obter para formar nossa consciência situacional. Informação contextualizada gera conhecimento. À medida que cresce o **conhecimento** sobre a situação, aumenta sua capacidade de tomar decisões apropriadas às circunstâncias, de maneira que quanto maior o volume de informações, mais apropriada será a decisão. Em algum momento, no entanto, quando o conhecimento básico já houver sido obtido e a necessidade por mais informações se restringir a detalhes, encontra-se o ponto de equilíbrio. Além desse ponto, as informações adicionais servem apenas para esconder a essência do problema, impedem o entendimento do todo e fazem com que o negociador gaste mais tempo para tomar, provavelmente, a mesma decisão que tomaria com menos informações. O importante, portanto, não é quantidade, mas sim a qualidade: informação correta disponibilizada no momento oportuno.

Esse é o grande diferencial do negociador da Sociedade do Conhecimento. Ele deve ser capaz de ter a informação correta sempre disponível, compondo sua consciência situacional, para utilizá-la no momento em que tenha que tomar uma decisão. Assim, ele terá condições de tomar decisões com mais rapidez que a outra parte, durante uma negociação, conquistando uma vantagem decisiva em ambientes competitivos e uma posição de liderança em ambientes colaborativos. As circunstâncias que influenciam essa agilidade estão presentes no ciclo OODA.

11.1. Ciclo de Decisão

O ciclo de decisão, também conhecido como ciclo OODA – Observar, Orientar-se, Decidir e Agir – foi proposto em meados da década de 70, por John Boyd, um jovem capitão da Força Aérea dos Estados Unidos. Atualmente, o modelo é largamente empregado no meio militar, mais especificamente na atividade de Comando e Controle (Figura 55).

Figura 55 - Ciclo de decisão (CORAM, 2002).

O conceito surgiu quando John Boyd foi designado para estudar o combate aéreo entre aeronaves americanas e coreanas, durante a Guerra da Coréia. Nesse conflito, os aviadores americanos se saíram vitoriosos. Para cada avião abatido, o inimigo perdia 10. Por quê?

A primeira hipótese levantada por John Boyd foi a de que os americanos simplesmente tinham melhores aeronaves, mas estudos revelaram que o F-86 americano possuía muitas qualidades inferiores às do inimigo, que utilizava MIG 15, uma aeronave de fabricação russa. O MIG podia subir e acelerar com maior velocidade e

Capítulo 11 – Tomada de Decisão | 239

curvar mais rapidamente do que o F-86. O F-86, no entanto, tinha duas vantagens sobre o MIG-15: primeiro, o piloto podia ver melhor; segundo, tinha controles hidráulicos mais potentes e ágeis do que o MIG. Isso significa que, embora o MIG pudesse realizar várias manobras – curvar, subir e acelerar – com desempenho melhor que o F-86, este podia passar de uma manobra a outra muito mais rapidamente do que o MIG, em função de seus controles de vôo.

Usando essas duas vantagens, os pilotos americanos desenvolveram táticas que forçavam o MIG a realizar uma série de manobras consecutivas. Como os pilotos de F-86 podiam perceber mais rapidamente como a posição relativa entre as aeronaves havia se alterado e mudar para outra manobra, a cada nova ação os F-86 ganhavam uma ligeira vantagem, até que deixavam o MIG vulnerável e exposto a um tiro de destruição. O piloto do MIG geralmente percebia o que estava acontecendo e se desesperava, tornando o trabalho dos pilotos americanos muito mais fácil.

John Boyd, então, direcionou seus estudos para o combate terrestre, e constatou que se um lado observasse, se orientasse, decidisse a agisse mais rapidamente que o inimigo, também conseguia obter vantagem, como ocorria na guerra aérea. Se o lado A apresentasse ao lado B um rápido e inesperado desafio ou série de desafios, aos quais B não conseguisse se ajustar ou acompanhar em um período de tempo apropriado, a resposta mais lenta de B provocava sua derrota, geralmente a um custo baixo para o vitorioso. Isso acontecia mesmo quando o lado perdedor era materialmente mais forte do que o ganhador, pois também apareciam o pânico e a paralisia mostrados pelos pilotos dos MIG.

O que os vencedores desses casos têm em comum? A resposta de John Boyd é que eles consistentemente percorriam o ciclo OODA mais rapidamente do que seus oponentes, ganhando, assim, uma vantagem tática. Enquanto os adversários se preocupavam e reagiam a uma ação, a parte que detinha a iniciativa já estava pensando em realizar ou executando uma atividade diferente. A cada ciclo, as ações do lado mais vagaroso eram menos apropriadas à situação e cada vez mais distantes de uma resposta adequada à ação em curso. Isso aconteceu em muitas das mais decisivas batalhas históricas, como na vitória de Aníbal sobre os romanos, em *Cannae*; a vitória dos alemães sobre os franceses, em 1940; ou a dos japoneses sobre os ingleses na Malaya, em 1942. Em todos os casos, quem decidiu mais rapidamente consagrou-se vencedor (CORAM, 2002).

240 | NEGOCIADORES DA SOCIEDADE DO CONHECIMENTO

Pare pra pensar em quantas decisões você toma por dia. Em todas elas, o ciclo OODA estará presente: você observa o ambiente; orienta-se de acordo com sua consciência situacional; toma uma decisão e parte para a ação, que pode ser o pronunciamento de uma frase, uma atitude, a realização de uma atividade ou a adoção de uma postura. Esse conceito, portanto, pode ser utilizado em negociações ou qualquer outra área de sua vida em que uma decisão deva ser tomada.

Em negociações, por exemplo, o ciclo OODA pode ser aplicado ao tomar decisões sobre:

- objetivos;
- argumentos;
- contra-argumentos;
- estratégias;
- táticas;
- métodos ou técnicas de abordagem na negociação;
- momento de abandonar a negociação;
- momento de fechar o acordo;
- melhor alternativa;
- iniciar ou não uma negociação.

Vejamos alguns exemplos: João Carlos, um amigo que trabalhou como representante comercial do governo brasileiro na Angola, certa vez foi contatado por autoridades daquele país para que conseguisse uma empresa de tecnologia, no Brasil, a fim de desenvolver uma solução para a detecção de minas terrestres. A empresa brasileira consultada já detinha o conhecimento necessário, de modo que deveria apenas decidir como, quando e em que condições comercializá-lo. Desde o momento em que a empresa recebeu a solicitação até a apresentação formal do projeto aos representantes de Angola, transcorreram-se oito meses. O-I-T-O MESES! Nesse ínterim, o espaço já havia sido ocupado por uma concorrente norte-americana. A empresa brasileira fez o ciclo OODA girar muito lentamente, perdendo o negócio.

Certa vez, participei de uma reunião na qual os representantes de quatro instituições tinham que elaborar um documento para estabelecer normas a serem cumpridas pelas partes. Cada instituição possuía dois representantes, havendo, portanto, oito pessoas na mesa de negociações. Quando um dos membros apresentava uma proposta, os demais observavam, orientavam-se – comparando o que era dito com suas necessidades – e tomavam uma decisão, agindo de modo a sugerir adaptações, a vetar a proposta no todo ou em parte, ou a aceitá-la incondicionalmente. Como as partes possuíam autoridade para decidir e havia um prazo a ser cumprido, ao fim do qual o documento deveria ser apresentado, os representantes não tinham muito tempo para analisar as propostas, de maneira que decidiam com base na consciência situacional que possuíam até aquele momento. Eu e o outro representante de nossa instituição observávamos atentamente as propostas colocadas pelos demais participantes. Durante as críticas e comentários que se seguiam, formulávamos muitas perguntas, orientando-nos e percebendo tanto as necessidades declaradas como as implícitas. Como havíamos nos preparado extensamente, durante as semanas que antecederam a reunião, tínhamos facilidade para adquirir consciência situacional referente ao tema e de gerar alternativas que atendessem a todas as partes. Nosso ciclo de decisão girava mais rapidamente. Aproveitamos a situação para que o ciclo girasse, também, com mais qualidade, ajudando os demais participantes a adquirir informações, a criar consciência situacional, a tomar decisões mais consistentes e a agir conforme decidido.

Esta é a pedra angular. O ponto para o qual convergem todos os assuntos tratados nestas páginas. Os negociadores da Sociedade do Conhecimento devem formar uma consciência situacional e mantê-la permanentemente atualizada, para serem capazes de lidar com a abundância ou escassez de informações que os envolve. Essa consciência situacional é utilizada no momento em que eles têm que tomar decisões pertinentes à negociação em que se encontram. Quanto melhor a consciência situacional, mais rápida é a decisão. Mais ágil será a execução do ciclo OODA. Maior será a vantagem dos negociadores da Sociedade do Conhecimento perante seus interlocutores. Todas as demais habilidades e ferramentas tratadas neste livro destinam-se a facilitar a formação da consciência situacional e a condução dos contatos de negociação, preparando o negociador para o momento de fazer suas escolhas. As escolhas que os conduzirão ao sucesso ou ao fracasso... Das negociações... ou da sua vida...

11.2. Finalização da Negociação

Depois de haver passado por todas as etapas anteriores, nas quais as partes conversaram, criaram consciência situacional do problema, expuseram suas necessi-

242 | NEGOCIADORES DA SOCIEDADE DO CONHECIMENTO

dades e interesses, analisaram alternativas e escolheram uma delas, é momento de finalizar a negociação.

As duas partes desejarão se sentir bem com o resultado. Se adotarmos uma postura anti-ética, não estaremos preocupados com os sentimentos do outro lado, correndo o risco de levantar ressentimentos futuros pela forma como nos comportamos, insatisfação pelo produto ou serviço não ser exatamente igual ao prometido, arrependimento por não haver pedido mais ou pensado com mais calma... São inúmeros os motivos que podem nos levar a querer desfazer a negociação ou nunca mais desejar ver a outra parte novamente.

Independente de haver um ambiente competitivo ou colaborativo, devemos buscar sempre a concordância das partes, antes de fechar um acordo. Primeiro porque desejamos preservar o relacionamento; segundo porque queremos acumular pontos para nossa imagem de credibilidade; e terceiro, não desejamos que o outro lado encontre um pretexto para invalidar a negociação.

Para fechar um acordo justo, devemos procurar não ter pressa. Controlar a ansiedade até que a negociação seja concluída. Não podemos esquecer que a pressa sinaliza uma necessidade desproporcional e constitui uma fonte de poder para a outra parte. Tais sentimentos prejudicam o raciocínio lógico que, somado ao estresse, podem fazer com que cometamos os erros com os quais tanto cuidado tivemos durante a negociação.

Alguns autores sobre vendas defendem a idéia de aproveitar qualquer sinal de concordância do comprador para fechar logo o negócio. Essa tática pode funcionar ao se negociar bens ou serviços de baixo valor monetário ou sentimental, mas quanto mais importantes forem os elementos em jogo, maior a probabilidade de se buscar o cancelamento do acordo ou uma renegociação, se uma das partes se sentir prejudicada.

Nesse momento, pequenos ajustes podem ainda ser propostos, mas se a outra parte fizer uma exigência já discutida e decidida anteriormente, não devemos aceitar. Podemos sugerir o reinício das negociações, da estaca zero, ou mesmo abandonar a negociação, independente da quantidade de recursos já investidos.

Para evitar mal-entendidos ao fechar a negociação, uma boa técnica consiste em resumir o que foi acordado, ressaltando qualquer ponto ou expressão utilizada que possa causar dupla interpretação. *"O nosso acordo, então é..."*. *"A garantia de seis meses, portanto, incluirá... e não incluirá...."*.

CAPÍTULO 11 – TOMADA DE DECISÃO | 243

Sempre que possível, coloque tudo no papel. Redija um contrato, uma carta de intenções ou uma ata e evite deixar questões pendentes, "acertadas por fora" e não registradas. O documento será a garantia do acordo, o instrumento legal com base no qual se poderá provar o que foi acertado ou mesmo reclamar judicialmente algum direito, dependendo das circunstâncias.

11.3. Renegociação

Consideramos que uma negociação se encerra no momento da formalização do acordo. Se em certo momento, posteriormente, durante a vigência de um contrato de prestação de serviços, o contratante quiser cancelar ou rever cláusulas do contrato, haverá a necessidade de renegociação. Contratos de fornecimentos de bens, prestação de serviços, alianças estratégicas, franquias e execução de garantias são acordos sujeitos a renegociação.

A necessidade de reajuste de um acordo surge porque as partes, na maioria das vezes, não tomam decisões de forma exclusivamente racional. Elas dificilmente utilizam ferramentas de apoio à decisão e freqüentemente se deixam levar pela emoção, tomando decisões intuitivas ou sem contar com as informações suficientes e necessárias. Com isso, posteriormente, ao racionalizar e pensar friamente sobre o acordo firmado, muitas se arrependem das posições adotadas, seja pela constatação de perdas não-consideradas inicialmente, por vislumbrarem ganhos melhores em suas alternativas, por se sentirem pessoalmente atingidas em sua auto-estima ou no ato do julgamento de seus valores morais. Pode ser também, que mesmo havendo considerado todas as possibilidades, ocorram mudanças nas variáveis que condicionaram o acordo, alheias à vontade das partes, obrigando-as a retornarem à mesa de negociação. Dessa forma, devido aos acordos serem incompletos por natureza e em função das constantes alterações no ambiente em que ocorre a negociação, todo negociador deve considerar a possibilidade de que o acordo possa ser revisto, incluindo esse item como questão a ser negociada

A renegociação modifica a situação em que as partes de encontravam quando firmaram o acordo pela primeira vez. Elas terão uma consciência situacional muito maior sobre os atores sociais envolvidos, o contexto, o objeto de negociação e os riscos e conseqüências de suas decisões. Talvez as partes tenham investido recursos para viabilizar o cumprimento de condições ou a perseguição de objetivos acordados, alterando, assim seus valores-limites (VL). Os recursos críticos, como emoção, tempo,

244 | Negociadores da Sociedade do Conhecimento

dinheiro e energia já investidos afetarão os VL e, juntamente com a consciência situacional, determinarão o novo equilíbrio de poder entre as partes. A forma como esse equilíbrio é percebido – e a estratégia de negociação adotada entre as partes – influenciarão o resultado da renegociação.

Em um ambiente competitivo, normalmente a parte que solicita a renegociação perde poder de influência, pois, a princípio, é quem está se sentindo prejudicada. Ela terá que adquirir fontes de poder ou reunir argumentos que justifiquem legalmente seu pedido e lhe possibilitem reverter a posição desfavorável. Em um ambiente colaborativo, a renegociação é mais facilmente aceita, desde que os interesses já atendidos das partes não sejam prejudicados.

11.4. Conclusão

Se você nos acompanhou até este momento, compreendeu que o negociador da Sociedade do Conhecimento é uma pessoa flexível, disposta a aprender para sobreviver em um mundo que se encontra em constante evolução, que harmoniza o conhecimento legado com novas ideias e defende os bons valores humanos. O segredo não está no domínio de novas tecnologias, mas na compreensão do comportamento humano, face a essas tecnologias.

Essa compreensão se inicia com o entendimento de que nossos universos pessoais servem como base para julgarmos tudo que nos cerca e para fazermos as escolhas que orientam nossa vida. A Sociedade do Conhecimento é constituída por um grande número desses universos, mais precisamente, um para cada pessoa que habita nosso planeta.

Tais universos são moldados por nossas crenças, que por sua vez produzem as emoções. Mesmo que os negociadores da Sociedade do Conhecimento negociassem apenas com máquinas, ainda assim as emoções estariam presentes... Neles. Não há como nos dissociarmos de um dos principais componentes de nossa natureza. Temos que aprender a conviver com essas emoções.

Como elas influenciam na maneira de comunicar idéias e pensamentos, torna-se necessário adotar um modelo de comunicação que considere as emoções, ao mesmo tempo em que permita inserir os negociadores da Sociedade do Conhecimento nesse ambiente em que as mensagens são produzidas de forma abundante, transmitidas por diversos meios e canais, filtradas por nossas crenças e armazenadas nos universos particulares.

Mas para ter melhor compreensão do comportamento humano, ainda é necessário considerar que a Sociedade do Conhecimento é formada por pessoas que, independente da época em que vivam, sempre buscarão fontes de poder para satisfazer suas necessidades psicológicas. Um negociador também deve saber atuar nesse ambiente, procurando equilibrar as relações de ascendência com seus interlocutores. Dessa forma será capaz de abrir espaço para o exercício da influência, lançando argumentos conforme a pré-programação de cada indivíduo, ao mesmo tempo em que visará atingir, simultaneamente, os processadores racional e emocional das pessoas.

Esse contexto cultural insere o negociador da Sociedade do Conhecimento nas águas agitadas das corredeiras da negociação, obrigando-o a lidar com um grande fluxo e volume de informações, elementos formadores do principal ativo de sua época: o conhecimento. Para dominar esse ativo, é necessário, antes, delimitá-lo e dar-lhe um formato, a partir do qual ele possa ser mais facilmente resgatado. Esse é o propósito da consciência situacional: selecionar, em meio a uma grande enxurrada de informações, aquelas que melhor atendam aos propósitos dos tomadores de decisão, auxiliando-os a fazerem suas escolhas estratégicas, táticas e operacionais.

A consciência situacional é a precursora e harmonizadora da seqüência de passos que devem ser dados ao enfrentar uma negociação. Os passos facilitam o contato interpessoal e conduzem os negociadores da Sociedade do Conhecimento, naturalmente, ao alcance de seus objetivos e a um bom desempenho em suas atividades.

A harmonia plena, no entanto, somente pode ser obtida quando os negociadores da Sociedade do Conhecimento utilizam a sabedoria milenar, sintetizada pela regra de ouro, como instrumento para se tornarem doutores na arte do relacionamento interpessoal. Além de proporcionar fluidez aos relacionamentos, a regra de ouro, quando aplicada com sinceridade, ainda atua como uma poderosa ferramenta de persuasão. Mais poderosa, aliás, que qualquer outra destinada a influenciar a mente e o coração dos seres humanos.

Todas essas técnicas, modelos e ferramentas convergem para um conceito extraído das batalhas aéreas: o ciclo de decisão. Resgatado da atividade aeronáutica e militar, o conceito mostra que em ambientes onde se encontram, simultaneamente, saturação e escassez de informações, aqueles que conseguem formar uma consciência situacional e tomar decisões mais rapidamente que seus interlocutores estarão sempre um passo à frente na conquista de seus objetivos. Esse é o diferencial dos Negociadores da Sociedade do Conhecimento.

246 | NEGOCIADORES DA SOCIEDADE DO CONHECIMENTO

Espero que tenha sido feliz na tentativa de passar minhas limitadas impressões em uma área de conhecimento tão rica e vasta, como a negociação. Sempre estarei aberto a críticas e sugestões que possam melhorar a qualidade deste conteúdo, transmitido àqueles que se interessam em conhecer e se aperfeiçoar na arte da negociação, principalmente quando inserida no contexto da Sociedade do Conhecimento. Obrigado por sua companhia.

11.5. LIÇÕES APRENDIDAS

Lição 1 -TENHA PELO MENOS TRÊS ALTERNATIVAS.

Lição 2 -CONHEÇA OS RESULTADOS DE SUAS ALTERNATIVAS.

Lição 3 -NÃO SE RECRIMINE POR SUAS DECISÕES.

Lição 4 -BUSQUE A INFORMAÇÃO CORRETA E OPORTUNA.

Lição 5 -BUSQUE A EFETIVIDADE DO CICLO DE DECISÃO.

Lição 6 -BUSQUE A CONCORDÂNCIA DAS PARTES.

Lição 7 -RESUMA O ACORDO.

Lição 8 -COLOQUE O ACORDO NO PAPEL.

BIBLIOGRAFIA

ALDAIR, J. *Como liderar com eficiência*. São Paulo: Nobel, 1989.

ARANHA, M; MARTINS, M. *Filosofando: Introdução à filosofia*. São Paulo: Moderna, 1986.

ARNETT, P. *Ao vivo do campo de batalha – do vietnã a bagdá, 35 anos em zonas de combate de todo o mundo*. Rio de Janeiro: Rocco, 1994.

ATKINS, S. *The name of your game*. 5 ed. Beverly Hills: Ellis & Publishers, 1988.

AXELROD, R. *The evolution of cooperation*. Nova York: Basic Books, 1984.

BAGLEY, D; REESE, E. *Beyond selling*. Cupertino, CA: Meta Publications, 1987.

BAILEY, R. *language e behaviour profile*, 1980 *apud* CHARVET, S. *Words that change minds, mastering the language of influence*. Dubuque, IA: Kendall/ Hunt Publishing Co, 1995.

BANDLER, R; GRINDER, J. *A estrutura da magia*. Rio de Janeiro: Guanabara Koogan, 1977.

BARRY, B. *Influence in organizations from a social expectancy perspective. In* LEE-CHAI, A; BARGH, J. *The use and abuse of power: Multiple perspectives on the causes of corruption*, p. 19-40. New York: Taylor & Francis, 2001.

BECK, J. *Terapia cognitiva – teoria e prática*. Porto Alegre: Artes Médicas,1997.

248 | NEGOCIADORES DA SOCIEDADE DO CONHECIMENTO

BODENHAMER, B; HALL, L. *figuring out people, design engeneering with meta-programs.* Carmathen, Wales: Anglo American Book Co, 1997.

BRASIL. *Política de Defesa Nacional.* Brasília: Ministério da Defesa, 2001.

CAMP, J. *De entrada, diga no! – las herramientas que los negociadores no quierem que usted conozca.* Barcelona: Empresa Activa, 2004.

CARNEGIE, D. *Como evitar preocupações e começar a viver,* 3. ed. São Paulo: Companhia Editora Nacional, 2003.

CARNEGIE, D. *Como fazer amigos e influenciar pessoas.* 51. ed. São Paulo: Companhia Editora Nacional, 2005.

CARVALHAL, E. *Negociação, fortalecendo o processo – como construir relações de longo prazo.* 2. ed. Rio de Janeiro: Vision, 2002.

CASTELLS, M. *Sociedade em rede.* 4. ed. São Paulo: Editora Paz e Terra, 2000.

CLAVELL, J. *A arte da guerra: sun tzu,* 12. ed. Rio de Janeiro: Record, 1983.

COHEN, A; BRADFORD, L. *Influence without authority: the use of alliances, reciprocity and exchange to accomplish work.* Organizational dynamics, 2001.

CORAM, R. *Boyd: The fighter pilot who changed the art of war.* New York: Little Brown, 2002.

DAVIDOFF, L. *Introdução à psicologia. São Paulo*: McGraw-Hill, 1983.

DAWES, R. *Rational choice in an uncertain world.* San Diego: Horcourt Brace Jovanovich, 1988.

DILTS, R. *Modeling with NLP.* Capitola, CA: Meta Publications, 1998.

DIMITRIUS, J; MAZARELLA, M. *Decifrar pessoas: como entender e prever o comportamento humano.* São Paulo: Alegro, 2000.

DRUCKER, P. *Post-capitalist Society.* Butterworth-Heinemann, 1993. ISBN 0-7506-2025-0.

DUFOUR, M. *Contos para curar e crescer – alegorias terapêuticas.* São Paulo: Ground, 2005.

EASTERBROOK, S. *CSCW: Cooperation or conflict?* London: Springer-Verlag, 1993.

BIBLIOGRAFIA | 249

FESTINGER, L. *A theory of cognitive dissonance*. Standford: Standford University Press, 1957.

FISHER R; URY, W. *Getting to yes*. New York: Penguin Books, 1981.

FRENCH, J; RAVEN, B. *The bases of social power*, In CERTWRIGHT, D. *Studies in social power*, p. 150–167. Ann Arbor: University of Michigan Press, 1959.

FRITZEN, S. *Janela de johari: exercícios vivenciais de dinâmica de grupo, relações humanas e de sensibilidade*, 8. ed. Petrópolis: Vozes, 1992.

FROMM, E. *Análise do homem*. 8. ed. Rio de Janeiro: Zahar, 1972.

GARCIÁN, B. *A arte da prudência*. São Paulo: Martin Claret, 2004.

GODINHO, W; MACIOSKI, J. *Estilos de negociações – a maneira pessoal de ralizar negócios internacionais*. In: Ciência & Opinião, v. 2, n. 1/2, p. 145-165. Curitiba: 2005.

GOLEMAN, D. *Inteligência emocional*. Rio de Janeiro: Objetiva, 1996.

GOLEMAN, D. *Inteligência social: o poder das relações humanas*. São Paulo: Campus, 2006.

GRIFFIN, N; MASTERS, K. *Hit and run: how john peters and peter guber took sony for a ride in hollywood*. Nova York: Simon & Schuster, 1996.

GRINDER, J; ELGIN, S. *A guide to transformational grammar*. Nova York: Holt, Rinehert and Winston, 1973.

HALL, R. *Decisions, decisions, decisions*. Psycology Today 5, 1971, p.51-58.

HARVEY, J. *The abilene paradox and other meditations on management*. Lexington, Massachusetts: Lexington Books, 1988.

HINDE, R. *Non verbal communication*. Cambridge: Cambridge University Press, 1972.

HINDLE, T. *Como conduzir negociações*. 3. ed. Série sucesso profissional: seu guia de estratégia pessoal. São Paulo: Publifolha, 2001.

HOGAN, K. *A Psicologia da persuasão: como persuadir os outros a pensarem como você*. Rio de Janeiro: Record, 1998.

HOVLAND, C; JANIS, I; KELLEY, H. *Comunications and persuasion: psychological studies in opinion change*. New Haven: Yale University Press, 1953.

250 NEGOCIADORES DA SOCIEDADE DO CONHECIMENTO

HUNTER, J. *O monge e o executivo.* 8. ed. Rio de Janeiro: Sextante, 2004.

HUSTEDDE *et al. Public conflict resolution: turning lemons into lemonade.* Southern Rural Development Center, 1999.

JUNQUEIRA, L. *Negociação: tecnologia e comportamento.* Rio de Janeiro: COP Editora Ltda, 1988.

KARRASS, C. *The negotiating game.* New York: Thomas Y. Crowell, 1970.

KIPNIS, D; SCHMIDT, S; WILKINSON, I. *Intraorganizational influence tactics: explorations in getting one's way.* Journal of Applied Psychology, n. 65, 1980, p. 440-452.

KIRKWOOD, C. *Strategic decision making: multiobjective decision analysis with spreadsheets.* Belmont: Duxbury, 1996.

KOTLER, P. *Administração de marketing: análise, planejamento, implementação e controle.* 2. ed. São Paulo: Atlas, 1993.

LEWIN, K. *Field theory in social science.* New York: Harper and Row, 1951.

LYNN M. *Birds of prey, boeing vs airbus: a batltle for the skies.* Nova York: Four Walls Eight Windows, 1997.

MACHALABA, D. *Tired of costs, delays of railroads, forms lay their own tracks.* The wall street journal, 6 fevereiro de 1998.

MANKTELOW, J. *Risk analysis - how to evaluate and manage the risks you face.* Disponível em http://www.mindtools.com/pages/article/newTMC_07.htm. Acessado em dezembro de 2006.

MCADAMS, D. *The stories we live by.* New York: The Guilford Press, 1993.

MEHRABIAN, A. *Silent messages.* Wadsworth, 1971.

MILITÃO, A. *Jogos, dinâmicas & vivências grupais.* Rio de Janeiro: Qualitymark Editora, 2000.

MOINE, D; HERD, J. *Modernas técnicas de persuasão: a vantagem oculta.* 2. ed. São Paulo: Sumus, 1988.

MOLES, A; VALLANCIEN, B. *Communications et langages.* Paris: Gauthier-Villars, 1963.

MORAES, F. *Chatô: o rei do Brasil, a vida de Assis Chateaubriand.* São Paulo: Companhia das Letras, 1994.

MORGAN, L. *Como acalmar clientes irritados: como ser eficaz em situações desagradáveis*; trd Cláudio Paula de Carvalho. Rio de Janeiro: Qualitymark, 1999.

MORITA, A *et al. Made in japan – akio morita e a sony*. 16 ed. São Paulo: Livraria Cultura Editora, 1989.

NABCY, J. *International dimensions of organizational behaviour*. Cincinatti: South-Western College Publishing, 1997.

NEVES, I. *Vocabulário prático de tecnologia jurídica e de brocados latinos*. 4. ed. Rio de Janeiro: Fase, 1991.

NIEUWMEIJER, L. *Negotiation: methodology and training*. Pretoria: HSRC Publishers, 1992.

NORMAN, D. Some Observations on Mental Models, in GENTNER, D; STEVENS, A. Hillstade: LEA, 1983.

PACHECO, G.. *estilos individuais de escolha no processo de aprendizagem*. Dissertação de mestrado apresentada ao Programa de Pós-Graduação em Engenharia de Produção da Universidade Federal de Santa Catarina, Florianópolis, 2001. Disponível em <http://teses.eps.ufsc.br/defesa/pdf/5546.pdf>. Acesso em: 15 fevereiro 2007.

PAMELA S. CHASEK. *O conhecimento nas negociações internacionais: um fator de capacitação do Estado*. Apresentado na 41ª Convenção Anual da International Studies Association (Los Angeles, 14 a 18 de março de 2000). Parcerias estratégicas n.10, março 2001, p. 40 a 57.

PETTY, R; CACIOPPO, J. *The elaboration likehood model of persuasion*. New York: Academic Press, 1986.

POUCKE, D; MESTDAGH, S; BUELENS, M. *Is there a life beyond yes...? Rethinking claims, prophecies and boundaries of the fisher & ury legacy*. In: SAM/IFSAM VII World Congress, 5-7 july. Sweden, Göteborg, 2004.

RAIFFA, H. *The art & science of negotiation*. Boston: Harvard University, 1982.

RAIFFA, H; RICHARDSON, J; METCALFE, D. *Negotiation analysis: the science and art of colaborative decision making*. Boston: Belknap - Harvard University, 2002.

252 | NEGOCIADORES DA SOCIEDADE DO CONHECIMENTO

RAVEN, B. *A power/interaction model of interpersonal influence: french and raven thirty years later.* Journal of Social Behavior and Personality, n. 7(2), 1992, p. 217-244.

RACKHAM, N; CARLISLE, J. *The effective negotiator*, partes I e II, Huthwaite Research Group. Reino Unido: JEIT, 1976.

RICARDO, S. *O último vôo do PP-SRK. Boeing* 727 Datacenter. Atualizado em 2003. Disponível em <http://727.assintel.com.br/acid/acivas-1.html> Acessado em 03 de março de 2007.

ROBBINS, A. *Poder sem limites – o caminho do sucesso pessoal.* 5 ed. São Paulo: Best Seller, 2005.

SÁBAT, R. *Hágame caso: técnicas de persuasión para la vida cotidiana.* Buenos Aires: Aguilar, Altea, Taurus, Alfaguara, 2004.

SANER, R. *O negociador experiente.* São Paulo: Senac, 2000.

SHANNON, C; WEAVER, W. *The Mathematical theory of communication.* Illinois: University of Illinois Press, 1949

SHERIF, M; HOVLAND, C. *Social judgment: assimilation and contrast effects in communication and atitude change.* New Harven: Yale University Press, 1961.

SHELL. G.R. *Negociar é preciso.* 3. ed. São Paulo: Negócio Editora, 2001.

SILVEIRA, P. *Cómo ganar discusiones (o al menos cómo evitar perderlas).* Buenos Aires: Aguilar, Altea, Taurus, Alfaguara, 2004.

SIMON, H. *Persuasion: undestanding, practice and analiysis.* Reading: Addison Wesley, 1976.

SPANGLER, B. *Coalition Building.* In: BURGESS, G; BURGESS, H. Beyond Intractability. Conflict Research Consortium. University of Colorado, Boulder. Publicado em junho 2003b. Acessado em dezembro 2005. Disponível em <http://www.beyondintractability .org/m/coalition_building.jsp>.

SPANGLER, B. *Integrative or interest-based bargaining.* In: BURGESS, G; BURGESS, H. Beyond Intractability. Conflict Research Consortium. University of Colorado, Boulder. Publicado em junho 2003. Acessado em dezembro 2005. Disponível em <http:// www.beyondintractability.org/m/ interest-based_bargaining.jsp>.

SPANGLER, B. *Option Identification.* In: BURGESS, G; BURGESS, H. Beyond Intractability. Conflict Research Consortium. University of Colorado, Boulder. Publicado em janeiro 2004. Acessado em dezembro 2005. Disponível em <http://www. beyondintractability.org/m/option_identification.jsp>.

STONER, J; FREEMAN, R. *Administração.* 5. ed. Rio de Janeiro: PBH, 1985.

THOMAS, K; KILMANN, R. *Developing a forced-choise measure of conflict handling behavior: the node instrument.* In: Educational and Psychological Measurement, n. 37, 1977, p. 309-305.

THOMAS, K; KILMANN, R. *Thomas-kilmann conflict mode instrument.* USA: Consulting Psycologists Press, 1974.

URY, W. *Supere el no! Como negociar con personas que adoptan posiciones obstinadas.* Buenos Aires: Norma, 1993.

VROOM, V. *Work and motivation.* New York: Wiley, 1964.

WALL, J. *Negotiation: theory and practice.* Londres: Scott, Foresman, 1985.

WEIL, P.; TOMPAKOW, R. *O corpo fala: a linguagem silenciosa da comunicação não verbal.* 24. ed. Petrópolis: Vozes, 1986.

WEISS, J; ROSENBERG, S. *Sequencing strategies and tactics.* In: BURGESS, G; BURGESS, H. Beyond Intractability. Conflict Research Consortium. University of Colorado, Boulder. Publicado em setembro 2003. Acessado em dezembro 2005. Disponível em <http://www.beyondintractability.org/m/issue_segmentation.jsp>.

WILEY C. *O ABC da ética.* HSM Management. março-abril 1997. Disponível em http://www.perspectivas.com.br/refle33.htm. Acessado em 01 de dezembro de 2005.

WHEELER, M. *Negotiation analysis: an introduction.* Boston: Harvard Business School Publishing, 1996.

WHEELER, M. *Negotiating when the rules suddenly change.* Boston: Harvard Business School, sept 06. Disponível em <http://hbswk.hbs.edu/pdf/item/5477.pdf>. Acesso em 22 Fev 2007.

WU, G. *Exercises in negotiation analysis.* Boston: Harvard Business School Publishing, 1996.

ANEXO 1

LISTA DE VERIFICAÇÃO

CONHECIMENTO DAS PARTES (*)

Habilidade de comunicação	( ) Verificada
Habilidade de relacionamento	( ) Verificada
Habilidade de persuasão	( ) Verificada
Habilidade para lidar com emoções	( ) Verificada
Perfil e características individuais	( ) Identificados
Capacidade decisória e decisor principal	( ) Identificados
Experiência	( ) Identificada
Fontes de poder pessoal (Competência e referência)	( ) Verificadas
Fontes de poder posicional (Controle de recursos e de ambientes)	( ) Verificadas
Fontes de poder situacional (político e psicológico)	( ) Verificadas
Qualidade de relacionamento	( ) Verificada
Nível de confiança e credibilidade	( ) Verificado

(*) A expressão "as partes" inclui tanto a nós como os demais envolvidos em uma negociação.

CONHECIMENTO DAS QUESTÕES

Conhecimento do objeto de negociação	( ) Realizado
Lista de questões	( ) Realizada
Priorização das questões	( ) Realizada
Interesses em comum	( ) Identificados
Interesses discordantes	( ) Identificados
Valores e limites de tempo	( ) Identificados
Valores e limites de energia	( ) Identificados
Valores e limites monetários ($)	( ) Identificados
Valores e limites emocionais	( ) Identificados
Barreiras à negociação	( ) Identificadas
Alternativas	( ) Estabelecidas
Importância do resultado	( ) Verificado

CONHECIMENTO DO CONTEXTO

Sistema normativo	( ) Verificado
Implicações éticas e morais	( ) Verificadas
Valores culturais	( ) Estudados
Local da negociação	( ) Verificado
Repetitividade da negociação	( ) Verificada
Obrigatoriedade de alcançar um acordo	( ) Verificada
Existência de efeitos correlacionados	( ) Verificada
Uso de sanções	( ) Verificada
Partes envolvidas	( ) Identificadas
Perspectiva de relacionamento futuro	( ) Verificada
Riscos e consequências	( ) Verificados

ESTRATÉGIA DE NEGOCIAÇÃO

Propósito principal	( ) Reconhecido
Objetivos principais	( ) Definidos
Consciência situacional	( ) Em desenvolvimento
Comportamento a adotar (Conciliador, colaborativo, competitivo, prestativo ou evasivo)	( ) Verificado
Análise de forças	( ) Realizada
Resumo da concepção estratégica	( ) Realizado
Ações a realizar antes da negociação	( ) Definidas
Contatos a realizar antes da negociação	( ) Definidas
Argumentos a utilizar	( ) Definidos
Contra-argumentos a utilizar	( ) Definidos

Contato de negociação

Local, data, horário	( ) Definidos
Propósito e objetivos principais	( ) Relembrados
Consciência situacional informações a adquirir	( ) Repassar e anotar
Estratégia de negociação	( ) Relembrada
Comportamento a adotar	( ) Relembrado
Objetivo específico do contato	( ) Estabelecido
Nome do interlocutor	( ) Lembrado
Forma de contato	( ) Definido
Agenda e definir	( ) Verificar necessidade
Material de apoio	( ) Providenciado
Equipe de negociação (se necessário)	( ) Definida e treinada
Método de abordagem	( ) Definido
Táticas de negociação	( ) Escolhidas
Proposta	( ) Definida

Agenda

Objetivo da reunião	( ) Definido
Duração da reunião	( ) Definida
Participantes	( ) Definidos
Assuntos a serem discutidos (questões)	( ) Definidos
Forma de conduzir a negociação (discussão aberta, alocação de tempo, métodos de resolução de problemas)	( ) Definida
Autoridade dos participantes	( ) Estabelecida
Método de tomada de decisão (consenso, votação, ferramentas de apoio)	( ) Estabelecido
Critérios para tomada de decisão	( ) Estabelecidos
Próximas ações	( ) Discutidas
Cronograma das próximas ações	( ) Discutido

ANEXO 2

TÁTICAS DE INFLUÊNCIA

Em um ambiente competitivo, podemos adotar certas táticas de influência, estabelecidas de acordo com a força de nossos argumentos. Algumas táticas usam a lógica e outras se valem de ferramentas de persuasão emocional. Em sua maioria, são consideradas pouco éticas, mas devem ser estudadas e compreendidas, a fim de não sermos surpreendidos por elas. Costumam ser eficazes sempre que usadas contra pessoas inexperientes. Ao notar que a outra parte está usando algumas dessas táticas, a melhor coisa a fazer é mostrar à outra pessoa que você identificou seu jogo, estimulando-a a adotar uma postura mais colaborativa.

Ameaças

Pessoas fazem ameaças por se sentirem, elas próprias, ameaçadas ou para intimidar e subjulgar a outra parte. Existem várias opções para lidar com ameaças: a) ouça e repita o que foi dito, a fim de evitar mal-entendidos; b) faça perguntas para descobrir as crenças que levam a pessoa a pensar daquela forma, passando então a trabalhar as crenças e não o comportamento; c) ignore a ameaça e continue negociando normalmente, isso surpreenderá a outra parte; d) faça a outra parte justificar o motivo da ameaça; ou e) sorria, considerando-a uma brincadeira.

Armadilhas de Consistência

Como vimos, a necessidade de sermos coerentes com posições assumidas anteriormente podem levar um negociador a armadilhas de consistência, no qual um hábil comunicador pode induzir o pensamento da outra parte de forma a obter concordância em uma série de pontos para, futuramente, cobrar essas posições de maneira comprometedora.

Em um ambiente corporativo, quando se deseja implementar uma idéia, projeto ou estrutura, certas pessoas podem inserir pequenos textos, conceitos e idéias de fácil concordância entre as partes, em determinados documentos que, depois de aprovados, possam servir como subsídio para sustentar argumentos em favor de um interesse maior.

Ataque

Pressão exercida sobre a outra parte para intimidá-la e fazê-la sentir-se incômoda até ceder às exigências. Nessa tática, utilizam-se ameaças, sarcasmo, ironia e ofensas pessoais, questionam-se a autoridade, a credibilidade, o conhecimento e até o valor moral. Como antídoto, ignore o ataque e continue com sua atenção voltada para o problema a ser resolvido, como se as palavras ácidas se referissem à situação, não a você.

Autoridade Limitada

Nesse truque, a pessoa negocia, demonstrando boa fé com o oponente, e na hora de assinar o acordo diz que precisa consultar seu chefe, esperando, com isso, obter concessões de última hora a fim de "viabilizar" a negociação.

Ausência Planejada para Ganhar Tempo

Uma das partes pode abandonar completamente a negociação durante algum tempo, retornando quando a situação estiver mais favorável. O período de afastamento pode ser longo (alegando que está em uma viagem) ou curto (pedindo para ir ao banheiro). Pode ser amigável ou brusca, simulando um rompimento de relações.

Dividir para Conquistar

Durante uma negociação entre duas equipes, "A" e "B", um dos negociadores da equipe "A" pode apresentar uma proposta a apenas um dos membros da equipe "B", de modo que ele faça o trabalho de convencimento com os outros membros. Em outro contexto, se o chefe do departamento "A" desejar convencer o chefe do departamento "B" sobre alguma coisa, pode solicitar a um ou mais de seus assessores que contatem os assessores de "B" para vender-lhes a idéia, e somente então falar diretamente com o outro chefe.

Entusiamo

O entusiasmo faz com que as pessoas a sua volta se envolvam emocionalmente com o assunto e com sua posição. Esse estado alterado pode gerar um "seqüestro emocional" e induzir o outro lado a aceitar seus argumentos para fechar o acordo com base em seus termos. Mais tarde, ao racionalizar a decisão tomada nessas circunstâncias, pode haver arrependimento de parte da "vítima".

Falsa Autoridade

No truque da falsa autoridade procura-se fazer a outra parte acreditar que temos muito mais poder do que realmente temos, a fim de estabelecer um clima de confiança e ter acesso a informações ou a condições privilegiadas. Novamente, a preparação assume papel fundamental, principalmente ao se conhecer a parte com quem se vai negociar e qual sua posição em relação ao ator social que representa.

Falso Amigo

A pessoa estuda o comportamento, valores, passatempos da vítima e, durante as fases iniciais da negociação, cria um clima de empatia ou identificação com a outra parte, de modo a arrancar-lhe informações importantes.

Isca

Consiste em fazer uma oferta para atrair a outra parte e, depois de seduzida, revelar que o produto acabou, havendo apenas um similar, vendido a um preço diferente, não honrando, assim, o compromisso inicial.

Neste caso, mantenha-se firme. Por maior que seja sua vontade de levar o outro produto, no lugar do original, lembre-se de que foi vítima de um truque. Procure observar seus sentimentos e diálogos internos, tentando reconhecer se não está sendo levado por um "sequestro emocional", prestes a tomar uma decisão com base no tempo, energia, dinheiro ou desgaste emocional que já investiu no negócio. Se mesmo assim resolver fechar o acordo, tudo bem. A parte que aplicou a "isca" se saiu vitoriosa mais uma vez.

Mentir Sobre Valor-Limite

Uma das táticas consiste em mentir sobre o valor-limite, abrindo as negociações com ofertas muito altas (ou baixas, conforme o caso) e induzindo o fechamento do acordo no meio termo, como se essa fosse a posição "mais justa" a ser adotada.

De maneira geral, certas mentiras são consideradas lícitas em negociação, como ao revelar o valor-limite e alternativas. Certas mentiras, porém, podem ser enquadradas no Código de Defesa do Consumidor, como enganar o comprador acerca de características do produto. A melhor maneira de se contrapor a essa tática é estar bem preparado para a negociação, mostrando à outra parte que sua proposta é irreal.

Mocinho e Bandido

No cenário de mocinho e bandido, os praticantes costumam atuar em dupla. Enquanto um se faz de bandido, durão, colocando as posições mais duras, o outro se faz de mocinho, desejoso de ajudar e de atender aos interesses da outra parte. Essa relação de confiança permite que o mocinho obtenha informações importantes, enquanto o bandido mantém o clima competitivo e de negociação distributiva.

Mordidas

Mordidas costumam ser comuns em vendas de bens de alto valor. Um vendedor de carros, por exemplo, após a venda, pode oferecer tapetes, protetores e outros acessórios de valor relativamente muito menor ao do bem principal negociado, com o intuito de arrancar mais alguns tostões da outra parte. Sabendo que isso é uma tática, cabe a você aceitá-la ou não.

Muro de Pedra

Quem emprega essa tática procura convencer a outra parte de que a posição adotada é imutável. A pessoa se mostra inflexível, atribuindo seu comportamento a regras da empresa, orientação superior, restrições de recursos ou de autoridade.

Negociação Múltipla/Leilão

Essa manobra pode ser ética ou não, dependendo do ambiente onde seja aplicada e na forma como o relacionamento entre as partes é conduzido. Para usá-la, devemos negociar com diversos concorrentes ao mesmo tempo, deixando isso claro a todos eles. Isso fará com que as partes envolvidas pensem que possuímos boas alternativas, conferindo-nos maior poder de influência.

Pressa

Nessa tática, o usuário confere urgência no ritmo da negociação, a fim de evitar que a outra parte forme consciência situacional e perceba detalhes relevantes, contrários aos interesses dela, antes do fechamento do negócio.

Realidade Virtual

Apresentar interesses falsos para criar questões fictícias que sirvam como elementos de barganha. Um vendedor, por exemplo, pode mentir, dizendo que a empresa em que trabalha exige um cheque de caução ou uma entrada de 50% do valor comercializado, mas se o cliente levar determinados produtos é possível abrir uma exceção. Ele estará criando uma dificuldade que poderá ser removida se você fizer o que é pedido. Uma forma de defender-se é preparar-se adequadamente para a negociação, possuindo alternativas e sabendo os procedimentos de vendas de outros estabelecimentos.

Ter a Primeira e a Última Palavra

"É pegar ou largar!" Esse ultimato pode ser lançado quando se possui vantagem sobre a outra parte, a fim de pressioná-la a tomar uma decisão. Na realidade, se uma parte insiste em ter suas exigências satisfeitas e não abre espaço para discutir o assunto, não se pode falar em negociação. Neste caso, só existem dois resultados possíveis: a oferta é aceita ou recusada. Haveria uma terceira opção: retomar a discussão sem levar em conta o ultimato, mas nesse caso a credibilidade do emissor seria comprometida.

Surpresa

O negociador confunde a outra parte com guinadas bruscas, repentinas ou dramáticas de posição, mostrando-se imprevisível e evitando que o oponente antecipe seus movimentos. Neste caso devemos nos lembrar que o que é combinado antes não sai caro depois. Para evitar essa situação, combine sempre qual será o próximo passo.

Silêncio

O silêncio normalmente gera mal estar. Muitas pessoas se sentem desconfortáveis com ele e na obrigação de quebrá-lo, precipitando-se e revelando informações importantes, desnecessariamente.

Empreendedorismo Criativo
A nova Dimensão da Empregabilidade

Autor: *Geraldo Ferreira de Araujo Filho*

584 páginas
ISBN: 978-85-7393-603-2

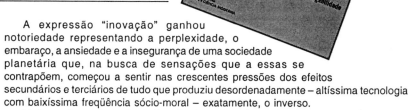

A expressão "inovação" ganhou notoriedade representando a perplexidade, o embaraço, a ansiedade e a insegurança de uma sociedade planetária que, na busca de sensações que a essas se contrapõem, começou a sentir nas crescentes pressões dos efeitos secundários e terciários de tudo que produziu desordenadamente – altíssima tecnologia com baixíssima freqüência sócio-moral – exatamente, o inverso.

Muito embora ela nada mais seja do que a sinonímia do contemporâneo e do inédito, também é verdadeira a conclusão de que nunca se apresentou de forma tão desestabilizadora como o faz agora.

Se por um lado a tecnologia de ponta nos embevece a todos, por outro muitas estruturas sócio-organizacionais, incluindo-se aí o próprio Estado, continuam encarceradas em mitologias ultrapassadas e condicionamentos esclerosados, preservando privilégios, frustrando ideais e tornando os profissionais infelizes, uma vez que persistem em tratá-los como simples marionetes dessas tecnoestruturas e compelindo-os, não raras as vezes, ao exercício de movimentos pouco agasalhados pela ética.

Ferreira de Araujo, no entanto, alerta para o novo momento: essa desarrumação sócio-tecnológica-moral já começa a levar tradicionais corporações ao ridículo e à impotência.

"Empreendedorismo Criativo, a nova dimensão da empregabilidade" é, portanto, leitura mais que recomendada para executivos de todos os níveis que estejam antenados com esse nosso atual momento e, também, para os estudiosos da ciência da administração, ou melhor, para os estudiosos da "ciência da vida".

À venda nas melhores livrarias.

Impressão e Acabamento
Gráfica da Editora Ciência Moderna Ltda.
Tel. (21) 2261-6662